대한민국과 경제적 민주주의

대한민국과 경제적 민주주의

2018년 2월 15일 초판 인쇄
2018년 2월 20일 초판 발행

지은이 | 임수환
교정교열 | 정난진
펴낸이 | 이찬규
펴낸곳 | 북코리아
등록번호 | 제03-01240호
주소 | 13209 경기도 성남시 중원구 사기막골로 45번길 14
　　　우림2차 A동 1007호
전화 | 02-704-7840
팩스 | 02-704-7848
이메일 | sunhaksa@korea.com
홈페이지 | www.북코리아.kr
ISBN | 978-89-6324-591-1 (93320)

값 19,000원

대한
민국과
경제적
민주주의

임수환 지음

북코리아

머리말

아편전쟁 이후 동양사회에는 많은 혁명가들이 등장했다. 그 혁명가들은 서구문명에 대한 개념 파악이 있고 나서야 스스로 근대화를 위한 행동에 나설 수 있었는데, 알기 위해 노력하는 동안에도 자국에는 식민화가 진행되는 진퇴양난에 직면했다.

진퇴양난으로부터 벗어나기 위해 투쟁하던 근대 초기 지도자들의 행동을 평가하는 것은 이 책의 저술 목적 밖의 일이다. 필자의 관심은 그들의 행동보다 그들의 생각에 있다. 이 책의 요지는 건국 지도자들에 의해 제시된 경제적 민주주의 개념들이 건국 이후 근대화의 길을 특정한 방향으로 이끌었다는 것이다.

경제적 평등주의에 대한 필자의 관심은 남가주대학교(University of Southern California) 박사학위 과정에서 시작되었다. 급속한 산업화가 진행되던 박정희 시대에도 소농체제가 한국사회에 평등주의적 작용을 하고 있었다는 결론을 내어 1997년에 학위논문으로 제출한 바 있으며, 그 내용이 이 책 제5장에 반영되었다.

필자는 그 후 '정치와 평론학회'에서 진행하는 한국헌법 연구에 참여하여 헌법 경제조항에 담긴 이념을 민주주의와 민족주의, 자유주의로 해석하는 글을 2007년 「정치와 평론」에 실었고, 이 책 제2, 3장의 기초가 되었다. 필자는 이 연구를 하면서 조소앙이 쓴 건국강령의 해석이라는 새로운 숙제를 만났다. 조소앙이 작성한 수많은 임시정부 문건들이 그 배경이론 없이 남겨져 있기 때문이다.

2012년 타이페이에 방문연구 갔을 때, 대만의 토지개혁과 헌법 관련 자료들을 읽어보고 대한민국과 중화민국이 같은 종류의 경제적 평등주의 또는 균등경제 원칙을 공유한다는 확신을 갖게 되었다. 이어서 손문의 삼민주의를 조소앙이 작성한 문건들을 해석하는 배경이론으로 활용할 수 있겠다는 판단에 이르렀다.

필자는 국립대만대학의 특강에서부터 한국과 대만이 국제자본의 협력을 활용함으로써 농민에 대한 착취를 최소화하는 새로운 근대화 모델을 개척했으며, 대륙의 중국이 이를 추종한다는 주장을 펴기 시작했다. 한국과 대만 국민이 새로운 근대화 모델 개척자로서의 자부심을 가지고 중국 팽창으로 인한 심리적 위축을 상쇄하도록 돕고 싶었다.

필자가 국가안보전략연구원에서 은퇴하던 2016년 말에는 광화문에서 촛불집회가 일어나고 대통령 탄핵으로 번져나갔다. 이즈음 재직 중 써온 글들을 '대한민국과 경제적 민주주의'라는 제호 하에 편집하기 시작했다. 제호는 "대한민국은 경제적 민주주의를 바탕으로 건국하고 근대화한 나라"라는 의미를 담고 있다. 민국(民國) 전통의 경제적 민주주의는 정치적 민주주의를 보완하는 역할을 한다. 경제적 민주주의가 정치적 민주주의를 대체하면 제7장 '볼셰비키의 후신들'에 예시된 바와 같이 시민사회가 파괴되어 전체주의라는 재앙을 맞을 수 있다.

이 책의 내용 중 많은 부분은 필자가 미국 남가주대학교에서 쓴 박사학위논문, 「한국정치학회보」, 「정치와 평론」, 「정책연구」 등 학술지에 실었던 글들을 바탕으로 만들어졌다. 남가주대학의 노라 해밀턴(Nora Hamilton) 교수, '정치와 평론학회'의 김홍우 교수, 대만장조금(臺灣獎助金, Taiwan Fellowship)과 국립대만대학의 쭤정둥(左正東) 교수, 북코리아 이찬규 사장님의 도움이 없었다면 이 책은 출간될 수 없었을 것이다. 그리고 국가안보전략연구원에서 생활하는 동안 토론과 격려를 아끼지 않았던 한규선 박사, 자료지원을 해주었던 사서 김현희 씨에게 감사드린다.

2018년 1월
임수환

CONTENTS

CONTENTS

서론

정치적·사회적·경제적 민주주의

민주주의는 "주권이 인민 또는 국민으로부터 나오는 통치제도"라고 정의된다. 현대 민주주의에서 국민은 참정권을 통해 주권을 행사한다. 하지만 다중(多衆)이 참여하는 투표와 다수결 원칙으로 국민주권이 완전히 실현될 수는 없다. 민주주의 제도와 절차에 따라 정부를 구성한 뒤에도 여전히 이익집단 간의 경쟁과 갈등이 존재하여 국가 밖에 '시민사회'라는 별개의 영역을 형성한다.

민주주의를 지속 가능하게 하기 위해서는 시민사회에 정치적·경제적·사회적·문화적·종교적 단체들이 상당한 독립성을 갖고 다양하게 존재하며 분권적 힘을 행사할 필요가 있다. 시민사회의 자율성, 다양성, 권력분산은 다원주의 질서의 구성요소들이다.

시민사회의 계급적 구성문제는 다원주의와는 또 다른 쟁점이다. 시민사회에서 불평등 구조가 고착화되어 우월한 지위에 있는 집단들이 정당과 정부에 다른 사람들과 비교할 수 없을 만큼 큰 영향력을 지속적으로 행사한다면 민주주의는 불신과 분열로 인해 쇠퇴할 개연성이 커진다. 사회적·경제적 불평등이 정치적 민주주의에 비우호적인 조건으로 작용할 수 있다.

민주주의가 정치적 영역에 제한적으로 건설된 후 시민사회의 요구에 의해 사회적·경제적 영역으로 확장되어나가는 모습은 영국 근대사에서 가장 먼저 나타났다. 17세기 영국에서 시작된 입헌주의적 자유주의(constitutional liberalism) 정치는 입헌주의, 의회주의, 언론과 출판의 자유, 집회와 결사의 자유, 신체의 자유를 제도화하고 19세기에 들어와 투표권을 확장하는 선거개혁을 통해 다원주의적 민주주의 질서를 세웠다.

투표권 확장은 다원주의 질서에 계급문제를 정치적 쟁점으로 등장시켰다. 참정권을 획득한 노동자들이 노동조합 활동을 통해 생활의 안정을 보장하기 위한 자구책과 정치적 운동을 추진하여 영국 정부로 하여금 자유방임주의(laissez faire) 정책기조를 바꾸지 않을 수 없게 만들었다.

투표권의 확장이 일어나기 이전까지 영국에서 운영되던 제한적 민주주의 질서를 '정치적 민주주의'라고 한다면, 노동자들의 정치참여로 촉발된 노동조합의 인정, 실업급여와 의료보장을 비롯한 사회보장제도의 도입, 고용확대를 위한 국가의 역할과 교육기회 확대 등의 분야를 '사회적 민주주의'라고 분류할 수 있다. 정치적 민주주의가 권력의 침해로부터 개인의 자유와 권리를 보호하기 위한 개념 틀이라면, 사회적 민주주의는 경제적 자유를 상실한 노동자 계급과 빈민에게 자원의 재분배를 통해 자유와 자기발전의 기회를 열어준다는 점에서 적극적 자유를 추구하는 개념 틀이다.

'경제적 민주주의'라는 개념은 학문적으로 합의된 정의를 갖고 있지 않지만, 민주주의를 정치적 영역으로부터 경제적 영역으로 확장하고자 하는 이론가들이 이 용어를 사용하곤 한다. 사회적 민주주의 역시 경제적 자원의 재분배를 동반한다는 의미에서 민주주의의 영역을 정치로부터 경제로 연장(延長)한다.

경제적 민주주의는 사회적 민주주의와 많은 영역을 공유하면서도 독자적이고 고유한 영역을 갖고 있는 것으로 정의되기도 한다. 민주주의는 보통선거와 대의제도, 그리고 법치제도를 통해 정치적 영역에서 자치(self-government) 또는 자기결정(self-determination)의 원칙에 접근하고자 한다. 경제적 민주주의는 이 자치 또는 자기결정의 원칙을 경제적 영역으로 확장하는 것으로 본다.

로버트 달(Robert Dahl)은 미국 민주주의가 건국 당시 경제적으로 평등주의적 환경에서 성장했지만, 19세기 산업화 이후 법인자본주의(corporate capitalism)가 조성하는 경제적 불평등 환경으로 인해 위협받고 있다는 인식하에 경제적 민주주의의 필요성을 제기했다. 미국 인구의 다수는 건국 당시 독립자영농으로서 평등주의적 환경에서 살았으나, 19세기 산업화를 거치면서 대규모 자본들이 성장하여 시장을 독과점 지배하는 법인자본주의 환경에서 살게 되었다는 것이다.

로버트 달은 상기와 같은 문제의식하에 기업의 의사결정에서 근로자의 자치가 실현되는 과정으로서의 경제적 민주주의를 개념화했다.[1] 산업화 이전의 농경 민주주의(agrarian democracy)에서 독립자영농들이 누리던 경제적 자유, 자치와 평등의 가치를 20세기 법인자본주의 사회의 근로자들에게 회복시켜주는 방법으로서 근로자가 기업의 소유권이나 결정권을 행사하는 경제적 민주주의를 구상했다.

로버트 달에게 미국의 농경 민주주의와 경제적 민주주의는 경제적 자유, 자치와 평등주의를 대변한다. 그는 독립자영농들의 농경 민주주의를 산업경제의 민주주의로 연계시키려는 노력을 기울였다.

한국인도 미국인과 마찬가지로 건국 초 농경 민주주의를 경험했다. 건국 초 한국 정부가 농지개혁을 단행하여 지주–소작제 농업을 영세자영농체제로 변혁시켰다. 미국 건국 당시의 독립자영농체제가 서부개척으로 늘어나는 토지공급에 기인하여 조성된 자연발생적 조건이었다면, 건국 초 한국의 영세자영농체제는 '농지개혁'이라는 국가시책으로 조성된 정치적 조건이었다.

두 나라 모두 농경 민주주의 시대의 경쟁적 시장경제가 산업화를 겪으면서 법인자본주의가 지배하는 독과점적 구조로 변혁되었다. 시장

---

1)   Robert Dahl, *A Preface to Economic Democracy*, Berkley : University of California Press, 1985.

경제의 주체가 독립자영농 또는 영세자영농으로부터 법인기업으로 교체되는 과정에서 시장경제는 구조적 변화를 겪었다.

미국의 경우 농경 민주주의는 건국 이전에 이미 주어진 조건이었다. 농경 민주주의라는 경제적 조건 위에서 건국하여 정치적 민주주의를 건설했다. 한국의 경우 보통선거를 통해 소집된 의회가 제정한 건국헌법이 경자유전(耕者有田)의 원칙을 세우고 제헌의회가 선출한 대통령이 구성한 행정부가 농지의 재분배를 단행하여 농경 민주주의를 창출했다. 한국에서는 정치적 민주주의가 농경 민주주의를 만들어낸 것이다.

제헌헌법의 기초자 유진오는 1948년 헌법에 구상된 경제질서에 대해 "정치적 민주주의와 경제적 · 사회적 민주주의라는 일견 대립되는 두 주의를 한층 높은 단계에서 조화하고 융합하려는 새로운 국가형태를 실현함을 목표로 삼고 있는 것"이라고 설명했다.[2] 제헌헌법은 대한민국이 민주공화국으로서 주권이 국민에게 있다고 선언하여 정치적 민주주의를 규정하고 "대한민국의 경제질서는 모든 국민에게 생활의 기본적 수요를 충족"시킨다는 조건을 부여하여 사회적 민주주의를 예정했다. 동 헌법 86조의 "농지는 농민에게 분배"한다는 조항은 독립자영농을 중심으로 하는 농경 민주주의를 추구하는 것이었다.

현행 한국헌법은 제119조에서 "경제의 민주화"라는 용어를 사용하고 있다. 경제민주화는 2012년 대통령 선거를 계기로 한국정치의 주요 쟁점이 되었다. 이 주제는 주로 재벌과 시장질서의 관계, 그리고 소득을 포함한 직업환경의 양극화를 해소하는 문제를 지칭하는 것으로 인식되고 있다.

---

2)   유진오, 『헌법해의』, 일조각, 1953: 254.

경제민주화가 한국정치의 쟁점으로 등장한 사실은 대만학자들의 관심을 끌고 있다. 대만학자들은 손문의 민생주의(民生主義)가 경제적 균등으로써 정치적 민주주의인 민권주의(民權主義)를 보완한다는 의미에서 '민생주의적 민권주의(民生主義的民權主義)' 또는 '경제민주(經濟民主)'라는 용어를 사용한다.[3] 대한민국과 중화민국의 건국 지도자들은 공산주의자들의 계급투쟁 선동에 맞서 공화국을 방어하기 위한 전략으로서 경제적 민주주의를 구상했다. 이는 경제적 자유와 경제적 평등 사이에 일정한 균형을 유지함으로써 계급투쟁을 방지하자는 전략이다.

---

3) 荊知仁, 『中國立憲史』, 臺北市: 聯經, 1984: 471; 崔忠植, 『三均主義與三民主義』, 臺北: 國立編譯館, 1992: 172-179; 涂子麟. 林金朝(편), 『국부사상』, 대북시: 삼민서국, 1996: 169.

1.
온건파와 급진파

    정치적 평등이 경제적 자유를 위협하는 문제를 처음 인식한 것은 의회정치를 민주화하던 19세기 영국에서였다. 참정권을 획득한 노동자들이 고용불안정과 임금하락에 대항하기 위한 단체행동에 나서자 개인주의에 기초한 시장경쟁체제의 지속 가능성에 문제가 생겼다. 노동시장에서 임금의 탄력성이 감소하여 시장의 일반균형 복원력에 문제가 발생한 것이다.

    카를 마르크스는 19세기 산업자본주의의 발달을 관찰하면서 "생산력이 크게 발달하여 세계적 규모의 영향력을 발휘하게 되는데도 불구하고 생산수단이 사유화되어 있는 모순으로 인해 노동자들이 생존적 빈곤에서 벗어나지 못한다"고 진단했다. 그는 "다수를 점하는 무산자들이 생산수단을 소유한 소수의 부르주아를 타파하는 계급투쟁으로 이런 모순을 제거할 수 있다"고 주장했다. 마르크스에게 자본주의와 민주주의는 상호양립이 불가능한 경제 및 정치체제였다.

    마르크스는 생산수단의 사회화를 위해 먼저 프롤레타리아가 "민주주의 전투에서 승리"한 후 프롤레타리아 국가를 중심으로 생산수단을 중앙집중화하고 결국은 계급대립과 계급 자체를 소멸시키는 길을 제시했다.[4] 그의 해결책은 생산수단의 소유권에 대한 인민주권을 집단적이고 계급투쟁적으로 실현하는 과격한 노선의 경제적 민주주의에 해당한다. 그러나 마르크스 사후 그의 추종자들이 건설한 소비에트 러시아는 생산수단에 대한 국가독점과 공산당 독재를 영속화해서 생산과정에 대한 관료주의적 지배를 벗어나지 못했다.

한편, 민주주의가 경제적 자유를 위협하는 상황을 가장 먼저 겪게 된 영국의 지식사회에서는 그린(T. H. Green), 홉하우스(L. T. Hobhouse) 등 새로운 자유주의자들이 등장했다. 그들은 자유주의 사상이 억압으로부터의 자유라는 소극적 개념에서 벗어나 누구나 자기발전(self-development)의 기회를 누릴 수 있는 자유라는 적극적 개념으로 나아갈 것을 제의했다. 적극적 자유를 실현하기 위한 국가의 개입을 '자유주의'라는 이름으로 정당화하는 것이다.

제2차 세계대전 중에 나온 자유주의자 베버리지의 보고서는 모든 국민이 자기발전의 기회를 누릴 수 있는 조건을 조성하기 위한 사회보장제도와 정책을 구체적으로 제시했다. 종전 후 등장한 노동당 정부는 베버리지 보고서가 권고하는 정책프로그램들을 실행에 옮겼다.

영국 노동당 정부는 또 기간산업 부문의 사기업들을 국유화했다. 그들은 사회주의적 계획경제를 도입하여 경제적 합리성과 효율성을 제고함으로써 사회보장제 실시에 필요한 재원을 확보할 수 있을 것으로 기대했지만 결과는 기대에 미치지 못했다.

---

4) Karl Marx, *Manifesto of the Communist Party*, Robert Tucker (ed.), *The Marx-Engels Reader*, second edition, New York: W. W. Norton and Company, 1978: 490.

영국의 새로운 자유주의자들은 국가의 역할에 정당성을 부여했고, 노동당 정부는 사회보장제도를 확충하여 시민 개인의 능력발전 기회를 보장하는 방법으로 경제적 자유와 민주주의를 화해시켰다. 온건파들의 경제적 민주화는 민주사회주의 노선으로 실시되어 자본주의 체제와 융합되었다. 노동당 정부가 시도했던 계획경제는 국영화된 기간산업 부문에서만 시행되었으며, 기대했던 효율성 제고를 실현시키지 못한 채 자본주의에 사회주의적 요소를 가미한 혼합경제를 낳는 데 그쳤다.

　　돌이켜보건대, 영국이 산업화하던 19세기에 경제적 민주주의 실현을 위한 전략이 마르크스주의적 과격노선과 자유주의적 온건노선으로 분화되었다. 과격노선은 러시아에서 볼셰비키혁명으로 계승된 이후 반제국주의 민족해방투쟁을 앞세우고 동아시아 대륙으로 세력을 확장했다. 애초에 국가소멸론으로 출발했던 과격노선은 스탈린 치하의 전체주의 통치를 낳았다.

　　온건노선은 서유럽과 북미에서 국가와 시민사회 사이의 관계를 조율하여 자유민주주의를 발전시키고 동아시아 도서 및 연안지역에서 산업문명을 일궜다. 두 진영은 치열한 전쟁과 냉전을 겪었지만, 중국공산당이 1970년대 말 계급투쟁의 선동을 중지하면서부터 복잡하고 불확정적(indeterminate)인 오늘의 동아시아 정세에 이르렀다.

2.
한국의 경우

　한국은 온건노선의 경제적 민주주의를 실천한 나라에 속한다. 한국의 1948년 헌법규정 중 제84조는 "모든 국민에게 생활의 기본적 수요를 충족할 수 있게 하는 사회정의 실현"을 경제질서의 기본으로 제시하여 경제적 평등을 강조했다. 초대헌법에는 경제적 민주주의를 실현하기 위한 구체적 정책내용들도 담겨 있는데, 농지개혁과 중요산업의 국·공유를 명문화한 제86조와 제87조 규정이 그것이다. 그리고 교육받을 권리를 명문화한 제16조도 경제적 민주주의와 밀접히 연관되어 있다.

　무식한 소작인의 자식들이 민국(民國)의 시대에 와서 교육을 받는다는 것은 하층민들이 계급적 지위상승 기회를 누리게 된다는 것을 의미하므로 교육의 권리는 사회적 민주주의를 증진시킨다. 헌법 제16조에 규정된 교육의 권리를 뒷받침할 재원을 마련하는 프로그램이 농지개혁이었다. 소작료 착취로부터 해방된 영세소농들이 생산잉여를 자식교육에 투자할 수 있게 한 것이다. 농지개혁으로 생산농민의 소유로 남게 된

잉여를 교육투자로 연결시킨 삼균제도의 발상 자체에는 주권자의 자질개선을 염두에 둔 공화주의적 지혜가 숨어 있기도 하다. 어쨌든 교육의 권리보장은 그 자체로서 사회적 민주주의 기능을 수행하면서도 농지개혁이라는 경제적 민주주의와 하나로 묶여 있었던 국책사업이었다.

이승만 정부는 한국전쟁이 발발하기 전까지 헌법에 명시된 농지개혁법을 제정하여 분배조치를 단행하고 교육법을 제정하여 의무교육을 제도화했다. 이승만 대통령은 미군정 관리하 귀속산업체들을 이전받은 후 상당 부분 민영화했으나 중요산업들은 국공영으로 남겼다. 농지개혁법에 따른 소농체제는 산업화가 활발히 진행되던 1970년대까지 그대로 유지되었고, 교육은 폭발적으로 성장했다.

필자는 이 책에서 유진오의 설명과 같이 한국의 초대헌법에 이미 도입된 경제적 민주주의 개념이 어디서 연원했는가? 어떤 내용을 담고 있는가? 그리고 이승만 정부 이하 역대 정부에서 어떻게 실천되거나 변형되거나 잊혀갔는가에 대해 분석하고 설명한 후 마지막으로 경제적 민주주의 개념이 오늘날 한국사회에 갖는 함의를 제시하고자 한다.

이 책의 제1장 '경제적 민주주의의 3가지 전통'에서는 경제적 민주주의에 대한 역사적 접근을 자유주의, 마르크스주의, 중경식 접근의 3가지로 소개한다. 자유주의는 오늘날 서방 자유민주주의를 낳은 전통이고, 마르크스주의는 볼셰비키를 낳은 전통이며, 중경식은 1940년대 중경에 공존했던 중화민국과 대한민국 임시정부 지도자들이 가졌던 경제적 민주주의에 대한 접근태도를 말한다. 경제적 민주주의에 대한 중경식 접근의 특징은 계급전쟁을 방지하기 위한 수단으로 인식한다는 것이다.

제2장 '중경 전통의 계승'에서는 중경 전통의 경제적 민주주의 개념이 한국 헌법에 계승되는 과정을 기술한다. 중경 임시정부가 대한민

국 건국을 주도하지 못하고 여러 건국세력 중 하나로 참여하는 복잡한 과정에서도 경제적 민주주의 개념이 건국지도자들 사이에 폭넓게 공유되었음을 밝힌다. 대한민국 초대헌법에 실린 경제적 민주주의 조항들이 건국강령에 실린 삼균제도를 구체화한 것으로 볼 수 있다고 분석한다. 또 유진오의 설명을 중심으로 초대헌법상의 경제적 민주주의 개념을 정리한다. 제3장 '헌법개정과 경제조항의 변천'에서는 1962년 이후 경제성장기, 중화학공업화, 성숙기, 그리고 민주화 시기에 이뤄진 헌법개정을 설명한다.

제4장 '건국 초 국가자본 축적과 농지개혁'에서는 이승만 정부가 한편으로 국가자본을 축적하고 다른 한편으로 농지를 재분배하여 농경민주주의를 실현하는 과정을 분석한다. 이승만 정부는 귀속재산을 국가자본으로 활용하려던 계획이 한국전쟁으로 무산된 후 미국과의 경제협력과 원조를 활용하여 국가자본을 재건하는 한편 귀속재산 불하를 통해 민간경제를 자극해서 혼합경제를 운영했다. 농지개혁은 시작과 함께 전쟁에 휘말려 지주계급의 소멸을 낳았지만, 영세소농들에게 생활의 기본적 수요를 충족시킨다는 취지를 구현했다. 이승만 대통령은 임시정부 계열의 독립운동가로서 경제적 민주주의를 주도적으로 실행할 의지와 권위를 모두 갖추고 있었다.

제5장 '산업화와 경제적 평등'에서는 이승만 정부의 경제적 민주주의 조치들이 조성한 경제구조가 박정희 정부의 산업화 과정에서도 불평등의 악화를 상당히 완화시키는 역할을 했다는 주장을 편다. 박정희 정부는 한편으로 소농지원 정책을 펴고 다른 한편으로 도시 근로자들을 위한 사회보험제도를 도입하여 산업자본주의가 동반하는 경작농민 및 노동자 빈곤화 문제에 선제적으로 대처했다. 박정희 정부의 주도세력은

이승만 정부하의 군부경험을 통해 경제적 민주주의 이념을 습득하여 그 계승의지는 있었지만, 임시정부와 직접적 연결성이 없었기 때문에 충분한 권위를 갖고 있지 못했다.

박정희 대통령은 농촌 소농들의 지지를 기반으로 도시 자유주의 세력을 견제하는 보나파르트적 지도력으로 산업화를 추진해나갔다. 민주주의적 지도력이라기보다 국가권력의 책략적 운영을 통해 근대화를 추진해야 했기 때문에 박정희 정부는 '경제적 민주주의'라는 용어를 공식적으로 사용하지 않았다. 당시의 사회적 분위기는 경제적 민주주의가 용공사상으로 의심받을 수 있는 상황이 연출되었다.

제6장 '정치적 민주화와 경제적 자유화'에서는 1980년대부터 점진적으로 진행되어오던 경제적 자유화가 김영삼 정부 시절부터 급속도로 진행되면서 정부 정책에서 경제적 민주주의 개념이 사라져가는 과정을 분석한다. 1993년 우루과이라운드 협상의 타결과 함께 농업 구조조정이 진행되고, 1997년 발생한 외환위기에 대응하는 과정에서 공기업의 민영화가 대대적으로 진행되어 소농체제와 국가자본이라는 한국적 경제민주주의의 두 축이 무너진다.

김영삼 이후 정부들은 자유민주주의를 강조하며 다원주의 질서를 추구했다. 민주화 이후 경제적 민주주의의 전통이 단절되자 계급전쟁을 선동하는 민중주의 세력이 한국사회의 다원주의 질서 속으로 침투하여 세력을 넓혀갔다. 민중주의자들은 통일운동과 평화운동을 일으키며 건국과 발전을 이끌었던 지도자들을 반민족 분단세력으로 매도한다.

제7장 '볼셰비키의 후신(後身)들'에서는 계급투쟁사관으로 건설한 조선민주주의인민공화국이 전체주의 통치의 비극에 빠진 현실을 조망하고, 전체주의 체제를 겪은 동독 시민사회에서 개혁이 일어났으나 민

주주의를 회복시키지 못하고 서독체제로 통합되는 현상을 분석한다. 스탈린식으로 북한에 건설된 전체주의는 흐루시초프식 개혁을 거치지 않고 수령국가화함으로써 공화정의 전통에서 벗어나고 말았다. 북한의 전체주의 체제는 경제적 민주주의에 대한 계급투쟁적 접근이 낳은 비극으로 중경식 접근법이 가지는 가치를 반증한다. 동독, 소련, 중국에서는 개혁정치가 실시되었지만, 이미 시민사회가 심하게 파괴되어 있어 민주주의를 회복할 능력이 고갈되어 있었다.

제8장 '자유주의 전통의 신경향'에서는 자유주의 전통의 서구사회에서 일어나는 경제적 민주주의의 신경향을 알아본다. 자유주의 전통에서는 노동조합 내부의 민주주의 강화를 위한 정책과 협동조합, 임금노동자기금, 종업원지주계획 등 경제적 민주주의 실현을 위한 대안들이 제시되고 있다. 이런 대안들은 한계비용 제로사회의 도래 가능성에 대한 대비책으로도 논의되고 있다.

결론에 해당하는 제9장 '경제적 민주주의의 한국적 경로'에서는 계급전쟁을 방지하기 위해 경제적 민주주의 전통을 되살려야 한다는 문제를 제기한다. 그러나 국가자본 축적이나 소농체제의 전통을 산업화된 사회에서 되살릴 필요는 없다. 현대 한국의 경제발전단계에서는 협동조합 등 공유경제(shared economy) 개념을 통해 경제적 자치영역을 확대하는 정도이면 근로자들에게 법인자본주의적 직장에 대한 대안의 일터를 제공할 수 있을 것이다. 건국 초와는 다른 형태의 혼합경제로 정치적 민주주의를 보완하여 계급전쟁의 위협으로부터 다원주의 질서를 지키는 것이다. 이것이 경제적 민주주의로서 정치적 공동체의 결속을 다져 계급투쟁론자들의 전복위협에 대처한다는 건국 초의 공화주의 전통을 계승하는 것이기도 하다.

I

경제적
민주주의의
3가지 전통

필자는 이 장에서 경제적 민주주의의 전통을 세 갈래로 분류한 다. 자유주의, 마르크스주의 그리고 중경 전통이다. 중경 전통은 1940년대 전반 중경에 공존하던 중화민국과 대한민국 임시정부 지도자들이 공유하던 경제적 민주주의 개념을 지칭한다. 한국은 중경 전통을 계승하고 있지만, 중경 전통의 경제적 민주주의 개념 자체에는 자유주의적 요소와 마르크스주의적 요소, 그리고 중경 전통에만 있는 특징적 요소가 혼합되어 있다. 혹자는 중경 전통 개념이 발췌적일 뿐 독창성이 없으므로 따로 분류할 필요가 있느냐는 의문을 제기할 것이다. 그러나 필자는 한국과 대만이 20세기 후반에 독특한 근대화 경험을 개척한 역사를 설명할 이론체계로서 중경 전통 개념의 유용성을 강조하는 바다.

대만과 한국에서 채택된 경제적 민주주의 개념은 후발 근대화 이론이므로 그 이전에 서구의 근대화를 이끈 이론들을 흡수하고 새로운 요소를 가미하여 형성된 것이다. 중경 전통의 개념을 이해하기 위해서는 먼저 자유주의와 마르크스 전통의 개념들과 비교분석할 필요성이 있다.

1.
자유주의 전통

영국의 시민세력은 17세기 청교도혁명과 명예혁명을 거치면서 왕권을 제한하고 의회제도를 통한 법의 지배를 실현시켜 근대화의 기반을 마련했다. 참정권이 아직 확대되기 이전에 형성된 이러한 고전적 자유주의 질서는 시민적·종교적 자유의 원칙, 법의 지배, 언론의 자유, 의회주의 정부제도, 왕권 제한, 사법부의 독립을 특징으로 한다.

이로써 의회주의 정부제도와 법의 지배가 개인의 재산권과 시장의 자유를 보장하게 되었다. 신분제도의 질곡에서 벗어난 개인이 자유계약에 따라 토지, 자본과 노동을 거래하는 동안 자본주의 농업과 기업들이 성장하면서 영국사회는 18세기 후반에 이미 산업화 단계에 진입했다.

애덤 스미스(Adam Smith)는 "자기이익을 극대화하기 위해 벌이는 개인의 산업 활동이 보이지 않는 손에 의해 자기의 의도와 상관없이 사회적 이익 증진으로 이어진다"고 보았다.[1] 18세기 자유주의적 경제관은

---

1) Adam Smith, *The Wealth of Nations*, The University of Chicago Press, 1776, Book 1, 477.

개인주의적 자유에 기반을 둔 시장체계를 자연적 질서(natural order)로 보고, 정부의 인위적 개입을 최소화할 것을 주문했다. 애덤 스미스가 생각하는 국가의 의무는 국방, 사법행정의 집행, 특정 공공사업 운영의 3가지로 한정된다.[2] 정부에 요구되는 경제정책이란 자유방임주의(laissez-faire)로 충분하다.

17세기 시민혁명 이래 납세자들의 투표로 선출된 의회는 19세기 선거개혁 이전까지 토지의 상업적 경영에 종사하던 지방의 토지귀족들에 의해 지배되었다. 애초 일부 계층에게만 투표권이 허용된 제한된 민주주의는 산업화와 함께 일어난 투표권 확장 요구에 호응하게 되는데, 이 과정이 영국의 민주화에 해당한다. 영국정치의 민주화는 18세기 중반 이래 산업화와 함께 성장한 중산층과 노동자들이 참정권을 획득하면서 진행되었다.

1832년 선거법 개정을 통해 영향력을 확장한 중산층은 1840년대 곡물법 철폐운동(Anti-Corn Law League)을 벌여 영국의 무역정책을 중상주의에서 자유주의로 바꿔놓았다. 이제 자유주의적 세계관이 국내질서뿐 아니라 국제관계에까지 적용되기 시작했다.

한편 산업노동자들은 노동단체를 조직하여 상호부조 형태의 고용보험을 조직하고 참정권을 요구했다. 의회는 1867년, 1884년, 1885년 선거법 개정을 통해 투표권을 노동자로까지 확대해나갔다. 정치적 민주주의의 확장은 고전적 자유주의 시장경제 질서에 불균형을 초래하게 된다.

존 스튜어트 밀(John Stuart Mill)을 비롯한 자유주의 이론가들은 다가

---

2)   상게서 Book 2, 208.

오는 민주주의가 개인의 자유와 사회적 다양성을 위협할 것을 우려하며 자유주의와 민주주의를 양립시키는 문제를 놓고 고민했다. 정당들은 참정권을 획득한 노동자들의 요구에 반응하여 변화를 모색했다. 영국 자유당 내 급진파들은 지방자치 차원에서 고용보험제도를 개발하기 시작했다. 사회보험에 의해 보호받는 노동자들은 기업주의 임금삭감 압력에 대한 저항력을 키우게 된다. 경기순환의 침체기에 임금이 하락하는 수요공급의 법칙이 노동시장에서 실현되기 어려운 상황이 전개되면서 시장의 자동적인 경기회복 능력이 저하되고, 19세기 말에 오면 대규모 실업사태를 일으키는 공황이 되풀이하여 찾아든다. 자본주의 시장질서가 위기에 봉착하면서 고전적 자유주의 질서의 실효성도 의심받게 되었다.

그린, 홉하우스 등 자유주의 이론가들이 민주주의 확장이라는 새로운 상황에 대응하여 자유주의의 새로운 변형을 시도했는데, 개인의 자유와 사회적 정의 사이의 균형을 추구한다는 의미에서 '새로운 자유주의(New Liberalism)' 또는 '사회적 자유주의(Social Liberalism)'라고도 불리게 되었다. 새로운 자유주의 또는 사회적 자유주의는 고전적 자유주의와 같이 시장경제, 시민적·정치적 권리와 자유의 확대를 추구하는 데 그치지 않고 빈곤, 보건, 교육 등 경제적·사회적 쟁점들에 관련한 정부 역할의 정당성을 인정한다. 아래에 소개하는 리치의 글이 사회적 자유주의를 잘 대변하고 있다.

대중주권에 대한 명시적 인정은 인간과 국가 사이의 대립을 해소하는 경향을 보인다. 국가는 '나'에서 '우리'로 바뀐다. 국가의 행동을 더 많이 원하는 주된 이유는 개인에게 건전한 방향의 활동을 개발할 기회를 넓혀주기 위해서다. 국가와 개인은 상호 대립적이지 않기 때문에 더 이상 우리의 선택을 강요하지 않는다. 그리고 민주주의를 통해 강력하고 활기찬 국가를 건설하여 강하고 활기찬 개성을 길러내는 것이 쉬운 일은 아니지만 여전히 가능하다. 개인이 이기적이거나 고립적이지 않고 공동체의 복지 속에서 진정한 복리를 찾아내는 상태에 이를 수 있다는 것이다.

The explicit recognition of popular sovereignty tends to abolish the antithesis between 'the Man' and 'the State.' The State becomes, not 'I' indeed, but 'we.' The main reason for desiring more State action is in order to give the individual a greater chance of developing all his activities in a healthy way. The State and the individual are not sides of an antithesis between which we must choose; and it is possible, though, like all great things, difficult for a democracy to construct a strong and vigorous State, and thereby to foster a strong and vigorous individuality, not selfish nor isolated, but finding its truest welfare in the welfare of the community.[3]

영국의 자유당 정부는 로이드 조지(Lloyd George) 주도로 1911년 국가보험법을 제정해서 임금소득자에게 건강보험과 고용보험을 제공하기 시작했다. 영국의 사회보장제도는 제2차 세계대전 중 작성된 베버리지 보고서에 따라 종전 후 노동당 정부에 의해 완성된다. 노동당 정부가 실현시킨 영국의 경제적 민주주의는 정부의 적극적 개입과 보호 속에 개인의 자유와 발전을 보장한다는 새로운 또는 사회적 자유주의 사상에

---

3)   D. G. Ritchie, *The Principle of State Interference*, Alan Bullock & Maurice Shock (ed.), *The Liberal Tradition from Fox to Keynes*, Oxford : The Clarendon Press, 1956 : 189.

접합되어 있다.

19세기 말부터 20세기 전반까지 계속된 시장경제와 자본주의의 위기에 대해 영국의 경제학자 케인스는 "시장에 대한 국가의 정책적 개입을 통해 시장의 균형을 되찾을 수 있다"는 이론을 내놓는다. 그는 국가 개입의 최소화 속에 성장한 자유주의 시장질서가 19세기 후반기 민주화의 위기를 맞은 후 20세기에 들어와서는 국가의 적극적 개입을 통해 시장균형을 회복하는 변형을 겪게 되는 원리를 다음과 같이 설파했다.

위로부터 지배하는 세계에서는 사적 이익과 사회적 이익이 항상 일치하는 것이 아니었다. …… 경험에 의하면 개인이 사회적 단위를 형성할 때 그들이 개인적으로 행동할 때보다 덜 명석하지 않다.

The world is not so governed from above that private and social interest always coincide….Experience does not show that individuals, when they make up a social unit, are not always less clear-sighted than when they act separately.

그러나 이것보다 더 흥미로운 것은 합자기업들이 일정한 나이와 규모에 도달했을 때, 개인주의적인 사기업들보다는 공기업 지위에 가까워지는 경향을 보인다는 점이다. 가장 흥미로우면서도 주의를 끌지 못하는 근래의 전개는 대기업들이 사회화하는 경향이다.

But more interesting than these is the trend of Joint Stock Institutions, when they have reached a certain age and size, to approximate to the status of public corporations rather than that of individualistic private enterprise. One of the most interesting and unnoticed developments of recent decades has been the tendency of big enterprise to socialise itself.

철도나 공공사업 분야뿐 아니라 금융이나 보험업들도 포함한 대기업의 성장으로 주주들, 즉 자본가들이 경영으로부터 완전히 분리되어 경영자들에게 있어 대규모 이윤의 획득이라는 직접적인 사익의 추구가 부차적인 일이 되기에 이르렀다.

정부에게 중요한 일은 개인들이 이미 하고 있고 조금 더 잘하거나 조금 못하는 일이 아니라 지금 전혀 손대지 않는 일들을 하는 것이다.

A point arrives in the growth of a big institution – particularly a big railway or big public utility enterprise, but also a big bank or a big insurance company – at which the owners of the capital, i.e. the shareholders, are almost entirely dissociated from the management with the result that the direct personal interest of the latter in the making of great profit becomes quite secondary....

The important thing for Government is not to do things which individuals are doing already, and to do them a little better or a little worse; but to do those things which at present are not done at all.[4]

미국에서는 1929년 대공황 이후 루스벨트 대통령이 이끄는 민주당

---

4) J. M. Keynes, *The End of Laissez-Faire*, 1926. (Alan Bullock and Maurice Shock, *The Liberal Tradition From Fox to Keynes*, Oxford : The Carendon Press, 1956) : 254, 255, 257.

정부가 뉴딜정책을 실시했다. 뉴딜정책이란 대규모 실업사태에 대응하기 위해 연방정부가 공공투자에 나섬으로써 실업자에게 고용을 제공하고, 사회보장법을 통과시켜 각종 사회보장제도를 신설하며, 1935년 노동관계법을 제정하여 노동조합 활동을 보장한 전체 프로그램을 뜻한다. 농업부문에서 실시된 농산물에 대한 가격지지정책도 포함된다.

뉴딜정책은 노동자와 농민의 이익을 보호하기 위해 국가가 직접 시장에 개입한 것이며, 정책의 추동력 역시 노동자와 농민의 정치적 지지에 기반을 둔 것이었다. 시장자유주의에 대한 믿음이 가장 강력했고, 권력분립으로 허약하게 태어난 중앙정부를 가진 미국 정부가 이렇게 대담한 정책전환을 추진할 수 있었던 힘은 역시 민주주의에서 찾을 수 있다. 미국은 19세기 중반에 이미 백인 성인 남성이 재산 유무와 관계없이 투표권을 행사하는 정치적 민주주의를 실시하고 있었다.

스웨덴의 사회민주당 정부는 1933~1935년 기간에 공공사업으로 고용을 창출하고 고용보험을 실시한 후 곧 보편적 건강보험제도까지 완성했다. 농민들을 위해서는 보호관세와 가격지지정책이 실시되었다.

스웨덴 사민당은 농민당과 연합하여 개혁을 추진했다. 스웨덴의 사민주의 개혁과 미국의 뉴딜개혁은 노동자와 농민을 지지기반으로 하여 국가의 역할을 강화했다는 공통점을 갖는다. 중앙정부가 나서서 수요를 관리하고, 사회보장을 제공하고 공공사업을 벌이며, 노동자들의 단체교섭권과 정치활동을 보장하는 이런 정책들은 사회적 민주주의라는 범주에 해당하며 큰 범위의 경제적 민주주의에 포함된다.

이런 온건노선의 개혁정책들은 1930년대 북서유럽과 신대륙 각국에서 실시되었는데, 노르웨이와 덴마크에서는 노동당과 사회민주당 정부들이, 프랑스에서는 인민전선(Popular Front) 정부가, 벨기에와 스위스에

서는 여러 정당의 연립정권이, 캐나다와 뉴질랜드에서는 보수당 정부들이 추진했다.[5]

국가가 고용, 사회복지와 성장을 목표로 거시경제적 정책수단들을 동원하는 이런 새로운 경제질서를 '수정자본주의'라 부른다. 고전적 자유주의가 민주주의를 수용하는 과정에서 개인의 재산권을 제한하는 방법으로 자유시장질서를 보전하는 제한적 자유주의로 변형되었다고 볼 수 있다. 수정자본주의는 제2차 세계대전 종식 후 국가의 통제와 개입을 통해 국내적으로는 복지제도를, 국제적으로는 자유무역을 유지한다는 의미에서 '연계된 자유주의(embedded liberalism) 질서'라고도 불리게 된다.[6]

미국, 영국, 스웨덴을 비롯한 북유럽 국가들은 의회주의 및 삼권분립의 정치제도와 절차에 따라 경제적 민주주의를 도입했다. 시민적·종교적 자유의 원칙, 법의 지배, 언론의 자유, 의회주의와 삼권분립의 정부제도 등 고전적 자유주의 정치질서가 보존되는 환경 속에 자유방임주의 경제원칙을 변경하여 국가개입적 사회복지 국가를 만들어냈다. 17세기 영국의 시민사회가 왕권의 자의적 행사에 항의하는 과정에서 국가권력으로부터의 자유와 사유재산권을 통한 개인의 자유를 추구했다면, 20세기 사회적 자유주의와 민주사회주의(Democratic Socialism) 개혁은 노동자 대중이 정치에 참여하게 되는 19세기 이후 상황에서 국가의 역할을 통해 국민 모두에게 자기발전의 자유를 평등하게 보장하는 민주주의 건설이라 할 수 있다.

---

[5]   Jeffry A. Frieden. *Global Capitalism: Its Fall and Rise in the Twentieth Century*, New York and London: W. W. Norton & Company, 2006: 235–236.

[6]   John Ruggie, "International Regimes, Transactions, and Change: Embedded Liberaliam in the Postwar Economic Order," *International Organization*, 1982: 36(2).

전후 영국에 등장한 노동당 정부는 영국은행(Bank of England), 민간항공, 장거리 통신, 석탄, 철도, 장거리 운송, 전력, 가스, 철강 등 산업에서 사기업의 국유화를 실행했다. 영국은행의 국유화는 완전고용을 목표로 한 조치였다. 국유화 이전 석탄산업은 대부분 과잉인력을 보유하고 있었고, 철도는 정부보조로 만성적 적자를 메우고 있었다. 석탄, 가스와 전기산업의 국유화는 생산을 근대화하고 요금을 인하하며 자원의 유실을 방지하여 효율성을 제고하겠다는 목표로 추진되었다.

사회보장의 확대를 추진하던 당시 노동당 정부로서는 정부지출을 뒷받침해줄 수 있는 효율적 생산체제가 절실히 필요했다. 그들은 기간산업의 국유화로 자본주의 생산체제의 합리성과 효율성이 개선될 수 있을 것으로 기대했다.

하지만 실제 국유화된 기업들의 경영은 관료조직의 통제하에 기업이윤 극대화를 추구하여 사기업 경영과 크게 다르지 않았다. 기업통제에서 새로운 모습을 보이지 못했고, 완전고용, 경제적 안정이나 소득분배 등 어떤 면에서도 인상적인 성과를 내지 못했다. 노동당 정부는 공공경제 부문을 수단으로 하여 사유경제 부문에 영향력을 행사할 국가계획을 갖고 있지 않았다. 생산수단의 사회화 또는 국유화에 대한 영국 유권자들의 지지도 시간이 갈수록 하락했다.[7]

프랑스에서는 1936년 집권한 인민전선 정부가 철도를 국유화했다. 그 후 1945~1946에 집권한 사회당 연립정부는 프랑스은행과 4대 상업은행, 석탄, 가스, 전기, 민간항공, 해운업 등 대부분의 기간산업을 국유화시켰다.

---

7)　Donald Sassoon, *One Hundred Years of Socialism: the West European Left in the Twentieth Century*, New York : The New Press, 1996 : 137-166.

프랑스 사회주의자들은 생산수단의 사회화에 대한 신념 외에 경제적 근대화, 나치 부역자에 대한 징벌과 민주주의를 기간산업 국유화의 명분으로 내세웠다. 드골주의자들도 국가주도적 경제발전을 위해 국유화를 지지했다. 프랑스 정부는 국가계획을 세우고 국유기업들을 수단으로 활용하여 전후 경제발전을 촉진시키는 성과를 거뒀다.

서유럽의 사회주의자들은 전후 복구 시기에 기간산업을 국유화하면서 사회주의 실현에 접근한다는 기대를 가졌으나, 결과적으로 영국에서처럼 기대효과를 얻지 못하거나 프랑스에서처럼 자본주의 경제의 발전에 기여하는 효과가 수반되었다. 사적 자본가 소유의 생산수단을 부분적으로 국유화하여 생겨난 공기업들은 자본주의 시장경제 속에서 작동하는 비자본주의적 요소들로 작용하여 혼합경제를 낳았다.

서유럽 국가들은 노동자들의 정치참여가 보장된 후 노동자들의 단체협상권을 인정하고 사회보장제도를 도입했다. 전후 영국과 프랑스에서는 기간산업의 국유화 조치도 단행되었다. 의회주의, 법의 지배, 언론과 학문의 자유, 사유재산제도 등 고전적 자유주의 정치가 만들어놓은 정치적 민주주의 제도의 틀 속에서 경제적 평등을 확대하려는 이러한 시도들을 자유주의 전통 속에서 진행된 경제민주화라고 부를 수 있겠다. 20세기에 자유주의 전통 속에서 진행된 경제민주화는 엄밀히 말해 사회적 민주주의에까지 도달했다.

1930년대에 자유주의 전통의 서유럽과 북미에서 등장한 사회민주주의적 정부들은 사회보장제도를 확충하고 공영경제부문을 만들어냈지만, 고전적 자유주의가 발전시킨 정치적 민주주의와 다원주의 질서를 보존했다. 경제적 민주주의가 정치적 민주주의를 대체하지 않고 연장(延長)했다. 공기업 설립이나 국유화를 통해 사회주의적 요소가 도입되었지만, 자본주의를 대체했다기보다는 혼합경제를 낳았다.

　서방 자본주의에서는 20세기 말 자본의 국제적 이동이 자유화되는 신자유주의 국면을 맞아 공기업이나 국유기업의 민영화가 대대적으로 진행된다. 견제되지 않는 자본주의가 민주주의를 위협한다는 우려가 제기되면서 경제적 민주주의에 대한 새로운 관심이 일어나게 된다.

　로버트 달은 현대 자유민주주의가 법인자본주의(corporate capitalism) 발달이 수반하는 경제적 불평등의 심화로 인해 정치적 평등과 자유를 위협하는 문제에 주의를 기울였다. 그는 경제적 자유가 자원분배의 불평등을 심하게 악화시켜 민주주의와 정치적 평등에도 부정적 영향을 미치는 문제를 제기하면서[8] 다음과 같이 적극적 의미의 경제적 자유를 모두에게 보장한다는 경제적 민주주의 개념을 구상했다.

　우리는 우리의 경제질서 안에서 모두가 필요한 경제적 자원을 자유롭게 습득하기를 바란다. 또 가능하다면 우리의 기본적인 이익 — 또는 좋은 삶을 위해 필요한 경제적 자원 — 을 증진하고 보호할 수 있을 만큼 충분한 경제적 자원을 습득할 자유를 원한다. 이런 것들을 '사적(personal) 경제적 자원'이라고 불러보자. 어떤 종류의 사적 경제적 자원을 가져야 하는지 또는 그것을 어느 정도나 가져야 할지 정확히 알 수는 없겠지만, 우리가 적당한 수준의 사적 경제적 자원을 가질 권리가 있다는 것은 명백하다. 이 권리는 우리가 경제적 자유(economic freedom or economic liberty) 같은 표현을 사용할 때 그것이 의미하는 바와 같다. 최소한 경제적 자유를 위한 권리는 소극적 자유(negative freedom)를 보장

---

8)　Robert Dahl, *A Preface to Economic Democracy*, Berkley : University of California Press, 1985 : 51.

한다. 즉, 다른 사람의 동등한 권리를 침해하지 않는 방식으로 그 권리를 행사할 기회가 있을 때는 어느 누구도 다른 누군가가 개인적인 경제적 자원을 획득하기 위해 그와 같은 권리를 행사하는 것을 막을 권리가 없다. 최대한 이런 권리는 적극적 경제적 자유(positive economic freedom)를 보장해줄 것이다. 즉, 우리의 사회·경제 질서는 그와 같은 기회가 우리 각자에게 실제로 존재하고 있음을 보장할 것이다.[9]

---

9) 상게서, 88.

2.
마르크스주의 전통

　카를 마르크스와 프리드리히 엥겔스는 1846년 공동저작인 『독일 관념론(German Ideology)』에서 "사람이 역사를 만들 수 있기 위해서는 생활을 영위할 수 있는 위치에 있어야 한다"고 하며 역사를 해석함에 있어 사람들이 처한 물질적 기반을 중시해야 한다는 점을 강조했다.[10] 인간이 수렵과 어로를 통해 생존하던 시절에는 자연과의 관계가 삶의 중심을 이루다가 생산력이 발달하여 목축과 농업에 종사하면서 삶의 중심이 인간과 인간의 사회적 관계로 옮아간다.

　생산력이 새롭게 발전되는 단계마다 더욱 진전된 분업이 요구된다. 분업의 발전단계마다 그에 해당하는 여러 가지 소유형태가 등장하고, 그에 따라 물질, 도구, 노동의 생산물에 관련한 인간관계가 결정된다. 마르크스와 엥겔스는 상기 저술에서 물질주의적 역사관을 유럽의 사례에 적용했는데, 그 대강을 아래에 소개한다.

---

10)　Karl Marx and Frederick Engels, *The German Ideology*, New York : International Publishers, 1947 : 48.

인간이 수렵과 어로, 초보적 목축과 농업을 시작하던 시절에는 당시의 미발달한 생산력에 걸맞은 부족적 소유제도(tribal ownership)가 생겨났다. 이 단계에서는 가족 구성원들 사이에서 자연발생적 분업이 발생했지만, 이것은 사회적 분업이라고 할 만한 것이 못 되었다.

인구가 증가하고 생산력이 발달하면서 여러 부족이 정복이나 합의에 따라 융합하여 도시를 이루고 노예를 거느리는 고대 공동체 또는 고대국가가 등장했다. 노예들을 부리는 시민이 재산을 공유하는 원시 공동체 사회가 등장한 것이다. 다음 단계로는 봉건적 또는 토지귀족적 공동체 소유형태가 등장했다. 물질적 생산은 노예화된 소작농들이 담당했고, 토지재산 위에는 무장가신들을 거느린 위계질서적 소유구조가 구축되었다. 토지귀족들이 생산자 계급인 농노들을 지배하게 된 것이다. 봉건시대의 도시에는 소자본을 가진 수공업자들이 장인들을 부리는 길드 사회를 조직하여 또 다른 위계질서를 형성했다.

그다음 단계에서는 공동체를 벗어난 재산관계가 형성되어 봉건제도의 위계질서를 무너뜨리게 된다. 길드의 쇠퇴와 함께 고용주와 장인 사이의 가부장적 관계가 제조업(manufacture)의 자본가와 노동자 사이의 금전관계로 대체되고, 장원이 해체되어 상업농으로 변모된다. 산업화로 대기업들이 성장하여 금전적 소유관계가 완성되고 고양된 생산력을 발휘하는 자본주의 사회가 열렸다. 마르크스와 엥겔스는 이 고양된 생산력이 자본주의적 소유관계를 파괴하는 역할을 한다고 보았다.

사유재산이 공동체로부터 해방됨에 따라 국가도 시민사회로부터 독립되어갔다. 분업에 의한 생산에는 분배가 따르고, 분배는 사유재산을 낳는다. 사유재산을 가진 개인이나 가족들은 공동체의 이익과 모순되는 특별이익을 주장하게 되지만, 분업은 개인 간의 상호의존을 전제로 작동하기 때문에 공동체 없이는 작동하지 않는다. 사유재산을 가진 개인들의 이익과 공동체의 이익 사이의 모순을 해결하기 위해 국가라는 독립된 통치제도가 등장하게 된다. 고대에는 노예 소유주들의 국가가 있었고, 봉건 국가는 농노들을 억압하는 귀족들의 것이었으며, 근대 대의제 국가는 자본이 임금노동을 착취하기 위한 도구로서 나타났다는 것이다.

제조업자들과 상인들이 봉건적 지배세력들과 투쟁하는 과정에서 계급이 형성되어 독립적 존재로 역사 속에 등장했다. 사유재산제도가 완성될수록 개인에 대한 계급의 지배력도 완전해져간다. 물질적 생산수단을 소유하는 지배계급이 정신적 생산수단도 통제한다. 지배 이데올로기는 지배적·물질적 생산관계의 표현이며, 물질적 생산관계가 지배계급을 결정한다. 마르크스와 엥겔스는 자본주의 사회의 국가를 부르주아 계급이 그들의 재산과 이익을 지키기 위해 활용하는 도구로 이해했다.

이상으로 개관한 마르크스-엥겔스의 물질주의적 사관은 다음 단계에서 사유재산의 극단적 발달이 그 자체의 모순에 의해 철폐되는 혁명적 미래를 예측하는 이론으로 전개된다. 산업자본주의가 정치적·사회적·경제적으로 포괄적이고 혁명적인 변화를 일으켜 사회주의에 도달한다는 것이다.

마르크스는 이러한 혁명적 변화의 원리를 설명하기 위해 '생산양식'이라는 개념을 제시했다. 생산양식은 생산력과 생산관계로 구성된다. 생산양식이 공동체주의에서 장원경제를 거쳐 자본주의로 변화하게 하는 추동력은 생산력의 발전에서 온다. 생산력의 양적 성장이 생산관계의 질적 변화를 요구하게 되면서 생산양식이 변화하고, 생산양식의 변화가 정치적 지배체제의 성격을 바꾸는 것이다. 이 문제에 대한 카를 마르크스의 글을 인용하면 다음과 같다.

"(사람은) 그들의 생활에서 사회적 생산에 종사하면서, 사람은 그들의 의지와 상관없이 숙명적으로 분명한 관계 속으로 들어가게 된다. 그것은 그들의 물질적 생산력 발전의 분명한 단계에 해당하는 생산관계다. 이런 생산관계의 총합은 사회의 경제구조를 구성한다. 그 경제구조는 그 위에 법적이고 정치적인 상부구조가 지어지는 실질적 기초가 되며, 그에 상응하는 사회적 의식은 그에 상응하여 분명한 형태를 띤다. 물질적 생활의 생산양식은 사회적·정치적이고 지적인 생활과정 일반을 조건 짓는다. 인간의 존재(being)를 결정하는 것은 의식이 아니다. 그와 반대로 그들의 사회적 존재가 의식을 결정짓는다. 발전의 일정한 단계에서 사회의 물질적 생산력은 기성의 생산관계 또는 — 그의 법적 표현에 불과한 — 지금까지 그 속에서 작동되어오던 소유관계와 갈등을 빚게 된다(At a certain stage of their development, the material productive forces of society come in conflict with the existing relations of production, or – what is but a legal expression for the same thing – with the property relations within which they have been at work hitherto). 이러한 관계들은 생산력의 발전형태로 인해 생산력 발전의 족쇄로 변한다. 그때 사회적 혁명의 시대가 시작된다."(Marx, Preface to *A Contribution to the Critique of Political Economy* first published in 1859, Tucker 4-5)

마르크스에게 국가는 일정한 생산양식을 유지하는 요체인 계급적 지배를 유지하는 데 필요한 강제력을 행사하는 상부구조의 대표적 조직이다. 봉건적 생산양식을 보호하는 국가와 교회는 왕, 귀족, 성직자들의 지배를 위해 농노들의 자유를 구속하고, 자본주의 생산양식을 보호하는 국가는 노동계약의 실현을 강제력으로 뒷받침함으로써 부르주아 지배질서를 유지한다.

마르크스는 역사를 계급론적으로 해석한 후 계급투쟁과 계급혁명을 통해 계급이 없는 사회를 건설할 수 있다는 비전을 제시했다. 그 이론에 따르면, 자본주의가 성숙함에 따라 생산력이 충분히 발전하고 노동자들이 단체행동을 통해 계급적 연대의식을 키우게 된다. 이렇게 형성된 프롤레타리아는 부르주아지에 의한 계급지배를 타도하고 사회주의 경제로 이행할 수 있다. 사회주의 사회에 도달하여 지배·피지배 관계가 해소되는 상태에 이르면 계급지배를 강제하는 역할을 해오던 국가도 소멸하게 된다. 과도기의 계급투쟁은 프롤레타리아 독재가 지도한다.

마르크스의 이론에서 사회주의 경제는 생산수단에 대한 사적 소유를 철폐하고 생산수단의 사회화를 실현함으로써 계급지배의 경제적 토대가 사라진 조건을 제공한다. 마르크스가 생산수단의 국유화와 프롤레타리아 독재를 통해 사회경제적 측면에서 인민의 자결권과 주권을 추구했다는 의미에서 그의 사회주의는 경제적 민주주의 개념으로 볼 수 있다. 경제적 민주주의가 실현되면 계급지배의 필요성도 없어지기 때문에 국가도 소멸한다. 마르크스에게 상부구조는 하부구조의 반영일 뿐이고, 민주주의의 핵심은 계급적 억압에서 벗어나는 경제적 민주주의에 있다.

자본주의 사회는 생산력과 노동계급의 연대의식이 성숙함에 따라 사회주의 혁명을 거쳐 계급 없는 사회, 진정한 민주주의에 도달할 수 있다. 여기서 혁명의 관건으로 등장하는 노동자들의 계급의식과 단결은 일정한 경제사회적 상황에 처한 노동자들에게 주관적으로 일어나는 변화과정이다.

마르크스가 국제사회주의 운동을 지도하다가 죽은 후, 그를 따르던 마르크스주의자들은 노동자들의 계급의식 형성과 단결투쟁의 방식에 관련한 지도노선을 놓고 낙관론과 비관론으로 대립하게 되었다. 독일 사회민주당의 이론가 카우츠키는 노동자들의 참정권이 실현되면 산업자본주의의 성장에 따라 사회주의자들이 정치적 다수파를 형성하게 되므로 의회주의 정부를 장악하고 평화적인 방법으로 사회주의 변혁을 실현할 수 있다는 낙관론적 지도노선을 제시했다.

반면에 러시아의 레닌은 노동조합주의를 방치하게 되면 노동자들이 프티부르주아화해서 제국주의에 기여하게 되므로 공산당의 정치적 지도를 통해 노동자들에게 계급의식을 고취하여 의회 민주주의를 타도하는 폭력혁명을 불러일으켜야 한다고 주장했다. 노동계급의 자발성에 대한 카우츠키의 믿음은 성숙한 자본주의 사회에서 사회주의 혁명이 일어날 수 있다는 마르크스의 이론에 기초해 있었던 반면, 자본주의 초기단계의 러시아에서 공산당의 정치적 지도에 의존하여 폭력혁명을 일으킨 레닌은 제국주의 이론으로 볼셰비키의 행동을 정당화했다.

레닌은 자본주의가 금융자본주의 단계에 도달하여 제국주의를 낳았으므로 한 나라 내의 계급모순은 금융자본주의 꼭대기의 금리생활자들, 그에 포섭되어 중산층화한 노동계급, 그리고 식민지 빈곤층에 이르는 광범한 세계인구들 사이의 갈등으로 확대되었다는 제국주의 이론을 내놓았다. 레닌은 카우츠키와 독일 사민당이 독일 노동계급을 노동조합주의로 오도하여 반제국주의 계급투쟁으로부터 이탈시키고 있다고 비난했다.

1917년 혁명을 통해 러시아 의회주의 정부를 타도하고 내전에서 승리한 볼셰비키는 1921년 3월 열린 제10차 전 러시아 공산당 대회에서 채택된 신경제정책(New Economic Policy)을 실시하여 전후복구에 나섰다. 소비에트 정부는 레닌이 제안한 신경제정책에 따라 근대적 산업, 금융과 수도·전기·가스 등의 공익사업들을 국영으로 운영하고 국제무역과 투자도 통제했다. 농업과 소상공업 분야에서는 민간경제가 허용되었다. 인구의 80%는 볼셰비키 혁명과정에서 "토지는 경작농민에게로"라는 구호에 따라 재편된 농업분야에 속해 있었다.

레닌의 소비에트 정부는 신경제정책을 통해 생산수준을 1926년 또는 1927년까지 혁명 전 수준으로 올려놓는 데 성공했지만, 볼셰비키가 코민테른을 통해 벌여온 국제공산주의 혁명공작들은 기대했던 과실을 얻지 못했다. 볼셰비키 지도자들은 제1차 세계대전 종전 후 자본주의가 안정되어가면서 자신들이 포위되어 있다는 고립감에 빠져들게 되었다. 볼셰비키는 "제국주의의 약한 고리에서 시작된 러시아 사회주의 혁명이 자본주의 선진국들의 계급혁명을 불러일으켜 세계 자본주의를 전복시키고 나면 러시아는 사회화된 자본의 국제협력에 힘입어 산업적 낙후성에서 벗어날 수 있다"는 애초의 기대가 무산된 채 고립과 저개발의 엄혹한 현실에 직면하게 되었다.

1924년 레닌 사망 후 벌어진 권력투쟁에서 승리한 스탈린은 새로운 현실인식에 대응하여 일국사회주의 노선을 세웠다. 고립된 러시아 사회주의를 방어하기 위해서는 산업화와 함께 군수산업을 건설해야 했다.

스탈린의 소비에트 국가는 1928년부터 급속한 산업화를 추진한다. 산업화 전략은 농업집단화를 통해 저임의 노동력과 저가의 곡물을 도시 산업화에 동원하는 방식이었다. 공산당의 명령에 따라 강요된 농업집단화는 농민의 저항과 생산감소에 따른 대량아사를 초래하면서도 도시산업 건설로 귀결되었다. 산업건설은 되었지만 중공업 투자를 우선시하는 공산당 정부의 시책 때문에 소비재 부족문제가 해결되지 않았고 도시 노동자들의 생활 역시 크게 개선되지 않았다.

볼셰비키가 폭력혁명으로 의회주의 정부를 전복하고 소비에트 러시아를 건설했지만 국가는 소멸하지 않았다. 볼셰비키가 계급투쟁의 수단으로 건설한 소비에트 러시아는 수백만 경작농민의 희생을 무릅쓰고 농업집단화를 강행하고 도시 노동자들의 내핍을 강요하며 국가자본을 축적했다. 당과 국가의 동원 앞에 언론의 비판이나 개인의 권리보장을 주장할 독립된 사법절차가 제공되지 않았다. 인민에게는 보통선거제도가 허용되었으나 비밀투표가 보장되지 않았다. 마르크스-레닌주의는 자본주의가 성숙하지 않은 러시아에 사회주의 건설이라는 포괄적 변혁을 일으킨다는 전체주의적 이데올로기를 제공했고, 전체주의 이데올로기로 무장한 공산당은 스탈린 일인독재하에 개인의 자유와 시민사회의 자율성을 말살해버렸다.

요약건대, 마르크스가 제시한 사회주의 건설 비전에는 경제적 민주주의 개념이 담겨 있었으나, 마르크스 사후 레닌과 그의 추종자들은 공산당을 조직하여 사회주의를 건설하기 위해서는 반제국주의 계급투쟁에 나서야 한다는 전략하에 자본주의 후진국 러시아에서 의회주의 정부를 폭력적으로 전복하는 볼셰비키 혁명을 일으켰다. 볼셰비키는 자유주의적 가치와 제도들을 모두 계급의 적으로 규정하면서 자본주의 선진국들과 적대적 관계에 빠지게 되었다. 자본주의 선진국들에서 계급혁명을 일으키지 못한 채 그들과 적대관계에 빠진 소비에트 러시아는 국제자본의 협력을 얻지 못한 채 노동자와 농민의 잉여를 무자비하게 착취하는 방식으로 산업화했다. 생산수단은 국유화되었지만, 경제적 결정권은 공산당 간부들이 독점했다.

소련 공산당은 계급철폐를 통해 궁극적 평등을 실현한다는 이데올로기를 내세웠지만, 실제로는 관료주의적 사회주의체제를 구축했다. 소비에트 러시아는 절대적 평등을 주장하는 이데올로기로써 실질적 평등을 대체하고 개인의 자유를 짓밟는 전체주의적 통치를 구현했다.

전체주의적 통치는 스탈린 시대에 이르러 절정에 달했지만, 그 정치적 연원은 의회주의와 법의 지배를 포함한 자유주의 제도들을 통째로 계급의 적으로 매도한 레닌의 지도노선으로 거슬러 올라간다. 볼셰비키 혁명으로 자유주의 제도들이 타도되자 정치적 민주주의도 함께 사라졌다.

정치적 민주주의와 함께 다원주의가 사라지자 개인의 자유와 권리가 위협받고, 개인의 독립성이 없는 사회에서 자치(self-government)가 실현될 수 없었다. 정치적 자치가 말살되는 것과 함께 경제적 자치를 실현할 가능성도 사라졌다. 이로써 경제적 민주주의에 대한 과격한 접근은 실패로 끝났다.

3.
중경 전통

　　중경(重慶)은 중일전쟁 기간 중 중국 국민당 정부와 대한민국 임시 정부 지도부가 항일전쟁에 협력하고 국가건설 사상을 공유해나가던 장소였다. 장개석의 국민당 정부는 1938년부터 1945년까지 중경을 전시 임시수도로 삼았고, 김구의 대한민국 임시정부도 1940년부터 중경으로 이전하여 국민당 정부와 함께 항일전쟁에 나섰다.

　　중국 국민당의 창시자 손문은 페이비언주의자들(Fabianists)이 영국 노동당을 설립할 즈음에 이미 삼민주의 이론을 발표했다. 청조를 타도하고 중국을 공화국으로 재건한다는 근대화 계획이었다. 민족, 민권, 민생의 삼민주의는 민주주의와 사회주의를 병립시키기 위해 노력하는 영국의 페이비언주의(Fabianism)와 마찬가지로 평화적 수단을 통한 변혁을 추구하는 사상이었다.

　　1911년 신해혁명으로 청조는 멸망했으나 군벌이 난립하는 상황이 도래하자 손문은 광동성(廣東省)을 거점으로 공화국 건설을 위한 지도노선을 개발해나갔다. 그는 1921년 『중국의 국제적 개발(The International Development of China)』이라는 영문저술을 발표하여 제1차 세계대전 당시 전시 물자 생산과 전후 유럽 재건에 사용된 잉여자본을 중국개발에 투자해서 세계평화에 기여하자는 제안을 했다. 그는 국제자본을 투자해서 중국의 풍부한 지하자원을 개발하고, 철도와 항구를 건설해서 소비시장을 확장할 수 있다고 주장했다.

"중국문제를 해결하지 못한다면, 얼마 전 겪었던 것보다 더 크고 무서운 전쟁을 피할 수 없게 될 것이다. 중국문제를 해결하기 위해 나는 사회주의적 틀 속에서 중국이 가진 방대한 자원을 국제적으로 개발하자고 제안한다. 이것은 세계 모두에게나 중국 인민에게도 다 이익을 가져다줄 것이다."(Preface)

"나는 그래서 중국산이나 외국산 제품들을 모두 흡수할 수 있을 만큼 큰 중국의 새 시장을 개발하는 계획을 제출한다."(The International Development of China – A Project to Assist the Readjustment of Post-Bellum Industries)

"사영기업들이 할 수 있거나 더 잘 할 수 있는 사업들은 사적 영역에 남겨두고 자유주의적 법제도에 따라 장려하고 보호한다. …… 사영기업이 감당할 수 없는 사업이나 독점적 성격을 갖는 사업들은 국영으로 추진한다. …… 국영부문의 사업에서는 외국자본을 유치하고 외국의 전문가와 조직가들을 모집해서 대규모 사업방식을 채택해야 한다. 이렇게 창출된 자산은 국가소유로 남아서 전체 국민의 이익을 위해 관리될 것이다. 이런 국영기업들을 건설하고 가동하는 동안 그 자본과 이자를 완전히 변제하기 전까지 기업들은 중국인이 고용하는

외국인 전문가들의 관리와 감독을 받게 될 것이다."(Program I)[11]

"내 생각은 중국에서 자본주의가 사회주의를 만들어내어 인간 진
화를 위한 두 가지 경제적 힘이 미래 문명에 함께 존재하는 것이다."
("It is my idea to make capitalism create socialism in China so that these two economic

forces of human evolution will work side by side in future civilization.")[12](conclusion)

손문은 중국에 사회주의 경제체제를 도입하려고 했는가? 이 문제
에 대해 데이비드 고든은 이렇게 답하고 있다.

"손문은 사회계급 간의 갈등을 완화시키기 위한 수단으로서 사회
주의적 정책들을 사용하려고 한 매우 온건한 사회주의자였다."(David
B. Gordon 48)

손문은 특정 산업에 대한 정부통제, 다른 산업에 대한 과세와 평균
지권을 추구한다는 의미에서의 사회주의를 추구했는데, 이것은 영국의
페이비언 소사이어티와 노동당이 추구하던 민주사회주의 노선과 흡사
한 반면, 정치적 민주주의를 훼손해가면서 생산수단의 국유화를 추구하
는 볼셰비키 노선과는 다른 것이다.

---

11) 이 책의 중국어판은 '實業計畫'이라는 제목으로 출판되고 있다. Sun Yat-sen, *The Internation-al Development of China*, Foreign Language Teaching and Research Press, 2011(KFCC 135).

12) "Significantly, this is the approach that leaders of the People's Republic of China have championed since the 1980s, when the government abandoned hardline Communism in favor of a tepid social-ism that draws most of its vitality from the private sector." David B. Gordon, *Sun Yat-sen: Seeking a Newer China*, Boston : Prentice Hall, 2010 : 50.

손문의 이 같은 사회주의적 제의는 제1차 세계대전 종전 당시 선진국 정부들의 관심을 끌지 못했다. 영국에서는 1923년과 1929년에 노동당 정부가 등장하기는 했지만, 소수파 정부로서 국유화 정책을 추진할 수 없었다. 영국에서 사적자본의 국유화로 국영기업이 등장한 것은 제2차 세계대전 종전 이후 노동당 정부가 들어서고 나서였다. 손문이 우려하던 또 하나의 더 크고 더 무서운 전쟁을 겪은 다음에야 실현된 것이다. 미국 연방정부가 대공황 극복책으로 TVA(Tennessee Valley Authority)라는 국영기업을 설립한 것은 1933년이었다. 중국의 당시 정치상황 역시 원세개(袁世凱) 사망 후 군벌이 난립하여 외국자본이 장기적 전망을 가지고 투자하기 어렵게 만들고 있었다.

손문의 개발협력 제의에 반응해온 것은 서방국가나 자본이 아니라 레닌이 지휘하는 코민테른이었다. 소련의 지도자 레닌은 반(半)식민지 중국에서 일어나는 민족해방운동을 반(反)제국주의 투쟁으로 끌어들이기 위해 손문의 국민당에게 재정적·기술적으로 지원하는 대신 공산주의자들을 받아들이도록 했다. 손문은 1923년 레닌의 지원을 받아들여 국민당 조직의 근대화에 상당한 성과를 이뤘지만, 공화국 건설도 하기 전에 이미 공산주의자들의 국민당 입당으로 계급문제를 껴안게 되었다.

손문은 1924년 강연을 통해 중국이 아직 산업화 이전 단계라는 점을 적시하면서 국가가 절제자본과 평균지권의 민생주의 원칙을 세운 후 계급투쟁 없는 산업화를 주도한다는 비전을 제시한다. 절제자본은 민간자본(또는 私人資本)을 통제하고 국가자본을 축적한다는 의미를, 평균지권은 상업적 투자로 인해 발생하는 지가상승 이익을 세금으로 환수해서 공익에 투자하며 농업에서 경자유전을 실현한다는 의미를 담고 있다.

절제자본이라는 개념은 영국의 페이비어니즘과 레닌의 신경제정책으로부터 영향을 받은 것으로 추측된다. 평균지권 개념의 연원은 영국 페이비어니즘에 큰 영향을 준 헨리 조지(Henry George)의 지대환수론에서 찾을 수 있지만, 손문이 구체적으로 제시한 정책에서는 존 스튜어트 밀과 청도(青島)의 독일 조차지에서 시행된 토지정책에서도 영향을 받은 흔적들이 나타난다. 손문은 독일 조차지의 토지정책을 입안한 빌헬름 슈라이머를 그가 이끌던 광동정부 특별고문으로 위촉하기도 했다.[13]

그는 비스마르크가 독일제국에서 사회보장제도를 도입하여 계급투쟁을 예방한 정책을 칭송하며 이를 '일종의 국가사회주의(一種國家社會主義)'라고 부른다.[14] 손문이 제시한 절제자본과 평균지권 역시 계급투쟁을 예방하기 위해 산업화 이전에 경제적 평등을 보장하겠다는 전략을 담고 있다. 그는 의식주와 이동(行)을 '민생적 수요'라 부르며 "국가가 그 책임을 부담해야 한다"고 말했는데, 이것은 모든 국민에게 자기발전의 자유를 실현할 수 있는 조건을 국가가 만들어주어야 한다는 적극적 자유개념에 해당하므로 그 연원은 영국의 사회적 자유주의자들로 거슬러 올라간다.[15]

손문은 또 중국 같은 농업국가에서 국가는 평균지권, 절제자본을 위한 규제에 그치지 않고 산업에 직접 투자하여 국가자본을 축적하는 역할까지 해야 한다고 주장했다(三民主義 124). 철도·통신·수도·전기의 공급도 국가가 맡아서 해야 한다는 것이 그의 생각이었다. 손문이 제시한 민생주의 경제에서는 소규모 상공업과 소농경영만이 민간분야로

---

13) 정태욱, "손문 평균지권의 자유주의적 기원과 중국 공화혁명에서의 전개과정", 『법철학연구』 제18권 제2호, 2015: 185-216.

14) 『三民主義』 130.

15) 『三民主義』 232.

남게 되어 레닌의 신경제정책을 방불케 한다. 케인스는 민간부문에서 성장하는 대규모 주식회사들이 소유의 사회화 현상을 보이고, 특히 공공서비스를 제공하는 대기업들이 공기업의 기능을 수행하는 점을 활용할 수 있다고 말했다. 성숙한 자본주의 경제관을 가진 영국 사람 케인스와 달리 후진국 상황에 직면한 러시아의 레닌과 중국의 손문은 국가의 경제적 역할을 더욱 확장할 필요성을 느꼈다고 볼 수 있다.

그러나 산업화 이전에 경제적 민주주의가 먼저 시작된다면 원시적 자본축적이 불가능하여 도시산업 건설을 위한 재원을 마련할 수 없게 되는 근대화 전략상의 모순에 빠지게 된다. 이는 자본주의가 미성숙한 러시아나 반식민지 중국에서 근대국가 건설을 계획하는 레닌과 손문의 근대화 전략이 다 함께 봉착한 문제였다.

레닌과 손문은 모두 국제자본을 활용하여 산업화 재원 부족 문제를 해결하고 싶어 했는데, 국제자본을 활용하기 위한 접근방식에서는 두 사람 사이에 근본적 차이가 있었다. 레닌은 러시아의 볼셰비키 혁명을 독일을 비롯한 선진 자본주의 국가들에 수출하여 사회주의 혁명의 연쇄작용을 일으킴으로써 국제 잉여자본을 이전받고 싶어 했다. 반면에 손문은 선진 자본주의 국가들과의 협력관계 속에 국제 잉여자본이 중국에 투자되어 중국의 산업화가 세계평화와 번영에 이바지하게 되기를 희망했다. 손문은 중국의 국제개발이 계급투쟁을 피하는 길이라고 주장했다. 레닌이 산업화 재원 획득의 길을 반제국주의 계급투쟁에서 찾았다면, 손문은 국제협력을 통해 계급투쟁을 방지하고자 했다. 레닌은 혁명적 세계관을 갖고 있었던 반면, 손문은 상호의존적 세계관을 갖고 있었다.

손문이 1925년 북벌 중 사망한 후 남경정부를 이어 받은 장개석은 1927년 북벌을 완성하고 공산당원들을 당에서 축출한 후, 여러 조차지의 주권을 회복하여 남경정부를 안정화시킨다. 다만 만주가 1931년 일본 육군의 점령 하에 들어가고 공산당이 건설한 소비에트 지구들이 본토 내에 남아 있는 문제가 장개석의 국민당 정부를 안팎에서 위협했다.

중국 국민당 중앙위원회와 입법원은 1933년부터 3년간의 연구 끝에 1936년 5월 5일 중화민국 헌법초안을 발표한다. 그 초안을 의결할 국민대회 소집이 몇 차례 연기되는 사이에 1937년 7월 7일 일본군이 노구교(蘆溝橋) 사건을 일으키면서 헌정질서를 수립하려던 국민당 정부의 계획은 수포로 돌아갔다. 10년 후 제정되는 중화민국 헌법의 기초가 된 이 초안은 선포일을 따서 '오오헌초(五五憲草)'라고 알려져 있다.[16]

이 헌법초안은 제1조에서 중화민국을 삼민주의공화국이라고 규정하고, '국민경제'의 장은 "중화민국의 경제제도는 민생주의를 기초로 국민생계의 균족(均足)을 꾀한다"는 제116조로 시작한다. 토지가격상승으로 인한 불로소득에 대한 과세나 정상가격 수매, 토지분배에 경자유전 원칙 적용, 사적자본의 규제와 국민생산사업, 무역에 대한 국가의 장려·지도와 보호 등의 내용을 담고 있다.[17]

남경에 있던 국민당 정부는 1937년 중일전쟁이 발발하자 내륙의 중경을 임시수도로 삼고 장기 항전 태세를 갖췄다. 국민당 정부는 기술관료들로 구성된 자원위원회(資源委員會)를 장개석 주석의 직접 관할하에 두고 항일전에 필요한 군수산업을 육성했다. 국민당 정부가 1943년까지 육성한 656개에 이르는 공기업들이 유럽에서 수입한 기술을 바탕으로 일본군 점령지역 밖에서 화학·금속·기계 산업에 종사하게 되었다.

---

16) 중화민국 헌법은 1946년 12월 국민대회에서 확정되어 1947년 초에 공포되고 12월에 발효되었다.

17) 荊知仁, 『中國立憲史』, 臺北市: 聯經, 1984.

국가가 산업에 직접 투자하고 국영기업을 운영하는 것은 손문의 민생주의로 정당화되었다.

　대한민국 임시정부가 1940년 9월 중경으로 옮겨가 국민당과 항일공동전선을 형성하자, 임시정부 지도자들과 국민당 지도자들 사이에 협력관계가 돈독해졌다. 양국의 협력은 목전의 항일전쟁을 중심으로 이뤄졌지만, 여기서는 전쟁이 끝난 후 국가를 재건하는 문제를 놓고 개념적 공유가 이뤄진 점에 주목해보자.

　중경의 임시정부는 광복군 총사령부를 발족한 이듬해인 1941년 국무회의 의결을 거쳐 광복 후 건국에 대한 구상을 담은 건국강령을 발표했다.[18] 건국강령은 조소앙의 삼균주의(三均主義)를 삼균제도로 채용한 헌법을 시행하자고 하여 정치·경제·교육에서의 평등을 표방하고 있다. 삼균제도에서 말하는 정치적 균등이 삼민주의의 민권주의에 해당한다면, 삼균제도의 경제적 균등은 삼민주의의 민생주의에 해당한다. 삼균제도는 민족주의 대신 교육의 균등을 내세우고 있지만, 조소앙의 사상에서도 민족주의가 바탕이 되어 있고 균등한 교육의 기회는 민생주의의 내용에도 포함되어 있다.

　전국의 토지와 대생산기관의 국유, 그리고 경자유전이 경제적 균등의 골자다. 소규모나 중등(中等)기업, 그리고 자작농의 경영은 사영으로 남겨지는 것이다. 대만학자 최충식(崔忠植)은 손문과 조소앙의 사상을 비교하면서 삼균제도의 토지 국유화와 경자유전은 삼민주의의 평균지권, 대생산기관의 국유는 절제자본에 해당한다며, 그 의미를 헨리 조지

---

18)　중경 임시정부에 관해서는 황묘희, 『중경 대한민국임시정부사』, 서울: 경인문화사, 2002 참조.

와 페이비언 사회주의적 맥락에서 해석했다.[19] 조소앙과 손문의 공통점을 찾던 최충식은 두 사람 모두 헨리 조지와 페이비어니즘의 영향을 받았다는 점을 강조하게 되었다.

실제로 조소앙은 일본 유학시절부터 손문의 사상을 접했을 뿐 아니라 손문의 신해혁명 동지였던 신규식의 인도로 상해에 망명하여 동제사(同濟社)에 소속하게 되었다. 조소앙은 1919년 스위스 루체른(Lucerne)에서 개최된 국제사회당대회(International Labour and Socialist Conference)에 참가하고 이듬해 영국을 방문하면서 영국 노동당의 헨더슨(Arthur Henderson)과 맥도널드(James Ramsay MacDonald) 두 사람과 교류한다. 두 사람은 하디(James Keir Hardie)와 함께 노동당 창립에 가장 중요한 역할을 맡은 3인에 속한다. 헨더슨과 맥도널드는 노동당 내 온건노선을 걸으며 제1차 세계대전을 반대하여 의원직을 사임하거나 낙선했다. 맥도널드는 1923년과 1929년 양차에 걸쳐 노동당 정부의 수상을 역임했다. 조소앙은 1920년 영국, 네덜란드, 덴마크 등을 방문한 후 1921년 모스크바에서 개최된 공산당대회에 참관하고 북경에서 공산주의를 비판하는 만주리(滿洲里)선언을 발표한 뒤 이듬해 상해로 돌아와 손문과 면담한 바 있다.[20] 조소앙이 손문과 마찬가지로 영국 민주사회주의 노선의 정치가들과 사상적 교류를 한 사실들은 토지국유를 페이비어니즘의 맥락에서 해석하는 최충식의 견해에 타당성의 근거를 제공해주고 있다.

대만학자 최충식이 페이비어니즘의 영향으로 해석한 조소앙의 토지국유론을 한국학자 방기중은 사회민주주의와 실학의 영향을 받은 개

---

19) 崔忠植, 『三均主義與三民主義』, 臺北: 國立編譯館, 1992: 179.

20) 『소앙문집』(하) 부록의 연보 참조.

넘으로 보았다.

> "이 계통의 토지개혁론자들은 관념상으로는 경자유전의 원리가 실
> 현된 토지국유제 내지 공동체적 소유관계를 이상적인 토지제도로 간
> 주했다. 그러나 현실에서는 무상몰수와 토지국유화는 기대하기 어렵
> 다고 보아 실제로는 대개 사적 토지소유관계를 인정한 유상매수·유
> 상분배의 토지개혁안을 현실적 방안으로 수용했다. 이들은 토지개혁
> 의 논리를 서양의 조합주의·사회민주주의 경제이론 체계로 구성하
> 면서도 그 개혁의 이념적 근거를 유교적 이상사회관인 대동사상과 정
> 전제의 토지국유 사상에서 구했고, 특히 자신들의 토지개혁론이 실학
> 파 토지개혁론을 계승한 것임을 표방함으로써 개혁이념의 역사적 계
> 승성을 강조했다."[21]

위의 방기중의 글을 보면 페이비어니즘의 맥락에서 해석하든 사회
민주주의나 실학의 맥락에서 해석하든 조소앙의 토지국유론은 온건하
고 유연하게 현실개혁에 활용할 수 있는 개념으로 사용되었다는 것을
알 수 있다.

대한민국 건국강령은 제3장 건국4에 헌법상의 기본권으로서 "노
동권, 휴식권, 피구제권, 피보험권, 무상교육을 받을 권리(被免費受學
權)……"를 열거하고, 건국6에는 "건국시기의 헌법상 경제체계는 국민
각개의 균등생활을 확보함과 민족 전체의 발전과 국가를 건립 보위함에
연환관계를 가지게"(제3장 건국6) 한다는 원칙을 제시하고 다음의 과제들

---

21) 방기중, "농지개혁의 사상 전통과 농정이념", 홍성찬(편), 농지개혁 연구, 연세대학교 출판
부, 106.

을 열거하고 있다.

(1) 대산업기관의 생산수단, 토지와 어(漁)·광(鑛)·농림(農林)·
수리(水利)·소택(沼澤)운수사업과 은행·전신·교통 등과 대
규모의 농·공·상 기업과 도시지역의 공공주택건설사업을 국
유로 하고, 중소기업은 사영으로 한다.

(2) 일본정부와 일본인의 재산, 그리고 친일부역자의 재산을 몰수
하여 국유로 하고 몰수한 재산을 무산자의 이익을 위한 국영 혹
은 공영의 집단생산기관이 운영(充供)하는 것을 원칙으로 한다.

(3) 국제무역, 전기, 상수도와 대규모의 인쇄·출판·영화·극장
등을 국유 국영으로 한다.

(4) 토지는 자력자경인(自力自耕人)에게 분배하는 것을 원칙으로 한
다.[22]

건국강령은 경제원칙으로서 "국민 각개의 균등생활", "민족 전체
의 발전", 그리고 "국가를 건립 보위"라는 3가지를 구체적으로 제시하
고 있다. 국가는 이 목표들을 달성하기 위해 개인과 기업 등 경제주체들
을 동원할 수 있게 되며, 그만큼 자유주의적 질서로서의 시장경제는 제
약받게 된다.

"국민 각개의 균등생활을 확보"한다는 건국강령의 구절은 국가가
인민의 민생적 수요를 만족시킬 책임을 부담해야 한다는 민생주의 사상
과 같은 내용을 담고 있다. 그리고 이런 사상은 앞서 설명한 바와 같이

---

22) 정종섭 교감 편, 『한국헌법사문류』, 2002 : 94-95 참조.

모든 국민에게 자기발전의 자유를 실현할 수 있는 조건을 국가가 만들어주어야 한다는 영국의 사회적 자유주의자들이 말하는 적극적 자유 개념에 해당하는 정치사상으로 볼 수 있다.

"민족 전체의 발전과 국가를 건립 보위"한다는 건국강령의 구절은 발전국가(developmental state)의 필요성을 제시하여 국가자본 축적의 필요성을 설파한 민생주의 지침에 상응하는 내용으로 볼 수 있다. 이미 산업화가 성취된 이후 민주화를 겪은 19세기 영국 지도자들이 고민할 필요가 없는 문제에 대해 대한민국과 중화민국의 건국 지도자들이 대책으로 내놓은 사안이다.

삼민주의나 건국강령의 건국계획에는 모두 토지소유권 제한과 사적자본에 대한 규제를 통해 계급전쟁을 피하겠다는 전략적 고려가 담겨 있다. 손문과 조소앙이 마르크스의 계급투쟁론에 대응하기 위해 내놓은 경제적 민주주의 개념이 민생주의와 경제균등이었고, 그것이 오오헌초와 건국강령의 경제질서를 규정한 개념의 틀을 제공했다. 국가가 건국 초부터 토지개혁과 주요 산업 국유화 등 경제적 평등을 보장하기 위한 사전조치들을 시행함으로써 차후 산업화 과정에서 계급갈등이 악화하는 것을 예방하겠다는 이러한 전략개념이 중경 전통의 경제적 민주주의를 특징짓고 있다.

Ⅱ

중경 전통의 계승: 건국강령에서 제헌헌법으로

앞장에서 살펴본 바와 같이 1940년부터 1945년 항일전쟁 기간 중 중경에 함께 있었던 중화민국 국민당 정부와 대한민국 임시정부 지도자들 사이에 공유된 건국개념이 있었다. 그 건국개념 중에는 건국 이후의 산업화가 계급전쟁을 수반하지 않도록 경제적 평등을 사전 보장하는 조치들을 강구하자는 계획이 있었고, 그것이 중경 전통의 경제적 민주주의를 특징짓는다는 것도 앞 장에 기술된 바 있다.

대한민국 임시정부의 건국계획은 1941년에 발표한 건국강령에 담겨 있고, 중화민국의 건국계획은 1936년에 마련한 헌법초안(오오헌초)에 잘 반영되어 있다. 이 장에서는 건국강령과 오오헌초의 경제질서 장에 담겨 있던 중경 전통의 경제적 민주주의가 그 후 한국과 대만이 겪게 되는 격변의 역사 속에 어떻게 계승·변형되었는지 살펴보자. 첫 절에서는 삼민주의와 삼균주의가 선진자본주의와 소련의 양 진영으로부터 독자적 노선을 걸었다는 것과 삼민주의와 삼균주의가 경제적 민주주의 개념을 공유했다는 점을 설명하고, 두 번째 절에서는 종전 후 건국에 참여한 세력들이 경제적 민주주의 개념을 공유했다는 점을 설명한다. 세 번째 절에서는 대한민국 제헌헌법에 계승된 경제적 민주주의 개념을 설명한다.

1.
중경 전통의 한국적 계승

　　대한민국 임시정부는 종전 시까지 연합군으로부터 임시정부로 인정받지 못한 채 한반도 분할점령 상황을 맞이했다. 그 때문에 지도자들이 개인 자격으로 귀국했으므로 임시정부의 건국개념과 경제적 민주주의가 대한민국 헌법으로 전승되는 과정은 복잡하고 험난했다. 국민당정부는 1946년 국민대회를 개최하여 오오헌초를 수정한 중화민국 헌법을 제정했지만, 항일전쟁 종전과 함께 시작된 4년간의 내전에서 공산당에게 패배하여 대만으로 이전해서야 삼민주의에 기반을 둔 국가를 건설할 수 있었다. 임시정부나 국민당 모두 험난한 과정을 거치고서야 중경전통의 건국개념을 실현시킬 수 있었다.

　　중경 전통의 경제적 민주주의가 두 나라의 건국개념으로 채택되는 과정이 험난했던 원인은 무엇보다 건국개념과 전략이 선진자본주의 국가들이나 볼셰비키 러시아 양쪽으로부터 견제받을 만한 독자성을 갖고있었기 때문이다. 중경 전통의 건국개념이 양 진영 모두와 갖는 모순관계를 설명하기 위해 손문과 조소앙의 사상을 다시 분석해보자.

손문은 영국에 체류하던 1896년 당시 선진국들의 정치와 사상을 습득했는데, 그중에서도 카를 마르크스(Karl Marx)와 헨리 조지(Henry George)의 사상으로부터 가장 큰 인상을 받았다고 전해진다. 카를 마르크스와 헨리 조지는 다 같이 19세기 자본주의를 비판했지만, 전자는 혁명적 처방을, 후자는 개혁적 처방을 내놓는 차이를 보였다. 손문은 카를 마르크스가 분석하는 산업자본주의 사회의 계급문제를 인정하면서도 중국에서 계급전쟁을 피할 수 있다는 낙관적 인식하에 온건노선을 개척한다.

그 핵심은 산업화를 시작하기 전에 사전조치를 강구하여 계급전쟁의 원인요소들을 제거한다는 전략에 있었다. 사전조치 중 하나는 소유자의 노력과 관계없이 상승하는 토지가격 상승 이익을 세금으로 환수하여 지역사회의 공익을 위해 사용한다는 평균지권으로, 헨리 조지로부터 학습된 개념이다. 두 번째로는 독점성향이 짙은 산업을 국유로 육성하여 그로부터 발생하는 이익을 인민대중에게 귀속시킴으로써 극단적 빈부격차가 생기지 않게 한다는 절제자본 개념으로, 이는 마르크스의 자본주의 모순론에 기반을 둔 대응책이었다(三民主義, 213-215). 손문은 민생주의를 설명하면서 평균지권에는 농지에 대한 경자유전의 원칙도 포함된다고 덧붙이고 있다.

중국이 근대화 초기부터 평균지권과 절제자본을 실시하려면 자본주의 선진국들이 거쳐온 원시적 자본축적 단계를 생략해야 했다. 손문은 이 특별한 근대화의 길이 국제협력에 있다고 생각했다. 외국자본을 활용하여 중국을 개발하는 것이다. 평균지권, 절제자본, 국제협력의 3가지는 민생주의적 개발전략의 핵심요소를 구성한다.

손문의 삼민주의는 민족, 민권, 민생으로 구성되어 있다. '민권'은 정치적 민주주의를 추구하는 것으로서 영국, 미국, 프랑스 등 서구국가들이 기반을 둔 자유주의적 가치를 공유한다. '민생'은 자본주의 선진국들의 협력과 국제자본의 중국 투자를 필요로 한다. '민족'은 제국주의 침탈로부터 중국 민족을 해방시키는 것을 뜻한다. 그러나 민족해방은 손문이 자본협력을 구하고 싶은 선진국들의 이익과 모순관계에 있었는데, 당시 서구열강은 중국 연안지역에 조차지를 운영하고 있었다.

레닌의 볼셰비키 노선은 반제국주의와 민족해방투쟁을 주장한다는 점에서 삼민주의의 '민족'과 일맥상통했다. 그러나 볼셰비키 혁명은 정치적 민주주의 제도들을 타도하여 삼민주의의 '민권'을 배척했다. 게다가 볼셰비키는 코민테른을 통해 계급혁명을 수출하는 정책을 폈는데, 이것은 계급전쟁을 방지하려는 삼민주의의 '민생'에 위배되었다.

손문은 스스로 추구하고 있던 민족혁명으로 중국인을 위한 민주주의공화국을 건설하기 원했다. 그는 민족혁명을 통해 건설한 공화국이 또다시 계급혁명에 휘말리지 않도록 해야 한다는 생각으로 민생주의 개념을 구상했다. 손문은 서구 자본주의 국가들로부터 개발협력을 받지 못한 채 레닌의 코민테른과 제휴했지만, 그의 후계자 장개석은 볼셰비키 러시아를 혐오하고 중국 공산당을 적대했다.

조소앙은 선진자본주의 국가들의 "자본가들이 전권(專權)하는 폐단"과 소련의 "노농전정(勞農專政)"을 비판하고, "정치적 균등은 어떠한 한 계급의 독재전정(獨裁專政)을 요구하지 아니하고 오직 진정한 전민적(全民的) 정치균등을 요구"한다고 주장했다.[1] 그의 삼균주의도 삼민주의와 마찬가지로 선진자본주의나 소련 양 진영과 다른 독자적 노선을 걷고 있었다.

---

1)　조소앙, 「한국독립당 당의 연구방법」, 삼균학회(편), 『소앙선생문집』(상), 1979, 215-216.

임시정부는 삼균제도를 도입한 건국강령을 채택함으로써 선진자본주의나 소련 양 진영으로부터 독자적인 건국노선을 추종하게 되었다. 독자적 건국개념이 존재하지 않았다면 해방 후 임시정부 지도자들이 전승국들의 신탁통치안에 반대하는 대중운동을 주도할 수 없었을 것이다.

이제부터는 중경 전통의 경제적 민주주의가 제헌헌법의 경제적 민주주의로 이어진다는 것을 밝히기 위한 준비작업을 시작해보자. 경제적 민주주의에 해당하는 요소들이 중경식 건국개념에 어떤 형태로 포함되어 있는지를 분석해두어야 추후 그것이 제헌헌법으로 이어지는 과정을 추적할 수 있을 것이다.

조소앙은 장개석과 1887년생 동갑내기로서 손문이 1905년에 결성한 동맹회에 가담하고 손문을 직접 면담하기도 하는 등 손문사상의 추종자로서 선생의 사후에 삼균주의를 창시했다. 삼균주의는 한국독립당 이념으로 채택되었고, 1941년에는 삼균제도로서 대한민국 임시정부 건국강령의 기본 틀을 이루게 되었다.

정치 · 경제 · 교육의 균등을 주장하는 삼균주의는 민족 · 민권 · 민생의 삼민주의와 마찬가지로 계급혁명을 회피하는 민족혁명을 추구한다. 경제적 균등 없이는 정치적 균등이 공허하다는 조소앙의 생각은 민권과 민생으로써 정치적 민주주의와 경제적 민주주의를 병존시키겠다는 손문의 사상을 잘 계승하고 있다. 조소앙이 작성한 건국강령에는 토지와 대생산기관의 국유화, 농경지의 분배 등 경제적 민주주의 구현을 위한 정책수단들이 구체적으로 제시되어 있다. 이것은 손문의 평균지권-절제자본과 다른 사상이라기보다 손문 사후 10여 년간 그의 사상을 구체적으로 발전시킨 결과였다고 볼 만하다.

다음의 인용은 「한국독립당 당의 연구방법」이라는 그의 글 중 한

부분으로서, 그가 개인 차원에서 경제적 균등, 국가 차원에서 국민경제의 발전, 국제사회 차원에서 국제협력을 함께 추구하는 것을 보여주고 있다.

> "개인을 출발점으로 하여 균등하게 생산·분배·소비 등 권리를 부여하며 민족을 중심점으로 하여 고도의 과학적 방법으로 생산을 증가하며 국민 전체의 총 부력을 증가하는 동시에 응능(應能)·응분(應分)의 소비를 균등하게 하고 국제적으로 자원의 호용(互用), 기술의 합작, 자본의 수출입 등 교호관계를 전제로 하여 국제 전체에 상응한 조화 및 협조를 촉진하는 것이다. 고로 인(人)·족(族)·국(國) 3방면의 경제상(經濟相) 및 본질을 발휘하여 …… 경제정책의 기본원칙을 혁명적으로 실행하자는 것이다."[2]

중경 전통의 경제적 민주주의는 17세기 시민혁명 이래 영국에서 형성된 자유주의 정치제도와 가치를 인정하는 한편 국가에 계급전쟁을 회피하는 데 필요한 선제적 정책수행과 경제발전을 위한 적극적 역할을 부여하고 있다. 중경 전통의 경제적 민주주의는 영국의 고전적 자유주의가 참정권이 확대되는 19세기의 새로운 상황에서 국가의 역할을 인정하는 사회적 자유주의로 진화해나간 것보다 더 큰 범위에서 국가의 역할을 강조했다. 마르크스 전통의 경제적 민주주의가 폭력혁명을 통해 부르주아 민주주의를 타도한다는 과격한 방법을 사용했던 것과 달리 중경 전통의 경제적 민주주의는 정치적 민주주의를 보완하여 계급전쟁을

---

2) 상게서, 201.

회피하고 국제자본의 협력을 받아 자국 산업을 건설하려는 온건노선을 취했다.

손문은 선각자가 민주주의 제도를 만들어서 인민에게 주어야 하는 것이며, 인민이 그를 쟁취하겠다고 나서고서야 허용해서는 안 된다고 주장했다(三民主義 144).[3] 손문은 청조 말기에 이미 만주정권을 타도하고 공화국을 건립하자고 주장했다. 그는 청조가 신해혁명의 혼란으로 사라진 사이에 중화민국이 선포되자 임시총통으로 선임되었지만, 곧 군권을 가진 원세개에게 실권을 빼앗기고 말았다. 손문은 권력투쟁에 패배한 것에 연연하지 않고 중국 인민이 주권을 행사할 수 있는 능력을 길러주기 위한 정치교육과 제도 고안에 노력했다.

우리의 독립운동가들도 기미 독립선언서에는 민주주의나 공화정에 대한 요구가 드러나 있지 않았지만, 3·1운동 이후 대한민국 임시정부를 설립하며 민주주의와 공화제를 채택했다. 민중이 밑으로부터 요구해오기 전에 선각자들이 민주공화제를 발기한 점에서 중화민국과 대한민국이 건국개념을 공유한 것을 볼 수 있다.

카를 마르크스는 유물론과 경제결정론을 신봉하여 역사발전의 추동력을 기계의 부속물로 전락한 무산자들의 투쟁에서 찾았다. 선각자가 자기의 계급적 이익을 초월해서 피지배 민중에게 민주주의를 선사한다는 손문의 사고는 유물론이나 경제결정론에서는 도출될 수 없는 이질적인 것이다. 반면 19세기 영국의 자유주의 지식인들은 참정권 확대의 불가피성을 인정했고, 그중에서도 급진파 사상가들은 모든 시민에게 자기

---

3) 손문은 사람을 先知先覺者, 後知後覺者 그리고 不知不覺者의 세 부류로 나눴다. 선각자가 새로운 것을 발명하면 후각자가 이를 배워서 선전하고 불각자는 지시와 명령에 따라 일한다. 孫文,『三民主義』144.

발전의 기회를 제공하기 위한 국가의 역할을 정당화해서 노동자들이 계급전쟁 없이 민주사회주의 정책의 혜택을 볼 수 있게 해주었다. 손문은 영국 사회적 자유주의 사상가들의 역할에서 민주주의와 선각자들의 관계를 파악하지 않았을까 짐작된다.

더 중요한 문제는 마르크스의 노선에 따라 계급투쟁을 통해 평등사회를 구현하려고 시도한 러시아 · 중국 · 북한 사회가 스탈린 · 모택동 · 김일성 치하에서 전체주의 통치를 겪으면서 시민사회가 성장할 수 있는 기반을 심하게 손상당했다는 점에 있다. 우리가 전체주의 통치의 역사적 경험에서 알게 된 것은 이런 것이다. 첫째, 계급전쟁은 급진적 사회동원 과정에서 시민사회적 요소들을 파괴한다. 둘째, 시민사회의 잠재력이 파괴되면 사회적 자치능력이 심하게 저하된다. 셋째, 사회적 자치능력이 떨어진 사회에서는 민주주의적 통치가 불가능하므로 일시적으로 민주화가 시도될 수는 있지만 결국은 다시 권위주의적 통치로 귀결되는 악순환에 빠지고 만다.

대만과 한국 두 나라 민족혁명 지도자들의 교류관계를 알고 보면 양국의 혁명가들이 공통의 건국개념을 갖게 된 배경이 드러난다. 망명한인들이 상해에 모여 1919년 대한민국 임시정부를 탄생시킬 수 있게 도와준 선각자로 신규식이 있다. 그는 대한제국의 육군 부위로서 을사늑약 직후 군대해산 명령에 불복하여 항일전쟁을 벌이다가 중국으로 망명하여 신해혁명에 참여한 손문의 동지였다. 그는 망명 한인 지도자들을 중심으로 동제사를 조직하여 임시정부 발족에 이를 수 있도록 경제적 · 사회적 · 정치적 도움을 주었다. 동제사에 모인 망명객들이 3 · 1운동으로 드러난 민족의 독립의지를 모아 임시정부를 설립하면서 8년 전에 일어난 신해혁명의 지도자들과 역사의식을 공유하게 된 것이다.

이상으로 살펴본 바와 같이 대한민국 임시정부는 조소앙의 삼균주의를 매개로 하여 중경 전통의 건국개념과 경제적 민주주의를 중국 국민당 정부와 공유하게 되었다. 그러나 대한민국 임시정부가 종전 후 한반도를 통치하는 주체 역할을 하지 못하고 한반도 내에 존재하는 다른 여러 정치집단들과 협력·경쟁하는 위치에 서게 됨에 따라 1941년 건국강령에 실린 건국개념의 계승 역시 복잡한 문제가 되었다.

무엇보다 종전 후 한반도 통치의 주체 역할을 한 미군정과 소련 점령군사령부의 영향력이 지배적이었고, 임시정부 지도자들 사이에서도 시간이 지남에 따라 정치노선의 분화가 일어났으며, 국내세력으로서 여운형의 건국준비위원회, 박헌영의 조선공산당, 송진우가 이끄는 한민당 등 여러 이념노선의 정치세력이 경쟁했다. 1941년 건국강령에 담긴 중경 전통의 경제적 민주주의가 새롭게 건설되는 나라로 전승되느냐 마느냐는 이들 여러 정치세력 간의 경쟁, 대립과 협력관계가 어떻게 전개되느냐에 따라 결과가 다르게 나올 수 있는 복잡한 문제가 된 것이다.

2.
여러 건국세력의 다양한 접근

　　해방 당시 대한민국 임시정부의 대표자는 김구 주석이었고, 이승만은 임시정부 주미 외교위원부 위원장이었다. 이승만은 귀국 직후 인민공화국 주석직 수락 거부 성명을 발표하면서 "나는 중경 임시정부의 한 사람이다"라고 거부 이유를 밝혔다. 중국에서 활동하던 임시정부 요원들이 귀국한 후, 이승만과 김구 사이에는 정치노선의 차이가 차츰 벌어져갔지만, 그 출발점에서는 다 같이 임시정부 사람으로서의 소속감을 갖고 있었다.[4]

　　미군정은 대한민국 임시정부를 승인한 적이 없었지만, 이승만, 김

---

4)　이승만은 3·1운동 이후 결성된 상해 임시정부 국무원 국무총리로 임명되었다가 다시 임시의정원에 의해 1919년 11월 임시대통령으로 선출되었다. 그는 1925년 임시의정원에 의해 탄핵되어 미국에서 독자적인 조직을 이끌고 독립외교를 벌이다가 1941년 임시정부 주미외교위원부 위원장에 선임됨으로써 임시정부와의 공식적인 연계를 재개해서 미국 정부를 상대로 임시정부 승인외교를 벌였다. 그가 1945년 국내에서 출간한 『건국과 이상』에는 임시정부와 김구 주석에 대한 지지가 분명히 표명되어 있다. 김구는 상해 임시정부 시절 참여한 이후 임시정부를 떠난 적이 없는 인물로 주석으로서 중경 임시정부를 이끌었다. 김준엽, 『장정』, 나남출판사, 1989년 참조.

구 등 임시정부 지도자들이 개인 자격으로 귀국하자 그들을 중심으로 남조선대한국민대표민주의원(이하 '민주의원'으로 약칭함)을 조직하여 자문기구로 활용했다. 미군정과 임시정부는 각자의 국가건설계획을 갖고 있었고, 두 개의 계획은 상반된 가치관과 세계관을 담고 있었다. 전자의 국가건설계획은 신탁통치안에 있었고, 후자의 그것은 건국강령에 담겨 있었다.

신탁통치라는 국가건설계획에서 경제적 민주주의는 미정의 문제로 남겨져 있었다. 건국강령은 정치적 · 경제적 · 교육적 균등을 추구하는 삼균제도를 국가건설 개념으로 채택했다. 삼균제도에서는 경제적 민주주의가 정치적 민주주의의 미비한 부분을 채우는 핵심요소로 자리 잡고 있었다.

건국강령에 담긴 국가건설의 계획은 미군정 하에서 활동하던 임시정부 지도자들에 의해 전승된다. 민주의원이 1946년 3월 18일 발표한 임시정책대강은 제1항에서 "전국민의 완전한 정치적 · 경제적 · 교육적 평등의 원칙을 기초로 한 독립국가의 균등사회를 건설함"으로 시작한 후 구체적으로 27개 항목을 열거했는데, 그중 경제적 민주주의에 관련한 내용들을 소개하면 다음과 같다.

(7) 주요한 중공업, 광산, 삼림, 공익시설, 은행, 철도, 통신, 수리(水利), 어업, 전기 및 운수기관 등은 이를 국영으로 함

(8) 소비자와 판매자와 생산자에 대한 공정한 복리를 보장하기 위해 모든 상업적 및 산업적 기업의 국가감독제도를 제정함

(9) 모든 몰수토지는 농민의 경작능력에 의준하여 재분배함

(10) 대지주의 토지도 동일한 원칙에서 재분배함(현 소유권자에 대하

여는 적당히 보상)

　(11) 재분배된 토지에 관한 대가는 국가에 장기적으로 분납함

　(14) 모든 중요한 생활필수품은 적당한 시기까지 일체 가격을 통

　　제하고 배급제도를 실시함

　(17) 국가의 부담으로 의무교육제도를 실시함

(이상 「조선일보」 1946년 3월 19일 자)

건국강령에 포함된 경제적 민주주의는 민주의원이 마련한 헌법초안에도 담겼다. 1946년 4월 초 민주의원을 통과한 것으로 알려진 대한민국임시헌법은 중경 임시정부를 계승한 비상국민회의의 기초위원들이 주도하여 만든 헌법초안이었다.[5] 제1, 2조에서 민주공화국과 주권재민을 밝힌 후 제5조에서 국민의 생활균등권을 규정하고 있다.

1. 국민의 기본생활을 확보할 계획경제의 수립

2. 주요한 생활필수품의 통제관리와 합리적 물가정책의 수립

3. 세제의 정리와 누진세의 강화

4. 토지사유의 제한과 농민본위의 경작권 확립

5. 대규모의 주요 공업 및 광산의 국영 또는 국가관리

6. 노동자의 생활을 안정(시키기) 위한 최저임금제의 확립

7. 공장의 경영·관리에 노동자대표 참여

8. 봉급자의 생활을 안정(시키기) 위한 가족급여제의 확립

9. 중요공장 내에 보건·위생·교육 및 오락시설의 완비

---

5)　신용욱, "유진오 제헌헌법관계자료해제", 고려대학교박물관(편), 『현민 유진오 제헌헌법
　　관계자료집』, 서울: 고려대학교출판부, 2009: 18.

10. 실업보험 · 폐질(廢疾)보험 기타 사회보험제도의 실시

제6조 1의 "의무교육제의 실시와 직업교육의 확충"을 포함하여 민주의원의 임시헌법에는 삼균제도가 그대로 반영되어 있었다.

다음에 발췌 · 인용하는 민주의원의 3월 2일 성명을 보면 임시의원이 18일에 임시정책대강을 발표하고 임시헌법을 준비하여 4월에 통과시킨 것이 모두 신국가 건설의지에서 나온 것임을 알 수 있다.

> "모스크바 3상회의에서 운운한 바 탁치문제는 우리의 독립자주에 손상됨으로 우리는 시종일관하야 이를 단연거부함이 가장 정당한 민족총의인 것을 또 다시 성명한다. …… 우리는 전민족 총지지의 속에 민생생활의 재건을 국가부흥의 공작과 함께 보보전진하는 동안 신헌법과 의원법과 선거법 등의 완성을 비롯하여 일반국민투표에 의한 정식국회의 소집 및 의원의 성립으로 정식정부를 수립하고 전국민의 주권에 의한 신국가를 완성함으로써 그 소여된 임무가 종료될 것이다."(「동아일보」 1946년 3월 3일 자)

비상국민회의로부터 대한국민대표민주의원으로 제도적 옷을 갈아입은 임시정부 지도자들이 밝힌 국민주권에 기반을 둔 국가건설계획은 미군정이 추진하고 있던 신탁통치를 통한 국가건설계획에 정면 배치되는 바였다. 임시정부의 신탁통치 반대는 이미 1941년 카이로 선언 이후부터 천명된 일관된 입장이었다. 지금에 와서 여러 학자들이 신탁통치안에 담겨 있던 임시정부 설립계획이 통일정부 구성의 기회를 제공한 점을 지적하고 있지만, 당시 임시정부 인사들의 반탁운동은 중경정부

이래의 일관된 대외정책을 중심으로 적과 동지를 구분하고 정치적 공동체의 정체성을 세우는 고도의 정치행위로 해석될 만한 것이었다.

　미군정은 민주의원의 지도자 이승만과 김구가 반탁운동을 주도하자 민주의원을 해체하고 중도진영의 여운형, 김규식, 안재홍이 참여하는 좌우합작 협상을 주선했다. 미군정은 8월에 중도좌파를 대표하는 여운형, 중도우파를 대표하는 김규식을 필두로 남조선과도입법의원을 구성해서 소련과 협력하여 신탁통치를 실시할 계획을 추진했다.

　남조선과도입법의원도 헌법초안을 마련하여 1947년 8월 '조선임시약헌'이라는 이름으로 의결했다. 조선임시약헌 4조 역시 대한민국 임시헌법 5조와 대동소이한 내용으로 임시정부 건국강령상의 경제적 민주주의를 계승하고 있다.

　임시약헌 4조가 임시헌법 5조와 다른 점은 4항을 농민본위의 토지재분배로 고치고, 7항을 주요 기업의 경영관리에 종업원대표참여로, 9항 중요공장 내에 보건위생교육 및 오락시설의 정비로 고쳐서 일부 자구를 포괄적이거나 완화된 표현으로 바꾼 것뿐이다. 의무교육에 대한 조항 역시 임시약헌의 5조 1항에 그대로 재현되었다.

　과도입법의원에 참가했던 중도파 지도자들 중 여운형은 상해 임시정부 초기에 참가했다가 스스로 빠져나와 코민테른과 밀접한 협력관계를 유지하는 좌파노선을 걸었고, 김규식은 중경 임시정부 내 야당세력에 속하며 부주석을 역임했다. 과도입법의원 지도자들 중 안재홍은 신민주주의 및 신민족주의론을 제시하며 독자적인 건국개념을 펼친 인물이었다.

　안재홍이 1946년 2월 국민당 위원장으로서 『중성(衆聲)』 창간호에 기고한 신국가건설 지침에도 경제적 민주주의 개념들이 포함되어 있었다. 그는 "전 민중을 통합하는 진보적이고 반항침략제국주의적인 지주와 자본가, 농민, 노동자를 총집결하는 만민공생의 신민족주의로 앙양·발전시키는 것이다"라고 설명하고, 신민주주의에 대해 다음과 같이 설명했다.

> "화백(和白)은 「다사림」의 표의이다. 「다사림」은 방법으로서는 만민이 그 의사를 「다, 사림」에 표백함이오 목적으로는 만민이 「다사릴」수 잇도록 공정보편한 대중공생의 국가로 맨든다는 것이니 이는 단군께서의 건국의 대이상으로 표명되여잇는 『홍익인간』의 진의를 잘 구현하는 자로 덩그런이 두드러진 민주주의이다. 다만 그것이 古氷會이래의 법속을 계승한 봉건적무사귀족인 공민계급에만 국한되엇든 민주주의이엇든까닭게 이것을 현대의 전사회민중 초계급적인 민족총원에게까지 확대보화한 신민주주의로하는 것이다. 우리말에 정치를 「다사리」라고 하나니 총명예지(聰明睿知)한 우리 선민들이 옛적부터 만민공생의 지대한 성훈을 세세후곤(世世後昆)에게 물리어준 것이다. 오늘날에 있어 이 의미의 신민족주의와 신민주주의는 전인류의 양심적 요청에도 걸맛고 조선인의 민족염원과도 딱드러맛는 만민공동의 이상으로 될 바이다." (안재홍, 「신국가건설의 지침」, 『중성』, 1946. 2, 10-11)

안재홍의 신민족주의와 신민주주의도 모든 계층을 포괄하는 만민공생주의를 표방하여 임시정부 건국강령과 마찬가지로 계급투쟁을 회피하는 건국을 지향하고 있었다. 조선일보를 중심으로 국내에서 활동해온 대표적 지식인 안재홍과 임시정부가 계급문제에 있어 같은 길을 지향했다는 점이 중요하다.

미군정은 중도 좌우파 대표들 간에 합의된 좌우합작 7원칙에 포함된 토지개혁을 추진하기 위해 박건웅, 이순탁 등에게 입안을 위촉했다. 박건웅과 이순탁이 작성한 토지개혁법안은 농지소유 상한선을 3정보로 정하고 농지를 매수당한 지주에게는 연간소출의 2할씩 15년간 분할보상하고 농지를 분배받은 농가는 평균소출의 2할씩 15년 동안 분납하는 유상몰수·유산분배 원칙을 적용했다. 이 법안은 1947년 12월 23일 남조선과도입법의원 본회의에 상정되었으나 의원들의 심의보류로 무산되었다.

일본, 미국, 서유럽 등에서 공부하고 국내에서 활동하던 자유주의자들 중 다수가 1940년대 당시 군국주의 전쟁에 관여한 행적으로 인해 해방 후 자유주의 정치세력을 독자적으로 형성하기 어렵게 되었다. 국내에서 활동하던 교육자, 언론인, 기업인들은 친일경력으로부터 자유로웠던 송진우, 김병로, 윤보선 등을 앞세워 한민당을 결성했는데, 한민당은 중경 임시정부에 정통성을 두는 국가건설을 명분으로 내세웠다.

1945년 9월 16일 창당대회에서 발표된 한국민주당의 정책에는 "중요산업의 국영 또는 통제관리", "토지제도의 합리적 재편성" 등의 내용이 포함되어 있어 임시정부 건국강령의 내용과 상치되지 않았다. 한민당 결성에 처음부터 관여한 허정은 한민당이 "중요산업 국영 또는 통제관리"와 "토지제도의 합리적 재편성"의 두 조항을 정책에 포함시킨 것이 "사회주의를 지향하기 위해서는 결코 아니었다"고 하며, 1979년에 출간한 회고록에서 창당 당시 한민당의 정책을 다음과 같이 설명했다.

"자유민주주의의 구현이 한민당의 지상과제인 만큼 경제정책도 기회 균등이 보장되는 자유경쟁 체제를 원칙으로 삼고 있었다. 그러나

일본인이 남겨놓고 간 많은 산업시설을 인수할 만한 민족자본이 형
성되지 못한 때에 자유경쟁의 원칙만 고집하면 경제적 혼란이 오고
…… 건전한 민족자본과 기업 윤리가 형성될 때까지 국영 또는 통제
관리를 잠정적으로 실시하려고 한 것이었다.

또한 토지 문제에서는 '경자유전(耕者有田)'을 원칙으로 삼고 있었
다. …… 한민당은 …… 유상분배의 원칙을 세웠다. …… 국가가 지주
로부터 토지를 사들여 농민에게 분배하고, 농민은 땅값을 국가에 장
기 분할로 갚아나가고, 지주는 토지를 매각한 자금으로 산업자본가로
전환하는 '토지의 합리적 재편성'을 의도했던 것이다."[6]

상기 허정의 글에는 일제가 남기고 간 귀속재산 처분 문제와 토지
문제에 대한 대책에서 한민당 지도자들이 임시정부 건국강령을 따르게
된 자유주의적 이유가 잘 드러나 있다. 한민당에게 중요산업의 국유화
나 농지개혁은 "기회 균등이 보장되는 자유경쟁 체제"를 건설하기 위한
과도적 조치로 받아들여졌다.

자유주의자들은 건국과정에서 건국준비위원회와 조선인민공화국
을 중심으로 활동하는 좌익세력에 대항하여 중경 임시정부를 추대한다
는 뜻으로 모여서 한민당을 창당했다. 중경 임시정부의 건국강령에는
사회주의적 경향성도 상당히 포함되어 있었지만, 기본적으로 계급전쟁
을 반대한다는 점에서 자유주의자들과 같은 입장에 서 있었다.

중경 임시정부의 여당이었던 한독당 인사들 중에는 식민지 국내에
서 활동하던 인사들의 친일행적에 대한 의구심과 적개심을 드러내는 강

---

6) 허정, 『내일을 위한 증언: 허정회고록』 서울: 샘터사, 1979: 108-109.

경파들이 있어서 한민당 지도자들과 갈등을 빚은 끝에 결국 제헌의회를 선출하는 5·10선거에도 불참하게 되었지만, 많은 임시정부 인사들이 제헌의회에 진출해서 한민당 지도자들과 함께 헌법제정과 정부수립을 주도했다. 계급투쟁을 앞세우는 좌익세력을 반대한다는 기본입장을 공유하는 임시정부의 온건파 인사들과 한민당 인사들이 대한민국의 건국을 주도했다고 할 수 있겠다.

이상으로 살펴본 바와 같이 임시정부 지도자들은 임시정부 건국강령으로 정리된 중경 전통의 경제적 민주주의 개념을 귀국 후에도 계승하고 있었다. 안재홍은 계급투쟁을 회피하고자 하는 만민공생의 전략이나 민족을 단위로 하는 국제협력주의 등 온건노선의 건국개념을 펼치고 있어서 중경 전통의 경제적 민주주의 개념을 공유하고 있었다. 한민당은 공식적으로 임시정부의 정통성을 인정하고 그 건국개념에도 동조하는 정강정책을 채택했다.

일제강점기 박헌영, 김일성 등과 같이 코민테른에 소속되어 국제공산주의 운동에 종사해온 인사들은 마르크스 전통의 사회주의 노선을 추종하고 있었다. 마르크스 전통의 개념에 따라 계급투쟁을 선동하고 조직해야 하는 공산주의자들은 중경 전통의 건국개념을 공유하는 건국세력에 대한 분열·파괴 공작에 혈안이 되어 있었다. 민족혁명노선의 지도자들은 중경 전통의 건국개념을 실현하기 위해 공산주의자들의 계급투쟁 선동을 막아야 했다. 신탁통치 문제를 두고 벌어진 대립관계는 이승만이 1946년 3월 4일 발표한 담화에서 잘 드러난다.

"독립을 위하여 일하는 자는 어떤 단체나 개인을 물론하고 다 우리와 친구요 우리의 동무로 대우하되 이와 상반되는 자는 우리의 원수로 인정할 수밖에 없는 경우이다. 우리나라의 극소수인 공산분자 외에는 우리 한족이 모두 합심 협력하여 통일을 이룬 것을 우리는 세계에 선언하나니 누구나 공산분자와 합동을 이루지 못하고는 통일이 될 수 없다 하는 이가 있다면 이는 곧 내 집에 불 놓는 자와 함께 일하라는 말과 같으니 될 수 없는 일이므로 불 놓는 사람이 주의를 그치기 전에는 합동될 수 없으며 그이들이 그 주의를 고집할 동안에는 평안히 살 수 없는 터이다."(「동아일보」 1946년 3월 6일 자)

이승만을 비롯하여 민족혁명의 건국개념을 가진 지도자들은 국제공산당이 계급투쟁 노선을 앞세워 민족 내부를 분열시키는 것으로 인식했다. 민족혁명과 계급혁명의 두 노선 사이에 타협의 가능성이 남아 있을지 모른다는 마지막 미련을 버리지 못한 중간파 지도자들이 1차로는 1946년 8월 미군정의 과도입법의원에 참여했고 2차로는 1948년 4월 남북연석회의에 참석했다. 중경 임시정부 주석 김구, 부주석 김규식, 외무장관 조소앙이 그중에 포함되어 민족혁명 진영 내에서도 갈등과 대립이 조성되었다. 김규식과 조소앙은 남북회담 실패를 자인하고 5·10총선을 통해 건립된 대한민국을 인정했다. 조소앙은 사회당을 조직하고 1950년 2대 총선에 출마하여 당선되어 의정에 참여했다. 안재홍은 과도입법의원에 참여했지만 남북협상에 불참하고 제1대 대통령 선거에 출마하는 등 대한민국 건국에 참여했다. 북한의 조선노동당은 6월 25일 남침하여 김규식, 조소앙, 안재홍을 납치해감으로써 대한민국 건국이념을 교란시키는 공작을 벌였다.

조소앙은 중경 전통의 경제적 민주주의 개념의 담지자였고, 안재홍도 중경 전통의 경제적 민주주의에 공명하고 있었다. 임시정부 주석과 부주석이었던 김구와 김규식, 외무장관이던 조소앙이 남북협상에 참석하게 되는 과정에는 김일성이 보낸 공작원들의 작용이 컸고, 결국 김구는 암살되고 김규식과 조소앙은 납북되어 사망에 이르렀으므로 김일성의 공작은 임시정부의 핵심인사들을 제거하고 그 이념체계를 교란시키는 성과를 거뒀다.[7]

민족혁명 진영은 공산당의 공작으로 상당한 손실을 입고도 이승만과 한민당의 지도력에 힘입어 대한민국을 건국했다. 공산진영에서는 조선노동당이 조선공산당을 흡수하며 한국전쟁의 와중에 김일성이 박헌영을 처형하고 김두봉과 무정을 실각시키는 등 내부에서 비정한 권력투쟁이 계속 진행되었다.

초대 대통령 이승만이 이끄는 대한민국 정부는 미군정으로부터 주요 산업들을 인수하고 농지개혁법안과 교육법안 작성을 서둘러 입법화했다. 김일성이 스탈린의 명령과 모택동의 후원하에 남침전쟁을 일으켰을 때는 이미 한국 정부가 중경 전통의 경제적 민주주의 실천에 필요한 기간제도(infrastructure) 건설에 상당한 진척을 보여주고 있었다. 게다가 이승만 대통령은 공산진영의 팽창 기도를 한미상호방위조약 체결의 기회로 활용하는 능력을 발휘했다.

미국의 아이젠하워 정부는 1953년 대한민국과 방위동맹을 체결하

---

7) 중국 공산당원 성시백은 주은래와 김일성의 지령을 받고 1946년 말에 부산으로 귀국하여 조선중앙일보를 창간하고 13개 정당 협의회를 결성하는 등 종횡무진의 활약을 벌였는데, 그중에서도 김구를 남북협상에 참석하도록 설득하는 공작에 성공한 공적을 찬양하는 기사가 1997년에 김일성의 회고를 인용하며 실렸다. 성시백은 안중근 의사의 조카이자 당시 김구의 비서였던 안우생을 하부 조직원으로 포섭하고 안우생으로 하여금 김구를 설득하도록 해서 남북협상(남북연석회의)에 유인하는 공작을 벌인 흔적이 있다. 「노동신문」, 1997년 5월 26일 자; 김동식, 「북한 대남전략의 실체」, 기파랑, 2013: 243-250 참조.

고 이듬해 장개석의 중화민국과도 같은 동맹을 맺었다. 한국전쟁을 기화로 한국과 대만에서 중경 전통의 경제적 민주주의가 국제자본의 협력을 얻을 수 있게 되었다.

3.
대한민국 제헌헌법과 경제적 민주주의

해방 직후 한국사회를 대표하는 미군정이 3년간 통치했지만 1948년 건국한 대한민국의 초대헌법이 서방자유주의 전통과 구별되는 임시정부 헌법과 건국강령의 개념과 체계를 잇고 있다는 연구결과들이 학계에 보고되었다.[8] 이러한 보고는 한국헌법이 독일 바이마르 헌법의 영향을 받았다는 기존의 다수설과 구분되는 견해를 보여주고 있다.

바이마르 헌법이 수익권적 기본권 개념을 도입한 최초의 헌법이기는 하지만, 한국의 초대헌법에 포함된 경제조항들은 바이마르 헌법의 범위를 벗어나는 구체성을 띠고 있고 그 원형이 건국강령에서 발견되는 만큼 적어도 제헌헌법의 '경제' 장에 대한 건국강령의 직접적 영향만은 누구도 부인할 수 없을 것이다. 건국강령 자체가 바이마르 헌법 이후에 작성되었고 조소앙이 건국강령을 기초할 때 바이마르 헌법을 참고했을

---

8) 황승흠, "제헌헌법 제6장 경제편의 형성과정과 그것의 의미", 『법사학연구』30, 2004: 서희경 · 박명림, "민주공화주의와 대한민국 헌법이념의 형성", 『정신문화연구』30, 2007: 신우철, 『비교헌법사』, 법문사, 2008.

것이라는 점을 감안한다면 유진오가 초대헌법을 기초하며 건국강령을 참고했다는 사실이 바이마르 헌법의 영향을 부인하는 것은 아니다.

이 장의 주요 관심사는 경제적 민주주의의 계보를 추적하는 것이다. 결론부터 말한다면, 경제적 민주주의가 건국강령에서 삼균제도의 형태로 나타났다면 초대헌법의 기초자가 경제적·사회적 민주주의를 헌법의 기본원칙이라고 공식적으로 밝히는 데 이르렀다는 사실이다. 유진오가 1948년 제헌의회에서 행한 대한민국헌법 제안 이유 설명의 일부를 인용하면 다음과 같다.

> "이 헌법의 기본정신은 정치적 민주주의와 경제적·사회적 민주주의와의 조화를 꾀하려고 하는 데 있다고 말씀할 수 있겠습니다. 다시 말씀하면 불란서 혁명이라든가 미국의 독립시대로부터 민주주의의 근원이 되어온 모든 사람의 자유와 평등과 권리를 위하고 존중하는 동시에 경제적 균등을 실현해보려고 하는 것이 이 헌법의 기본정신이라고 말할 수 있습니다. 그러므로 우리는 모든 사람의 자유와 평등이 국가 전체의 이해와 모순되는 단계에 이르면 국가권력으로써 이것을 조화하는 그런 국가체제를 생각해본 것이올시다."

경제적·사회적 민주주의는 헌법을 기초하는 유진오에게 주된 관심사였으며, 당시 헌법 제정자들도 그의 이 같은 설명에 이의를 제기하지 않았다. 유진오가 경제적·사회적 민주주의를 제기한 목적은 정치적 민주주의의 미흡한 부분을 보완하여 민주주의를 온전히 실현하려는 데 있으며, 그 실현수단은 국가의 역할 확대에 있다고 인식한 것이다.

유진오가 경제적·사회적 민주주의의 내용으로 제시한 '경제적 균등'은 조소앙의 삼균주의가 주장하는 바와 다를 바 없다. 유진오가 말하는 경제적·사회적 민주주의 개념은 1948년 제정 헌법의 전문, 제5조, 제8조, 제15조, 제18조, 그리고 제84조에서부터 제89조에 이르는 '경제' 장에서 읽을 수 있다.

전문에서는 "정치, 경제, 사회, 문화의 모든 영역에 있어서 각인의 기회를 균등히 하고 능력을 최고도로 발휘케 하며 각인의 책임과 의무를 완수케 하여 안으로는 국민생활의 균등한 향상을 기하고"라고 적고 있다. 유진오는 삼균주의의 내용을 기회의 균등으로 구체화하여 규정했다. 이것은 19세기 영국의 사회적 자유주의자들의 적극적 자유 개념 그대로라고 볼 수 있다.

제5조는 "대한민국은 정치, 경제, 사회, 문화의 모든 영역에 있어서 각인의 자유, 평등과 창의를 존중하고 보장하며 공공복리의 향상을 위하여 이를 보호하고 조정하는 의무를 진다"고 적었다. 자유, 평등, 창의 등 자유주의적 가치에 '공공복리'라는 경제적·사회적 민주주의를 가미하기 위해 국가가 개입하여 조정한다는 구체적 방법론을 제시해놓았다.

제8조는 "모든 국민은 …… 정치적·경제적·사회적 생활의 모든 영역에 있어서 차별을 받지 아니한다"고 적고 있다. 이 구절 역시 정치적 영역뿐 아니라 경제적·사회적 영역에까지 민주주의를 확장한다는 의미를 담고 있어서 삼균주의의 구체화로 볼 수 있다.

제15조는 "재산권의 행사는 공공복리에 적합하도록 하여야 한다"고 적고 있다. 이는 사유재산권에도 경제적·사회적 민주주의에 따른 제한을 가하는 조항으로서 역시 삼균제도의 구체화라 할 것이다.

제18조는 "근로자의 단결, 단체교섭과 단체행동의 자유는 법률의

범위 내에서 보장된다. 영리를 목적으로 하는 사기업에 있어서는 근로자는 법률의 정하는 바에 의하여 이익의 분배에 균점할 권리가 있다"라고 하여 근로자의 이익균점권을 포함하고 있다. 유진오는 이 조항에 대해 "경제적 민주주의 원칙으로부터 나오는 수익권의 일종"이라고 해석했다.[9] 역시 삼균주의가 말하는 경제적 균등을 구체화한 구절이라고 볼 수 있다.

이익균점권 조항은 애초 유진오가 작성한 헌법초안에는 포함되어 있지 않았다. 국회가 헌법기초위원회로부터 넘어온 헌법초안을 수정토의하는 제2독회 심의과정에서 삽입된 것이다.[10]

대한독립촉성노동총연맹은 1948년 6월 14일 노동헌장 청원을 국회에 제출하여 이익배당권을 쟁점화시켰다. 대한노총이 지지했고 그 출신 전진한 의원이 원내에서 호응했다. 대한노총을 지지세력으로 거느리고 있던 이승만 국회의장도 다음과 같이 이익배당권에 찬성하는 토론을 했다.

> 내 생각하는 것은 17, 18, 19조의 조문이 원만히 된 것 같은데 아직까지 만일 부족한 것이 된다면 이 하나를 넣으면 괜찮겠어요. 그것은 무엇이냐 하면 지주와 자본가와 근로자는 공동한 평균이익을 국법으로 보호한다. 이것을 만들어놓으면 이것은 원만히 효과가 있으리라고 생각합니다.

---

9) 유진오, 『신고 헌법해의』, 일조각, 1959: 86.

10) 황승흠, "근로자 이익균점권의 탄생 배경과 법적 성격 논쟁", 『노동법 연구』 36, 2014. 3: 1-44.

전진한은 그의 1948년 말 논설에서 이익균점권의 의의를 이렇게 설명하고 있다.

> 이 조문의 정신은 노동을 생산의 원동력으로써 자본과 동일시하여 노자대등의 입장에서 기업에서 생기는 이윤을 노자균점케하여 장래의 임금노예제도를 완전히 분쇄하고 노동도 생산에 있어서 한 개 주체적 입장에 서게 된 것이다.
>
> 이리하여 잉여가치착취설에 의한 노자대립의 관념을 일소할 뿐 아니라 노자협조의 관념에서 노자일치의 관념으로 한 개 질적인 비약을 일으켜 현사회의 혼란분규의 원천이 되는 노자문제를 발본적으로 해결하여 인류진운에 일대 서광을 비치게 한 것이다. …… 정치적·형식적 민주주의에 경제적·실질적 민주주의를 병행하여 인류최고이상인 자유평등 사회를 정치적·경제적·사회적 각 부문에 실현을 보게 되는 것으로……[11]

전진한의 대한노총은 이승만의 정치적 지지기반이었는데, 다음과 같은 이승만 대통령의 연설문을 볼 때 두 사람은 공통된 노동관을 가지고 있었던 것으로 보인다.

> 노동자가 자기 일하는 그 값을 상당히 받아서 살 수 있을 만치 만들어 주면 또 자본가들도 상당한 이익을 얻어서 살 수 있을 만치 만들어 주어 어느 부분이라도 혼자되지 않도록 하여 균등히 이익을 보자

---

11) 전진한, 『이렇게 싸웠다』, 무역연구원, 1996: 141-142.

는 것이 자유당의 정강인 것이다.[12]

다음으로 제6장 '경제'장에 포함된 경제조항들을 살펴보자. 제헌
헌법의 경제원칙은 제84조에 다음과 같이 규정되었다.

> 대한민국의 경제질서는 모든 국민에게 생활의 기본적 수요를 충족
> 할 수 있게 하는 사회정의의 구현과 균형있는 국민경제의 발전을 기함
> 을 기본으로 삼는다. 각인의 경제상 자유는 이 한계 내에서 보장된다.

제헌헌법이 "모든 국민에게 생활의 기본적 수요를 충족할 수 있게
하는 사회정의의 구현"과 "균형있는 국민경제의 발전" 두 가지로 제시
한 경제질서의 기본원칙은 "국민 각개의 균등생활을 확보함과 민족전
체의 발전과 국가를 건립 보위함에 연환관계를 가지게"(제3장 건국6) 한다
는 건국강령의 원칙을 더욱 구체화한 표현으로 볼 수 있다. 건국강령에
서 "국민 각개의 균등생활을 확보함"이라 하고 초대헌법에서 "모든 국
민에게 생활의 기본적 수요를 충족할 수 있게 하는 사회정의의 구현"으
로 표현된 구절은 생존과 자기발전의 자유, 즉 국민 모두에게 적극적 자
유를 보장한다는 의미로 19세기 영국의 사회적 자유주의 사상가들이
제시한 개념에 해당한다. 이 부분은 자유주의 전통을 잇는 경제적 민주
주의로서 중경 전통의 경제적 민주주의에 수용된 것이며, 자유민주주의
의 본령에 해당한다.

초대헌법의 "균형있는 국민경제의 발전"과 건국강령의 "민족전체

---

12)   최종고 편저, "노동자와 자본가", 『우남 이승만: 대한민국 건국 대통령의 사상록』, 청아출
　　　판사, 2011: 176-177.

의 발전과 국가를 건립 보위함에 연환관계를 가지게"한다는 구절은 국가에 국민경제 발전을 추진할 역할을 주문하고 있다. 이것은 이미 산업경제를 갖고 있던 19세기 영국의 사회적 자유주의자들이 고려할 필요가 없는 부분이었지만, 20세기 중반에야 건국하고 산업화 과제에 도전할 계획을 세우는 중화민국이나 대한민국 건국지도자들은 경제발전에 대한 국가의 직접적 역할을 계획하고 있었다는 것을 보여준다. 이 부분은 자유주의 전통의 경제적 민주주의에는 없고 중경 전통의 경제적 민주주의가 가진 특징적 모습이었으며, 후일 발전국가(developmental state)가 성장해나가는 기반을 제공했다.

유진오는 헌법제안 설명에서 "균형있는 국민경제의 발전"이라는 문구의 의미를 다음과 같이 설명했다.

경제상의 약자를 다만 도와줄 뿐만 아니라 국민경제의 전체에 관하여 균형있는 발전을 하는 것을 우리나라 경제의 기본정신으로 하는 것입니다. 국가적 필요로 보아서 어떠한 부문의 산업을 진흥시킬 필요가 있는 경우, 또 국가적 필요로 보아서 어떤 부문의 산업을 제한할 필요가 있는 경우, 그러한 때에는 국가권력으로써 이 모든 문제에 관하여 조정을 할 것입니다.[13]

건국강령의 3가지 목표와 제헌헌법의 두 가지 목표는 이렇게 자유주의 전통과 중경 전통 특유의 경제적 민주주의를 계승하고 있는데, 여기에 더하여 제헌헌법은 건국강령과 달리 경제적 자유주의의 한계를 규

---

13) 유진오, 『헌법의 기초이론』, 일조각, 4283 : 125.

정하고 있다. 제84조 마지막 문장 "각인의 경제상 자유는 이 한계 내에서 보장된다"에서 개인의 경제적 자유가 경제적 또는 사회적 민주주의의 틀 속에서 보장된다고 명기하고 있다.

건국강령은 국유산업의 범위를 광범위하게 설정하고 있는데, 이러한 점은 제헌헌법에서도 발견된다. 제헌헌법 제87조가 "중요한 운수, 통신, 금융, 보험, 전기, 수리, 수도, 가스 및 공공성을 가진 기업은 국영 또는 공영으로 한다"고 규정하고 제85조가 "지하자원, 수산자원, 수력" 등 자연력을 국유화하도록 명시하고 있다. 제헌헌법이 건국강령에 명시된 국유대상 기업 중 대규모의 농·공·상 기업과 도시지역의 공공주택건설사업을 제외하고 있지만, 제헌헌법은 제18조 2항에서 "영리를 목적으로 하는 사기업에 있어서는 근로자는 법률의 정하는 바에 의하여 이익의 분배에 균점할 권리가 있다"라고 하여 사기업 운영에서마저 기업주의 사유재산권을 제약하고 있다. 건국강령은 일본 정부, 일본인 그리고 친일부역자의 재산을 몰수해서 국영으로 할 것을 천명하고 있는데, 건국 당시 미군정은 이미 적산기업과 재산을 몰수하여 국유로 운영하고 있었으므로 제헌헌법에서는 규정할 필요가 없었다.

유진오는 의회에서 행한 헌법초안 제안설명에서 "대규모 기업, 독점성 공공성있는 기업"을 국공영으로 하고 "국방상 또는 국민생활상 긴절한 필요가 있는 때에는 법률로써 사기업을 국영 또는 공영으로 이전시킬 수 있다는 소위 기업 사회화의 원칙"을 게양(揭揚)했다고 말했다. 그는 이어서 "국가적 필요로 보아서 어떠한 부문의 산업을 진흥시킬 필요가 있을 경우" 국가권력으로써 조정한다고 설명했다.

유진오는 미군정이 귀속재산으로 관리하고 있던 대자본들을 국공영으로 관리하여 "기업 사회화의 원칙"을 실현하고자 했다. 케인스는 민간부문에서 성장하는 대규모 주식회사들이 소유의 사회화 현상을 보이고, 특히 공공서비스를 제공하는 대기업들이 공기업의 기능을 수행하는 점을 활용할 수 있다고 생각했다. 대자본의 사회화는 국공영의 방식으로도 민간방식으로도 실현될 수 있는데, 건국 당시 남한에 존재하는 대자본은 이미 국영 상태였으므로 유진오는 국공영 방식의 사회화를 선택한 것이다.

대자본에 대한 유진오의 접근은 "민간의 대자본에 대한 통제를 통해 계급갈등을 방지하고, 경제적 합리성을 추구하는 동시에 국가자본을 축적한다"는 손문과 조소앙의 접근과 일맥상통하는 것이다. 초대헌법은 대자본을 다룸에 있어 중경 전통의 경제적 민주주의 개념을 계승하고 있다.

'경제'장에 실린 내용을 보면 국가의 개입과 역할이 광범위하게 설정되어 있어서 자유경제보다는 계획경제를 원칙으로 채택한 것이 아니냐는 의문을 갖는 사람들이 나타날 수 있다. 이에 대해 유진오는 제헌의회에서 이렇게 설명했다.

경제적 활동은 원칙적으로 자유입니다. 그러나 그 경제적 활동이 공공성을 띠는 정도에 이를 때, 그때에는 국가권력으로써 경제문제에 간섭을 한다. 이것이 제6장의 기본정신이겠습니다. …… 자유경쟁을 원칙으로 하지만 만일 일부 국민이 주리고 생활의 기본적 수요를 충족시키지 못한다고 하면 그것을 광정할 한도에서 경제상의 자유는 마땅히 제한을 받을 것입니다. 우리 헌법은 그러므로 균등경제의 원칙을 기본정신으로 하고 있다고 말씀할 수 있겠습니다.

유진오는 헌법상의 경제질서를 설계하면서 경제상의 자유와 균등을 동시에 추구한 것으로 이해할 수 있다. 그는 건국강령의 경제적 균등 개념을 계승하면서도 공화국의 경제질서가 경제적 자유를 바탕으로 한다는 점을 상기시키고 있다.

건국강령은 토지의 국유를 원칙으로 하면서 토지를 자경인에게 분급(分給)하자고 주장했고, 제헌헌법은 "농지는 농민에게 분배"한다고 규정했다. 건국강령에 나타나는 토지의 국유와 분급 원칙은 실학파와 사회민주주의 토지개혁론의 전통을 반영하고 있으며, 민생주의의 평균지권 개념과도 일맥상통하는 의미를 갖고 있다.

제헌헌법은 건국강령의 토지 관련 정책들 중 경자유전 원칙만 반영하고 토지국유론은 반영하지 않았다. 농지의 분배는 제헌헌법 제84조의 "모든 국민에게 생활의 기본적 수요를 충족할 수 있게 하는 사회정의의 실현"을 위한 구체적 개혁 프로그램에 해당한다. 소작농들이 생활의 기본적 수요를 충족하지 못하는 현실을 바로잡아 사회정의를 실현하는 조치가 된다.

유진오가 헌법초안을 기초할 때 참고로 했다고 회고록에 밝힌 자료목록 중 대한민국임시헌법과 조선임시약헌상의 경제조항은 건국강령의 내용에서 계승된 것이고, 그 외에 미군정 측 자료인 조선인민의 권리에 관한 포고와 The Constitution of Korea, 인공계열의 민주주의민족전선 시안(조선민주공화국임시약법)에는 경제정책이 구체적으로 규정되어 있지 않다. 유진오의 참고목록에 포함되어 있는 "조선민주주의인민공화국헌법(괴뢰정권안)"은 아직 자료가 미발견 상태이나 북한 정권이 1948년 제정한 헌법에도 주요 산업의 국유화와 토지개혁에 관한 조항이 포함되어 건국강령과의 공통점이 발견된다. 결국 초대헌법 경제조항을 모아놓은

제6장은 건국강령에서 계승된 것이고, 그 사상적 원천은 조소앙에게 있다고 볼 수 있다.[14]

유진오는 후일 헌법제정 동기를 이렇게 설명했다.

"우리나라는 경제문제에 있어서 개인주의적 자본주의국가 체제에 편향함을 회피하고 사회주의적 균등경제의 원리를 아울러 채택함으로써, 개인주의적 자본주의의 장점인 각인의 자유와 평등 및 창의의 가치를 존중하는 한편 모든 국민에게 인간다운 생활을 확보케 하고 그들의 균등생활을 보장하랴는(sic) 사회주의적 균등경제의 원리를 또한 존중하여 말하자면 정치적 민주주의와 경제적·사회적 민주주의라는 일견 대립되는 두 주의를 한층 높은 단계에서 조화하고 융합하랴는(sic) 새로운 국가형태를 실현함을 목표로 삼고 있는 것"(유진오 1953, 254).

자본주의와 사회주의 두 주의를 조화·융합한다는 발상은 조소앙의 글에서 먼저 발견된다(신우철 2008, 437).[15] 자본주의 사회에서는 자본가에 의해, 사회주의 사회에서는 노농에 의해 자행되는 계급독재를 회피하여 단합된 민족국가를 건설하자는 것이 조소앙 국가이론의 요체이며

---

14) 서희경·박명림, "민주공화주의와 대한민국 헌법이념의 형성", 『정신문화연구』 2007 : 103.

15) 유진오는 이렇게 회고했다. "저자 등의 원안에 나타난 우리 헌법의 기본정신 — 우리나라는 정치적 민주주의와 함께 경제적 사회적 민주주의를 병용한다는 원칙은 아무도 이를 문제시하거나 의문시함이 없이 그대로 통과되었다. 대개 우리 헌법의 기본정신은 저자 등의 창안이 아니라, 헌법초안 작성 당시에 저자 등이 참조한 여러 가지 자료에서 귀납적으로 추출한 것이기 때문이었다."(유진오 1953, 28)

그의 삼균주의가 삼균제도로 반영된 것이 건국강령이었다.[16]

사회주의 정책의 채택 이유에 대한 논리적 설명은 손문에 의해 1920년대에 이미 제시된 바 있다. 즉, 중국은 당시 산업화된 나라들에서 일어나는 계급갈등과 계급투쟁을 예방하기 위해 독점자본화할 수 있는 산업분야를 처음부터 국영기업을 통해 건설하자는 구상이었다. 손문은 비스마르크가 철도를 국유화하고 복지정책을 실시하여 계급갈등을 평화적으로 해소했던 선례를 들어 그의 구상을 설명했다.[17]

1948년 5 · 10선거에 적극 참가하면서 건국에 큰 영향을 미친 한민당도 정강 및 정책에서 중요산업의 국영 또는 통제관리와 토지제도의 합리적 재편성을 규정하여 임시정부 건국강령과 갈등을 빚지 않았다. 한민당이 1945년 말 임시정부의 법통 인정을 내세우고 결성되었기 때문에 임시정부의 정책을 추종하기는 했지만, 한민당 지도자들은 중요산업 국가관리에 대해 자유주의적 견해를 갖고 있었다.

한민당 총무 허정은 "건전한 민족자본과 기업윤리가 형성될 때까지 중요산업의 국영 또는 통제관리를 잠정적으로 실시"한다고 말한 바 있다.[18] 중요산업의 국가관리에 대해 조소앙의 삼균주의를 반영한 임시정부 건국강령은 사회주의적 균등경제의 원리를 채용하려는 태도였지만, 한민당 자유주의자들은 자유주의와 자본주의 질서 확립을 위한 과도조치로 접근했다.

임시정부 건국강령은 경제정책에서 사회주의적 색채가 강했고 한민당은 자유주의적 이념정향을 갖고 있었지만, 두 집단은 계급투쟁을

---

16) 조소앙, "한국독립당 당의해석", 『소앙문집』 상, 1979: 215-216.

17) 孫文, 『三民主義』, 臺北: 三民書局, 1965: 125-130.

18) 허정, 『내일을 위한 증언』, 서울: 샘터사, 1979: 108.

방지하고 국민국가를 건설하겠다는 건국개념을 공유하고 있었다. 임시정부는 사회주의적 정책들을 계급투쟁을 통해서가 아니라 국가시책으로 시행하려 했고, 한민당도 자유주의와 자본주의 질서 건설을 위한 국가의 보호자적 역할을 인정했다는 점에서 두 집단은 모두 국가의 역할을 강조한다는 공통성을 보여주고 있다.

대한민국 임시정부와 광복군은 해방 후 전승자로 개선(凱旋)하지 못했다. 임시정부와 광복군 지도자들은 미군정하의 남한에 귀환한 후 국내의 정치세력들과 협력 · 경쟁 및 투쟁하면서 건국과정에 참여했다. 따라서 건국강령에 담겨 있는 대한민국 임시정부의 건국개념과 계획이 그대로 한반도에 적용될 수 없었다. 임시정부의 건국계획 자체는 미군정의 신탁통치 추진과 유엔의 개입 등으로 무산되었다. 다만 임시정부 건국강령에 담겨 있던 건국개념은 상당 부분 국내 정치세력의 공감을 얻으며 대한민국 초대헌법에 반영되었다.

유진오는 초대헌법을 기초한 후 많은 저술을 남겨서 헌법에 담긴 경제적 민주주의의 개념과 그 개념의 채택 이유를 설명하고 있다. 우리는 그가 남긴 저술을 통해 우리나라 건국지도자들이 헌법에 경제적 민주주의 개념을 채택했다는 사실과 그 채택 이유가 경제적 · 사회적 민주주의로써 정치적 민주주의를 대체하려는 것이 아니라 그것을 보완하고자 한 사실을 확인할 수 있다. 먼저 유진오는 『나라는 어떻게 다스리나』와 『헌법강의』에서 우리가 채택한 체제가 공산주의와 어떻게 다른가에 대해 이렇게 설명했다.

> 그것은 공산주의자들은 폭력혁명으로써 국민의 균등생활을 실현
> 하라함에 반하야 우리나라는 평화적 방법으로 그 목표를 달성하라 하

는 데 있다 할 것이다. 폭력혁명으로 하로아침에 이 세상에 천국이 나타난다 하면 그것도 좋겠지만 천국이란 그렇게 하로아침에 이루어지는 것이 아닐 뿐 아니라 폭력혁명의 결과 나타나는 독재정치제도는 아무리 변명해 보아도 역시 민주정치의 이상과는 거리가 먼 것이다. 혁명의 결과 모든 사람이 최저한도의 생활을 확보할 수 있다고 가정하더라도 그 대신 자유를 잃어버린다 하면 그것을 가지고 사람다운 생활이라 할 수 없는 것은 너무나 명백한 일이 아닌가. 도대체 민주국가라는 것은 전제정치 시대의 폭압과 노예적 생활에 반항하여 모든 국민이 자유를 누리는 사람다운 생활을 할 수 있게 하기 위해 피를 흘려가며 건설한 것이 아니었던가. 그러므로 우리나라는 모든 국민의 자유와 평등을 존중하면서 그로부터 생기는 여러 가지 폐단을 교정하여 차츰차츰 모든 사람의 균등이 실현되는 훌륭한 민주국가로 향해 나가랴 하는 것이다(『나라는 어떻게 다스리나』 35-36).

경제적·사회적 민주주의는 정치적 민주주의의 근간이 되는 경제적 자유에 제한을 가함으로써 경제생활, 사회생활에 있어서의 각인의 자유와 평등을 확보하려는 것이므로 때로는 정치적 민주주의와 정면으로 대립되기도 하나, 소련의 경우와 같이 경제생활, 사회생활에 있어서의 각인의 평등을 기한다 하여 민주주의의 출발점인 각인의 자유를 무시하는 제도는 이를 민주주의라 볼 수 없다(『헌법강의』 52-53).

마지막으로 조소앙이나 유진오가 경제적 민주주의 또는 경제적 균등 개념을 채택한 데는 공화주의적 고려가 있었다는 점을 놓쳐서는 안 된다고 생각한다. 1919년의 상해 임시정부나 1948년 대한민국이 채택한 '공화정'이라는 정체는 그 구성원들이 왕조를 제거한 하나의 정치적 공동체를 이루는 것이다.

헌법전문은 "유구한 역사와 전통에 빛나는 우리들 대한국민은"으로 시작한다. 여기서 "우리들"이라는 말은 왕조시대의 상하관계에서 벗어난 정치적 공동체를 표현하는 말이다. 수천 년 내려온 왕조국가의 전통에서 벗어나 건립한 민국(民國)의 지속 가능성은 민국의 구성원들이 "우리들"이라는 정치적 공동체에 속한 시민으로서의 의식을 얼마나 뚜렷하게 갖게 되는가에 달려 있다. 제헌의회는 헌법전문의 첫 문장에 "유구한 역사와 전통"이라는 구절을 넣어서 "우리들"이라는 정치적 공동체가 갑자기 생긴 것이 아니라 역사적으로 정당성을 가진 존재라는 점을 강조했다.

> 우리 민족은 유사 이래 독립을 유지하여 반만년의 역사를 쌓아 왔으며 고유한 민족적 전통을 가지고 있을 뿐 아니라, 기미년에는 일본의 침탈에 대항하여 조국 광복의 대운동을 일으켜 대한민국 임시정부를 수립하고 이를 세계에 선포했으니. 지금 우리가 민주독립 국가를 수립하는 것은 결코 지금 새삼스레 생긴 일이 아니라 그러한 과거의 위대한 독립정신을 계승하여 하는 일이라는 뜻을 천명한 것이다(『신고 헌법해의』 41).

헌법전문은 이어서 "정의인도와 동포애로써 민족의 단결을 공고히 하며 모든 사회적 폐습을 타파하고 민주주의 제 제도를 수립하여"라고 쓰고 있다. 유진오는 이 구절이 가진 민주적 성격이 민족주의와 연결된다는 점을 아래와 같이 설명했다.

민족주의의 기본은 모든 당파심, 이기심, 특권의식, 계급적 적개심, 지방적 편견, 타민족 배척 등의 편협한 마음을 버리고 정의, 인도와 동포애로써 전 민족이 단결하는 데 있는 것이며, 민주주의 제 제도를 수립하기 위하여서는 구래의 봉건적·비민주주의적 또는 식민지적인 일체의 폐습을 타파하는 것이 선행조건이 되는 것이다. …… 공산주의자들은 민족의 단결을 기피하고 계급적 분열을 기도하며, 정의, 인도와 동포애를 끄리고 계급적 증오심을 앙양시키기 위하여 전정력을 집중하지만, 대한민국은 정의, 인도와 동포애로써 단결된 민족의 기초 위에 거족공영(擧族共榮)의 민족국가를 지향하고 있는 것이다.

여기서 유진오가 '민족주의'라고 표현한 개념은 공화주의적 의미의 "우리들"에 해당한다. 근대적 민족주의를 "프랑스 혁명 이후 민주주의와 결합한 국민주의"라고 해석하는 접근법에 따른다면 민족, 국민, 공화주의는 동시적으로 일어나는 정치적 공동체의식이라 할 것이다.

이 같은 공화주의적 민족주의는 조소앙이 기초한 건국강령 도입부에서도 발견된다.

우리나라는 우리 민족의 반만년래로 공동한 언문과 국토와 주권과 경제와 문화를 가지고 공동한 민족정기를 길러 온 우리끼리로서 형성하고 단결한 고정적 집단의 최고조직임

건국강령의 "우리끼리"가 헌법에 "우리들"로 표현되었음을 알 수 있다. 조소앙은 건국강령의 두 번째 문단에서 삼균제도를 언급하기 시작한다. 정치적·경제적·교육적 균등을 통해 "우리끼리" 의식을 강화

한다는 전략적 고려가 담겨 있다. 정치적 균등을 통해 조선왕조까지 이어진 신분차별을 없애고, 경제적 균등을 통해 "우리끼리" 단결할 수 있는 물질적 조건을 조성한다. 그렇게 건설한 "우리끼리" 공화국의 질적 고양을 위해 공화국 구성원들의 교육기회를 확장한다. 건국강령 서두에는 공화국의 건설과 발전을 위한 전략이 담겨 있고, 그 공화주의 정신이 초대헌법에 계승되었다고 볼 것이다.

필자는 지금까지 임시정부 건국강령에 포함되어 있던 경제적 민주주의 개념이 어떻게 대한민국 헌법으로 계승되었는가에 대한 주장을 펴왔다. 다음으로는 제헌헌법에 실려 있던 경제적 민주주의 개념이 이후의 헌법 개정과정에서 어떻게 계승되고 변형되어갔는가의 문제가 남는다.

III

헌법개정과
경제조항의
변천

1.
경제성장기

1948년 출범한 한국 정부는 미군정청으로부터 귀속산업체들을 이전받아 운영을 정상화하기 위해 노력하는 와중에 1950년 6월의 남침전쟁에 휘말리게 되었다. 한국 정부는 귀속산업체로써 국가자본을 축적하려던 애초의 시도가 전쟁으로 무산되자 미국의 원조를 활용한 전후복구와 산업화에 힘쓰게 되었다.

미국의 아이젠하워 행정부는 한국전쟁의 휴전 조건으로 이승만 대통령에게 한미상호안전보장조약 체결과 경제원조를 약속했는데, 경제원조를 위해 협의하는 과정에서 한국헌법상 사회주의적 조항들이 문제가 된다는 의사를 한국 측에 전달했다. 한국 정부는 미국 정부와 1953년 10월 합동경제위원회 설립협약을 체결하고 1954년 1월에 제85조, 87조의 '국유화'와 '국공영' 조항을 삭제한 제2차 개정헌법안을 국회에 제출하여 통과시켰다.[1]

---

[1]   박명림, "헌법, 국가의제, 그리고 대통령 리더십: 건국헌법과 전후헌법의 경제조항 비교를 중심으로", 『국제정치논총』 제48집 1호, 2008 참조.

미국 정부는 1948년부터 마셜플랜을 실시해서 서유럽에 막대한 원조를 제공했고, 한국전쟁 중 군수물자 조달을 통해 일본 산업을 부흥시켜주었다. 1953년경이 되면 서유럽과 일본의 산업부흥이 뚜렷한 성과를 보이면서 서방의 국제시장이 장기성장 국면에 진입하게 된다. 1958년이 되면 브레튼우즈 체제가 기능을 발휘하게 되어 서방 국제경제가 작동하게 되었다. 따라서 한국전쟁에서 벗어난 우리 경제도 전후복구와 경제발전을 위해 서방 국제경제에 참여할 필요성이 절실했다.

하지만 이승만 대통령은 미국 정부가 요청하는 일본과의 국교정상화를 거부하고 독자적 산업화를 추진했다. 당시 개헌에도 불구하고 한국은 20세기 말까지 제헌헌법 제87조에 국공영 대상으로 지정한 대다수 산업에 대한 국공영 체제를 유지했다. 국공영 하에 운영되던 기간산업들에 투자할 만한 규모의 민간자본이 국내에 없었고 국제자본에게도 한국이 매력적인 투자환경을 제공한다고 인식되지 않았을 뿐 아니라 국가자본 축적을 중시하는 이승만 대통령과 정부관리들도 공기업 민영화에 적극적이지 않았다.

한국 정부는 1950년대 말까지 남미국가들에서 시작되어 대부분의 제3세계가 추종하던 수입대체 산업화 노선을 걷고 있었다. 민간부문은 섬유와 식료품산업 등 경공업을 중심으로 발전했고, 국가부문은 비료공장, 발전소 건설 같은 중화학 투자를 중시했다.

5·16군사정변 이후 새로 등장한 집권세력도 경제적 민주주의와 민족주의적 열망을 반영하여 민족주의적 산업화 전략을 세웠다. 농업과 중공업 투자를 우선한다는 원칙하에 제1차 경제개발 5개년 계획을 세우고 1962년부터 실천하기 시작했으나, 곧 투자재원 부족에 부딪쳐 개발전략 자체를 수정하게 되었다. 1962년 6월 통화개혁을 통해 국내자

본을 동원해보려던 시도가 실패하자 미국 정부의 충고와 압력에 따라 경제개발계획에서 민족주의적 요소를 축소하고 신고전학파 경제이론과 시장경제 원리를 중심으로 하는 방향으로 수정하게 되었다.

민족경제 건설을 목표로 중공업건설을 앞세우던 태도가 바뀌어 신고전학파 경제이론이 제시하는 대로 경공업에서 시작하여 고부가가치 산업으로 단계적으로 성장하는 길을 선택하게 되었다. 원조자금이 아니라 차관자금에 의존해야 하는 박정희 정부로서는 국내에 기간산업을 우선 갖추어 수입대체 산업화를 추진하려던 기성의 고정관념을 버리고 수출을 위주로 하는 성장정책을 추진하게 되었다. 해외시장에서 팔릴 수 있는 물건을 만들어야 했다. 품질에서 자신이 없으니 가격경쟁에서 이길 수 있는 상품을 생산하기 위해 가발, 섬유 등 저임금 제조업으로부터 출발했다.

1962년 국민투표를 거쳐 확정된 개정헌법 제111조는 경제적 민주주의가 담겨 있는 경제원칙 조항을 2항에 놓고 1항에 "대한민국의 경제질서는 개인의 경제상의 자유와 창의를 존중함을 기본으로 한다"고 하여 자유주의 시장경제 원칙을 선언하게 되었다. 1962년 헌법의 제111조는 제헌헌법 제84조에 비해 경제적 자유주의를 강조하는 방향으로 개정된 것이다. 초대헌법 제18조에 있던 근로자 이익균점권이 1962년 헌법개정으로 삭제된 것도 경제적 자유주의를 강조하는 경향의 일환이었다. 1962년 개정 이후 한국경제가 수출주도형 산업화 전략에 따라 자유주의 국제경제에 대한 개방원칙을 일관성 있게 지켜온 것과 같이 경제질서의 기본원칙을 담은 제111조 내용도 이후 개정헌법들에서 제116조, 제120조, 제119조로 약간의 수정을 거쳐 계승되고 있다.

1962년 헌법에는 초대헌법 제5조가 없어진 대신 제8조에 기본적 인권조항이 신설되었다. 없어진 조항과 신설된 조항을 비교해보면 다음과 같다.

> 1948년 헌법 제5조: 대한민국은 정치, 경제, 사회, 문화의 모든 영역에 있어서 각인의 자유, 평등과 창의를 존중하고 보장하며 공공복리의 향상을 위하여 이를 보호하고 조정하는 의무를 진다.
>
> 1962년 헌법 제8조: 모든 국민은 인간으로서의 존엄과 가치를 가지며, 이를 위하여 국가는 국민의 기본적 인권을 최대한으로 보장할 의무를 진다.

초대헌법 제5조는 "각인의 자유, 평등과 창의를 존중하지만 공공복리 향상을 목적으로 제한된다"는 한계를 두고 있다. 1962년 헌법 제8조는 국가에 기본적 인권을 보장할 의무를 최대한으로 지우고 있어서 공공복리 실현을 위한 일정한 한계를 암시하고 있다.

요약건대, 경제적 민주주의가 제헌헌법에서 경제질서의 기본원칙으로 등장한 이래 계속 유지되고 있다. 자유주의 시장경제 원칙은 1962년 개헌을 통해 경제질서의 기본원칙으로 첨가되었다. 경제개발을 국가목표로 추구하는 한국의 역대 정부들은 미국 정부의 요구에 따라 1954년 개헌에서 중요사업 국공영 조항을 삭제하고, 1962년 개헌에서는 시장경제 원리를 제111조에 첨가하면서 자유주의 국제질서에 적응해갔다.

2.
중화학공업화

우리 경제는 1960년대 중반 한일국교정상화와 월남전 특수 등에 힘입어 성장세를 탔다. 수출에 의존하는 개방경제가 성과를 보이면서 도시경제가 활력을 찾았고, 농촌도 과잉인구의 부담에서 벗어나고 있었다.

한편 우리의 수출주도형 산업화가 고도성장기에 접어들어 한국사회가 개방경제에 적응해가고 있던 1970년대 초반 무렵 자유주의 국제경제질서도 변혁기에 접어들고 있었다. 1971년 8월 15일 미국 정부가 달러화의 금태환을 포기한 다음 몇 달 동안 달러화 가치는 10% 하락했다. 게다가 미국 정부는 국내 산업을 보호하기 위해 10%의 수입관세를 부과하고 임금과 가격통제를 실시했다. 닉슨 행정부가 1973년 달러가치를 다시 한 번 10% 인하하자 미국의 무역수지가 흑자로 돌아서고 경기가 상승하여 실업이 감소했다.

그러나 미국경제가 회복되는 동안 브레튼우즈 체제는 붕괴되고 말았다. 국제통화체제가 불안해지고 국제적인 무역수지 방어경쟁이 치열해졌다.

한국 정부는 1969년 닉슨 독트린이 선포된 이후 미군철수에 대비하는 안보 준비태세를 강화했다. 북한은 1968년 1·21사태와 울진·삼척사태 등 도발의 강도를 높여가고 있었다. 1972년에는 닉슨 대통령이 베이징을 방문했다. 안보환경의 이 같은 급변과 국제경제질서의 불안정은 국가적 위기의식을 높여 국가의 시장개입을 쉽게 해주었다.

박정희 대통령은 유신헌법을 선포해 중앙권력을 강화한 후 기업에게 중화학투자를 요구하고 미곡증산을 위해 이중곡가제를 도입하는 등 지금까지 추종해오던 신고전학파 경제이론에 입각한 경제정책 방향을 역전시켰다. 1973년 원유가 폭등하자 한국 정부는 중동건설시장에 뛰어들어 오일달러를 획득했을 뿐 아니라 외국은행에서 국제자본을 수입해서 중화학공업에 투자했다. 고용이 확대되었을 뿐 아니라 고부가가치 산업부문에서 직업이 창출되면서 임금수준 향상에도 기여했다.

1972년 선포된 유신헌법의 경제조항을 보면 원래의 헌법 경제조항에 제117조 국토와 자원개발계획 조항과 제120조 농어촌개발계획 조항을 덧붙여놓았다.

제117조 2항: 국토와 자원은 국가의 보호를 받으며, 국가는 그 균형있는 개발과 이용을 위한 계획을 수립한다.

제120조 1항: 국가는 농민·어민의 자조를 기반으로 하는 농어촌 개발을 위하여 계획을 수립하며, 지역사회의 균형있는 발전을 기한다.

두 조항은 모두 국가계획에 관한 것이었다. 1960년대의 경제성장에 따라 시장경제의 규모가 커졌음에도 불구하고 국가의 계획경제적 요소가 과거보다 더 강화된 것을 알 수 있다. 국제사회로부터 도래한 시장

경제질서의 불안정과 안보위기가 1960년대 기간 동안 경제정책의 중심이 국가계획으로부터 시장경제로 이동해오던 경향을 역전시켜 시장자율성이 위축되고 국가 역할이 재강화된 것이다.

국가의 적극적 개입에 의해 중화학공업화가 추진되기는 했지만, 여전히 외국자본의 도입과 상품수출에 의존했으므로 개방경제의 틀은 유지되었다. 개방경제 속에서 국가경제의 고도산업화를 추진하는 중화학공업화에는 경제적 자유주의와 민주주의라는 두 가치가 함께 실려 있었다. 경제적 자유주의와 경제적 민주주의가 헌법 제116조 1, 2항에 공존하는 경제질서를 반영하는 현상을 중화학공업 건설에서 찾아볼 수 있다. 국가는 중화학공업화를 통해 군수산업 능력을 얻었지만, 중화학공업화는 재벌기업들의 거대자본을 키우는 역할도 했다.

3.
성숙기

유신시대의 경제는 중화학투자를 통해 고도성장을 성취하기는 했지만 1970년대 하반기에는 과잉투자에 따른 자본효율성 저하와 인플레에 시달리게 되는데, 여기에 1979년 제2차 석유위기가 덮치자 외채부담을 크게 느끼게 되었다. 이중곡가제도 재정적자 누증의 원인이 되어 1976년 쌀 자급자족이 달성된 이후에는 농업정책의 자유화가 모색되기 시작했다.

한국사회는 이런 경제적 난조 속에 1979년 박정희 대통령이 암살됨으로써 순식간에 정치적·군사적·경제적 위기 속으로 빨려 들어갔다. 1980년 한국은 마이너스 경제성장을 기록할 만큼 급격한 위기를 겪었다.

혼란 속에 권력을 장악한 신군부세력은 경제정책의 흐름을 다시한 번 전환시켰다. 전두환 정부는 1970년대 말에 모색되던 자유화 정책의 지속성을 뒷받침해서 중공업분야의 과잉투자를 정리하기 위한 구조조정을 단행하고 농산물을 포함한 시장개방을 추진했다. 시장은 후퇴에서 전진으로, 국가개입의 범위는 확대에서 축소로 다시 역전되는 경제정책방향의 전환이 이뤄진 것이다. 미국의 레이건 행정부가 신자유주의 개혁을 추진하기 시작하던 무렵 한국에서 거의 동시에 시행된 자유화 정책은 곧 경제의 안정화·개방화·자유화를 추진해 1980년대 한국경제는 고도성장과 국제수지 개선을 동시에 달성하게 된다.

1980년 12월에 확정된 헌법의 경제조항은 다음과 같은 새로운 조항들을 첨가하고 있다.

제120조 3항: 독과점의 폐단은 적절히 규제·조정한다.

제122조: 농지의 소작제도는 법률이 정하는 바에 의하여 금지된다. 다만, 농업생산성의 제고와 농지의 합리적인 이용을 위한 임대차 및 위탁경영은 법률이 정하는 바에 의하여 인정된다.

제124조 2항: 국가는 중소기업의 사업활동을 보호·육성하여야 한다.

제125조: 국가는 건전한 소비행위를 계도하고 생산품의 품질향상을 촉구하기 위한 소비자보호운동을 법률이 정하는 바에 의하여 보장한다.

1980년 헌법은 경제질서의 기본원칙을 규정하는 제120조에 시장경제와 국가개입을 규정한 1, 2항 외에 3항에 독과점 폐단의 규제를 첨가했다. 제120조 독과점 폐단의 규제, 제124조 중소기업의 사업활동에 대한 보호·육성, 제125조 소비자보호운동 보장 등은 시장경제질서의 관리를 위한 조항들이었다. 한국경제가 이미 산업자본주의 단계에 진입하여 거대자본이 일으키는 독과점의 폐해로부터 소규모 기업활동의 자유와 소비자의 권리를 보호할 필요성이 제기된 것이다.

제122조는 농지개혁 이후 농지의 임대차를 금지하는 제도로 인해 농업의 규모화와 근대화가 저해되는 문제점을 농지 유동성의 확보로 해결해보려는 농지제도 개혁을 예고하는 조항이다. 농업정책을 이중곡가제 등 국가중심주의에서 시장자유주의로 전환시키기 위한 헌법조항 수정이다. 쌀의 자급자족이 달성되어 식량증산, 경자유전과 빈농보호로부터 농업활동의 자유보장으로, 다른 말로는 농업부문에서 경제적 평등으로부터 경제적 자유로 정책적 강조점을 전환하는 것이었다.

1980년 헌법은 기본적 인권 조항에 수정을 가했다. 개정 이전과 이후의 조문내용을 비교하면 다음과 같다.

개정 전의 제8조: 모든 국민은 인간으로서의 존엄과 가치를 가지며, 이를 위하여 국가는 국민의 기본적 인권을 최대한으로 보장할 의무를 진다.

개정 후의 제9조: 모든 국민은 인간으로서의 존엄과 가치를 가지며, 행복을 추구할 권리를 가진다. 국가는 개인이 가지는 불가침의 기본적 인권을 확인하고 이를 보장할 의무를 진다.

개정된 조항은 그 이전 조항에 "행복을 추구할 권리"를 더하고, 이전에 "국민의" 기본적 인권이라고 표현된 것을 "개인이 가지는 불가침의" 기본적 인권이라고 바꾸었을 뿐 아니라, 이전에는 "최대한"으로 표현된 보장 조건을 삭제했다. 이는 개인주의적 자유권이 확대되는 경향을 대변하는 것이며, 유신헌법의 권위주의로부터 벗어나는 현상으로 볼 수 있다. 전두환 정부는 개정된 헌법 제9조로 인해 국제사회로부터 오는 인권침해 항의에 대해 방어할 수 있는 헌법적 근거를 상실하는 문제에 봉착하기도 했다.

4.
민주화 헌법

　한국 국민은 산업화를 성취한 후 곧 권위주의 정부의 민주화를 요구해 1987년 6월 항쟁으로 관철시켰다. 노태우 민정당 대표의 6 · 29선언으로 대통령직선제 타협이 이뤄지자 다음 달부터 노동자들이 대규모 총파업과 조직 확대에 나섰다. 1987년부터 1989년까지 노조가입자 수가 89만 명 증가했다. 노조 조직률은 1986년 12.3%에서 1989년 18.6%로 급증했다.

　1987년 한국사회는 〈표 3-1〉에서 보듯이 고용인구의 28%, 460만

〈표 3-1〉 산업별 고용인구 구성

구분	1차 산업(%)	2차 산업(%)	3차 산업(%)
1972	50.5	14.1	35.4
1980	34	22.5	43.5
1987	21.9	28.1	50

출처: 재경부 주요경제지표, 각 연도

명에 달하는 공업인구를 가진 산업사회가 되어 있었다. 특히 1970년 대의 중화학투자가 1970년대 말부터 1980년대 초까지 이어진 시련을 딛고 결실을 맺어 중화학공업은 1980년대 한국의 주력산업으로 자리 잡았다. 공산품이 1987년 수출액의 94%를 차지했고, 수출 공산품의 55%를 중화학제품이 차지했다.

한국이 선거로 정부를 구성하는 민주화를 시작한 1987년의 사회구 성은 전형적인 산업사회의 특징을 보여주고 있었다. 노동자와 도시민이 인구의 다수를 점하고 임금인상, 노동법 개정을 통한 노동조합 권한의 확대, 노동자 이익의 정치적 대변 등을 요구했다.

1987년에 개정된 헌법의 경제조항은 경제질서의 원칙을 밝히는 제 119조 2항의 내용을 대폭 수정하고 있다.

제119조 2항: 국가는 균형있는 국민경제의 성장 및 안정과 적정한 소득의 분배를 유지하고 시장의 지배와 경제력의 남용을 방지하며, 경제주체간의 조화를 통한 경제의 민주화를 위하여 경제에 관한 규제 와 조정을 할 수 있다.

과거 2항에 있던 국민생활의 "기본적 수요를 충족시키는 사회정 의" 대신 "적정한 소득의 분배"라고 표현을 바꿨다. 상품경제의 발달에 따라 소득의 분배가 곧 기본적 수요의 충족이므로 더 이상 국가가 기본 적 수요를 충족시키기 위해 생산과정에 직접 개입할 필요 없이 시장의 소득분배제도가 적정하게 작동되도록 관리하면 된다는 의미가 내포되 어 있다고 판단된다.

또 과거 2항에서는 국민경제의 "발전"이라는 표현을 썼으나 이를 삭제하고 국민경제의 "성장 및 안정"이라는 표현을 썼다. 국가가 산업화 같은 사회변혁적 사업을 추진할 필요가 없어졌으므로 시장경제의 성장과 안정을 관리하는 역할에 머물도록 지시한다고 해석된다. 과거 헌법이 요구하던 국민경제의 발전을 위한 국가의 직접적 역할은 신헌법에서 더 이상 필요가 없어진 것이다.

"경제주체간의 조화를 통한 경제의 민주화"라는 구절은 지금까지 유례를 찾아볼 수 없는 내용으로, 새로이 삽입된 부분이다. 과거 헌법에서 경제적 민주주의를 대변하던 "사회정의" 조항이 없어진 대신에 '경제의 민주화'라는 용어가 등장했다. 앞서 설명했듯이 1980년대 말 한국은 제조업 중심의 산업사회에 진입해 있었다. 특히 철강, 자동차, 조선을 비롯한 대규모 사업장의 노동조합 활동이 국민경제에서 차지하는 비중이 최고조에 달했다. "경제주체간의 조화를 통한 경제의 민주화"라는 구절의 의미는 노동조합과 경영자 간의 조화, 가계와 기업 간의 조화, 기업과 기업 간의 조화, 기업과 지역사회 간의 조화 등을 의미하지만 1987년 헌정체제가 출범할 당시 상황에서는 그중 노동조합과 경영자 간의 조화가 가장 큰 비중을 차지했다고 해석할 수 있겠다.

노동조합이 노사협상 등을 통해 기업경영에 참여하는 것을 '산업적 민주주의'라 부른다. 독일과 스칸디나비아와 같이 노조 조직률이 높고 중앙집권적 노사협상제도가 발달한 나라들에서는 노사 간에 평화협정을 맺고 장기적 협력에 돌입하기도 하고, 노동조합 대표가 이사회나 노사협의회에 참석하는 공동결정(co-determination) 제도를 운영하기도 한다. 산업적 민주주의도 민주주의를 정치 분야에서 경제 분야로 확대한다는 넓은 의미에서 경제적 민주주의에 속하지만, 엄밀한 의미의 경제적 민주주의에서 말하는 자치의 범위는 기업의 소유권을 포함한다는 점에서 산업적 민주주의와 구별된다.

그러나 그 이후 제조업의 국민경제적 비중이 지속적으로 퇴조하고 노동조합의 중요성도 감소하면서 경제민주화에서 노동조합-경영자 간 조화의 중요성이 상대적으로 감소하고 노동조합, 가계, 기업, 지역사회 등 여러 경제주체 간의 관계가 상대적으로 비슷한 비중을 갖는 추세로 변화하고 있다고 판단된다. 이는 경제적 민주주의의 의미가 다양화·복잡화하고 있다는 것을 의미한다.

그 외에 1987년 헌법은 제123조 1항에서 "국가는 농업 및 어업을 보호·육성하기 위하여"라고 하고, 2항에서는 "국가는 지역간의 균형 있는 발전을 위하여 지역경제를 육성할 의무를 진다"라고 하고, 3항에서는 "국가는 중소기업을 보호·육성하여야 한다"[2]고 하여 국가에 농어업과 중소기업에 대한 산업정책과 지역경제 육성을 주문하고 있다. 시장경제 속에서 낙후되기 쉬운 부문에 대한 국가개입을 요구하는 제123조의 내용은 자유주의 경제 원리에 모순되는 요구라고 볼 수 있다. 중앙정부에 지역경제의 육성책임을 부여하는 것도 권한과 책임의 분산을 추구하는 자유주의 질서와 충돌할 수 있다.

1980년 헌법은 산업화 이후 시장경제질서를 관리하기 위한 독과점 규제조항을 신설했고, 1987년 헌법에는 민주화의 영향으로 경제민주화 개념이 개설되었다. 민주화 과정에서 일어나는 각 부문의 요구가 헌법에 반영되는 과정에서 자유주의 경제질서에 모순되는 부문산업의 보호와 지역경제 육성 규정들도 신설되었다. 전체와 부문 간의 유기적 관계를 인정하고 각 기능집단들의 이익이 공동체 전체의 이익과 조화를 이

---

[2] 현행 헌법의 중소기업의 보호육성 조항은 1980년 헌법에서 중소기업의 "사업활동을" 보호 육성해야 한다는 조항이 변형된 것이다.

룬다는 조합주의(corporatism)적 관념이 반영되어 있다.

헌법에 근거하여 조합주의적 관념을 갖고 있는 각 부문집단들이 신자유주의적 구조조정을 받아들이는 것은 쉬운 일이 아니다. 근대화를 위해 자유주의 국제질서에 적응하는 태도를 보여오던 한국 국민은 산업화가 성취된 이후 비자유주의적 요구들을 헌법적 권리로 주장하게 된 것이다.

IV

건국 초
국가자본 축적과
농지개혁

이 장에서는 경제적 민주주의가 초대 이승만 대통령 시절 어떻게 실천되었는가에 대해 알아보려고 한다. 이승만 대통령은 제헌의회의 국회의장으로서 초대헌법의 제정과정을 주도한 인물이므로 초대헌법에 담긴 경제적 민주주의 개념에 대해서도 잘 이해하고 있었다. 그는 중요사업의 국공영이나 농지개혁법 및 교육법 제정을 주도하여 경제적 민주주의를 구체적인 정책으로 실천에 옮겼다. 이승만 대통령은 무엇보다 경제적 민주주의로써 정치적 민주주의를 대체하지 않고 정치적 민주주의를 보완하여 자유민주주의를 발전시키는 방향으로 영도력을 발휘했다.

제헌헌법상의 경제적 민주주의는 구체적 정책으로 제85조, 제86조, 제87조의 천연자원 국유와 중요산업 국공영, 그리고 농지개혁으로 나열되어 있다. 이승만 정부는 헌법에 규정된 국공유와 농지개혁을 실행에 옮기는 한편 제85조, 제87조의 국유와 국공영을 헌법에서 삭제하기도 했다. 이 장은 세 절로 나누어 제1절에서 중요산업의 국공영 문제를 '국가자본'이라는 개념으로 다루고, 제2절에서는 농지개혁에 대해 설명하고, 제3절에서 요약 및 종합한다.

1.
국가자본

1) 귀속재산

조선은행조사부는 1948년 간행물에서 일제강점기하 공업화의 결과로 1940년 조선반도의 생산구조가 농업 42.8%, 공업 39.1%에 이르렀다고 분석했다.[1] 이러한 공업시설들은 조선반도에 위치해 있었지만 일본인의 소유하에 일본인에 의해 운영되고 있었기 때문에 해방 후 한국인이 그것들을 곧바로 인수하여 정상적으로 운영할 수 없었다.[2]

일제 패망으로 제국 내의 분업구조가 파괴된 데 더하여 미국과 소련군에 의한 한반도 분할점령으로 인해 남북한 지역 간의 분업과 유통구조도 단절되었다. 1940년의 공업생산액을 남북한으로 나눠보면 남부가 44.1%, 북부가 55.9%를 차지하는데, 중화학공업의 경우에는 27%

---

1) 조선은행조사부, 『조선경제연보』, 1948년 판.
2) 제조업 자본금의 94%와 종사 기술자의 80%를 일본인이 차지하고 있었다. 『조선경제연보』, 1948년 판.

대 73%의 격차를 보인다. 해방 직전 전력생산량에서도 남한 8%, 북한 92%의 격차를 보였다.

미군정은 1945년 9월 25일 자 「군정법령 제2호」로 "적성 재산의 이전 제한조치"를 내린 후 12월 6일 자 「군정법령 제33호」를 발동하여 조선 내에 있는 모든 일본인 재산을 접수해서 '귀속재산'이라는 이름으로 관리했다. 이 두 조치로 미군정은 일본 정부나 기관, 민간단체나 개인이 소유 및 지배하고 있던 모든 재산을 몰수한 것이다. 귀속재산 중 부동산은 "① 군용시설을 포함하는 각종 정부 및 공공기관의 건물 및 시설 ② 전답, 과수원, 임야 등의 토지재산 ③ 공장, 광산, 어장, 발전 시설, 운수, 창고, 철도, 은행, 보험, 증권 등 기업체 재산 ④ 민간주택, 택지, 점포, 식당, 여관 등의 부동산 ⑤ 학교, 병원, 사찰 등 공익시설 ⑥ 각종 조합, 협회 및 연합회 등의 사회단체시설" 등으로 파악할 수 있다. 이 중 ②번의 토지재산은 신한공사가, ③번의 기업체 재산은 중앙과 지방관할로 나누어 중앙관할기업은 중앙정부의 상공부, 농림부, 교통부 등에서 소관기업의 관리 책임을 맡았다.[3]

미군정은 귀속재산 중 신한공사가 관리하던 전답을 소작인들에게 분배하고 소규모 기업과 주택의 일부를 민간 분양한 이외의 모든 재산을 1948년 수립된 대한민국 정부에 이전했다. 재산권의 이전은 한국과 미국 정부가 1948년 8월에 체결한 「한미간의 통치권 이양 및 미군 철수에 관한 협정」과 9월에 체결한 「한미간의 재정 및 재산에 관한 최초협정」에 따라 이뤄졌다.[4]

---

3) 여기서 귀속 부동산을 5가지로 분류한 것은 이대근의 설명에 따른 것이다. 이대근, 『해방후 – 1950년대의 경제: 공업화의 사적 배경 연구』, 서울: 삼성경제연구소, 2002: 88-102.

4) 두 협정의 영문 명칭은 각각 「The Agreement between the Government of the Republic of Korea

남한지역에 건국한 대한민국은 앞 장에 설명한 것처럼 헌법상의 경제질서 규정에서 임시정부 건국강령에 포함된 경제적 민주주의 개념들을 계승하고 있었다. 제헌헌법 제87조는 "중요한 운수, 통신, 금융, 보험, 전기, 수리, 수도, 가스 및 공공성을 가진 기업은 국영 또는 공영으로 한다"고 규정하고 제85조는 "지하자원, 수산자원, 수력" 등 자연력을 국유화하도록 명시하고 있다.

1948년 미국과 체결한 협정에 따라 귀속재산을 인수함으로써 대한민국 정부는 자연스럽게 헌법 제85조와 제87조의 국공영 규정을 이행할 수 있는 여건을 갖췄다. 이는 또한 일제가 건설한 대규모 산업자본을 국공영하에 두겠다는 임시정부의 계획에도 부합하는 것이었다.

이승만 행정부가 헌법이 규정한 국민의 기본적 수요를 충족시키기 위해서는 생활필수품 공급부족을 해소해야 했는데, 신생국가가 미군정으로부터 인수받은 기업들은 원료난, 자금난, 동력난과 관리상의 문제들로 인해 정상적으로 가동되지 않았다. 이런 생산부진은 세수부족으로 연결되어 1948년 정부예산에서 총 세입 573억 원 중 조세수입 충당률은 19.1%에 불과하고 48%를 중앙은행 차입으로 메워서 막대한 적자재정을 꾸려가야 했다.

귀속재산의 민영화는 민간경제 활성화와 재정적자 보전의 양면에서 해결책이 될 수 있었다. 그러나 이승만 정부가 귀속재산 처분에 적극적인 자세를 취하는 것을 본 국회는 1949년 7월 귀속재산임시조치법을

---

and the Government of the United States of America concerning the Transfer of Authority to the Government of the Republic of Korea and the Withdrawal of the United States Occupation Forces」와 「The Initial Financial and Property Settlement between the Government of R. O. K. and the Government of the U. S. A.」이다.

제정해서 정부의 불하계획에 제동을 걸고 나섰다. 국회에서는 행정부의 귀속재산 처분이 헌법정신을 위배할 것을 우려하여 국회에서 관련 법규를 정식으로 제정할 때까지 일체의 처분행위를 금지시키려 했다.

결국 행정부의 추진과 국회의 견제 사이에 타협이 이뤄져 1949년 12월 「귀속재산처리법」이 제정되었다. 귀속재산처리법은 헌법 제87조 규정에 의거하여 국공영으로 운영해야 할 업종을 제외한 나머지 기업들은 모두 민간에 불하하는 것을 원칙으로 한다는 내용에 덧붙여서 처리의 절차와 원칙들을 규정하고 있었다.

귀속재산처리법이 제정되는 과정을 보면 행정부와 입법부가 상호 간 견제와 균형을 이루는 가운데 경제적 민주주의라는 헌법정신을 중심으로 타협이 이뤄지고 정책이 집행되는 것을 볼 수 있다. 행정부와 입법부 사이의 견제와 균형은 정치적 민주주의에 속하고 헌법 제87조에 규정된 업종의 경우는 귀속재산 민간불하에서 제외하도록 한 입법은 경제적 민주주의에 해당한다. 이것은 정치적 민주주의와 경제적 민주주의가 상호 보완하는 방식으로 헌정질서가 작동되고 있는 모습이라 할 것이다.

정부가 귀속재산처리법의 규정에 따라 만반의 준비를 완료하고 본격적인 집행에 들어갈 무렵 1950년 6월 25일 남침전쟁이 발발했다. 전시정부 역시 전쟁비용을 마련하고 생산을 촉진하기 위해 귀속재산 처분을 추진했지만, 전쟁으로 인한 귀속재산의 파손과 경제적 혼란으로 인해 여건이 더욱 악화되어 그 실적은 부진을 면치 못했다.

귀속재산 처분의 또 다른 정책적 고리는 농지개혁과 연결되어 있었다. 이승만 정부는 정부수립과 동시에 농지개혁법 제출을 서둘러서 1949년 6월에는 국회를 통과하는 성과를 얻었지만, 법에 내재한 재정

기술적 문제를 보완하기 위해 수정입법 절차를 거쳐 이듬해에야 재확정하고 1950년 4월 15일까지 농가별 농지분배 예정 통지서를 발급했다. 이 농지개혁법은 지주들이 지가보상으로 지급받는 지가증권으로 귀속기업체 불하에 참여케 함으로써 토지자본을 산업자본으로 전환시킨다는 구상을 배경으로 하고 있었다. 토지자본을 산업자본으로 전환시킨다는 이 구상을 실현하기 위해서는 농지개혁과 귀속재산 처분이 동시에 진행되어야 하는데, 두 사업 모두 전쟁으로 인해 중단 위기에 봉착한 것이다.

이승만 행정부는 전쟁으로 인해 중단된 지가증권 지급을 전시수도 부산에서 재개할 뿐 아니라 귀속재산처리법 시행령을 개정하여 지주 참여의 길을 넓히고자 노력했다. 그 구체적 조치로는 "① 귀속기업체 관리인 선정 과정에 있어 단독관리인의 귀속기업체는 공동관리체제로 전환시키고, ② 농림부장관이 추천하는 지주를 적어도 기업관리인 총수의 절반 이상으로 하며, ③ 관리인 중 결원이 생길 때에는 이들 지주를 우선적으로 채용할 것" 등이 있었다. 정부의 이 같은 노력에도 불구하고 농림부장관에게 귀속재산 관리인 신청을 해오는 지주는 거의 찾아볼 수 없었다.[5]

지주들이 피난지에서 수령한 지가증권의 가치는 심하게 평가절하되어 있어서 다수가 모이지 않고는 귀속기업체 불하에 참여할 수 없는 정도였고, 기업가로 변신할 기질을 가진 지주도 드물었다. 지주들은 대부분 지가증권을 방매하여 피난지 생활비로 탕진하고 말았다. 개혁과 전쟁의 와중에 지주계급은 흔적 없이 소멸하고 귀속기업체들은 처분되

---

5) 이대근, 2002: 194.

기 전에 전쟁파괴의 대상이 되고 말았다. 전쟁파괴의 정도에 대해 경제학자 이대근은 이렇게 기술한다.

> 공업부문의 전쟁피해는 경인공업지대와 삼척공업지대를 중심으로, 그것도 상대적으로 규모가 큰 귀속사업체를 중심으로 하여 이루어졌음을 강조해 두고자 한다. 특히 삼척공업지대의 경우, 이 지역에는 당시 삼척탄광, 북삼화학, 삼척시멘트 등 6개 정부관리하의 공기업이 있었는데, 전쟁 직전에는 이들 기업의 총 종업원 규모가 11,256명에 이를 정도로 활발했던 것이 1951년 9월에는 겨우 2,679명의 종업원에 불과할 정도로 크게 위축되어 이 지역의 전쟁피해가 얼마나 격심했는가를 여실히 말해 주고 있다.[6]

건국강령이나 초대헌법에 담긴 경제관에서는 국가자본의 존재이유가 두 가지로 주어져 있다. 하나는 대규모 사적자본의 출현으로 인해 계급갈등이 심화하는 문제를 방지하는 것이고, 또 다른 하나는 국가자본의 축적을 통해 국민경제를 발전시키는 일이다. 대한민국은 일제가 축적하고 미군이 몰수한 산업자본을 이전받아 국가자본과 국민경제 발전의 기반으로 삼으려 했으나 한국전쟁 개전 초의 제1차 남침과 1951년 초의 제2차 남침 두 차례의 파괴로 기회를 상실하고 말았다.

---

6) 이대근, 2002: 244-245.

2) 전후 국제협력과 국가자본

　한국전쟁을 중단하기 위한 휴전협정이 1953년 7월 27일 타결된 후 한국경제는 전후복구와 산업건설에 돌입한다. 남한은 파괴된 시설의 복구 외에 일제강점기 북한지역으로부터 공급받던 전기와 비료의 부족을 해결하기 위한 신규투자가 필요했고, 한국인이 아직 성취하지 못한 산업혁명 그 자체에 도전해야 했다.

　전후복구와 산업건설의 재원은 주로 원조에 의존하여 조달되었다. 이승만 대통령은 소련이 제안하고 미국이 호응하여 진행한 휴전협상에 반대하며 1953년 6월 2만 5,000명에 이르는 반공포로 석방을 일방적으로 단행하면서까지 미국 정부로부터 전후 안보와 복구대책에 대한 약속을 얻어냈다. 양국 정상 간의 약속은 1953년 10월 「한미상호방위조약」 체결과 12월 「경제재건과 재정안정계획에 관한 합동경제위원회협약」 체결로 나타났다.

　그런데 약칭 「백─우드 협약」 또는 「CEB 협약」으로 불리는 「경제재건과 재정안정계획에 관한 합동경제위원회협약」은 한국의 경제운용에 대한 한국 주권의 상당한 양보를 전제로 체결되었을 뿐 아니라 원조자금 운영원칙을 놓고 드러난 양국 정부 간 의견차이로 인해 꽤 긴 협상과정을 거친 후에야 타결되었다. 합동경제위원회(CEB: Combined Economic Board)라는 것은 전방의 전선이 교착된 채 휴전회담이 진행되고 있던 1952년 5월 미국 정부가 마이어 특사를 파견하여 한미 간에 소위 「마이어 협정」을 체결한 결과 생겨난 기구였다.

　한국 정부 대표 1인과 유엔군사령부 대표 1인으로 구성되는 합동경제위원회를 설치하고 여기에서 한국 경제운영의 기본 방향과 틀을 결정한다는 구도였다. 협정 제3조에는 한국 정부가 이행해야 할 의무사항들이 열거되어 있다.

"예컨대 ① 통상의 업무와 관련한 모든 정보까지도 정부는 수시로 합경위에 보고하여야 하고, ② 재정, 금융, 물가, 임금 등 거시정책과 관련해서는 매우 구체적인 정책수단까지 미리 협의해야 하며, ③ 도입된 원조물자는 물론 그와 유사한 국내 생산물자까지도 수출을 일체 금지시키고, ④ 수출입 및 외환계획에 대해서는 합경위를 통한 철저한 통제를 받도록 규정하고 있는 점 등이 그 대표적인 것들이라 할 수 있다."[7]

미국의 아이젠하워 행정부는 1953년 4월 헨리 타스카(Henry J. Taska)를 특사로 파견하여 한국경제의 전후복구 방안을 조사하여 보고하게 한 후 8월 우드(Taylor T. Wood)를 합동경제위원회 유엔군 측 대표로 파견했다. 우드는 타스카 보고서를 기초로 한국 측과 원조자금의 구체적 사용계획을 수립하기 위한 공동작업에 들어갔다.

한국 측은 시멘트공장이나 비료공장의 건설, 발전소나 조선소 건설 등 경제재건 및 시설확충에 중점을 두자는 입장이었으나 미국 측은 경제안정을 우선하자고 주장했다. 한국 측은 생산재 대 소비재의 도입 비율을 7 대 3 정도로 계상했지만, 미국 측의 반대로 결국 48 대 52의 비율로 양보할 수밖에 없었다. 이 비율은 차후 실행과정에서 다시 3 대 7로 역전되고 만다. 두 정부 사이에 내재한 재건전략의 차이로 인해 경

---

7)   이대근, 2002: 278.

제재건과 재정안정계획에 관한 합동경제위원회협약 체결이 지연되어 12월에 가서야 타결되었다.

전시에 유엔과 한국 정부 사이에 체결된 마이어 협약에 따라 생겨난 합동경제위원회는 휴전협정이 성립된 이후 한국경제의 전후복구를 위한 미국 원조물자의 사용뿐만 아니라 유엔의 CRIK(Civilian Relief in Korea)와 UNKRA(United Nations Korean Reconstruction Agency) 원조를 포함하고 한국 정부의 관련정책에까지 영향력을 행사하는 제도로 기능했다. 합동경제위원회의 상위기관은 애초 유엔군사령부에서 1957년 주한 미국대사관 산하의 미국경제협조처(USOM: United States Operations Mission to Republic of Korea)로 바뀌었지만, 그것은 형식적 변동일 뿐이었고 유엔의 원조물자도 결국은 대부분 미국에서 제공된 것이었을 정도로 한국경제의 전후복구에 대한 미국의 영향력은 절대적인 것이었다.

아래의 〈표 4-1〉은 USAID의 통계를 바탕으로 1954년부터 1959년

〈표 4-1〉 1954~1959년 미국의 원조액

(단위: 달러)

구분	비계획원조	계획원조	기술원조	합계
1954	74,339,911	6,045,447		80,385,358
1955	168,336,492	34,801,077	112,000	203,249,569
1956	220,802,526	53,115,489	1,214,000	275,132,015
1957	207,170,200	92,557,807	2,842,000	302,570,007
1958	163,038,082	67,218,293	3,362,000	233,618,375
1959	148,235,043	68,789,567	3,084,000	220,108,610
합계	981,922,254	322,527,680	10,614,000	1,315,063,934

출처: USAID to Korea 통계로부터 산출

기간 동안 미국의 대한(對韓) 원조를 산출하여 작성한 것이다. 이 표에서 비계획원조로 분류된 항목에는 소비재나 최종소비에 필요한 물품들을 포함하며, 계획원조로 분류된 항목에는 대부분의 투자재가 포함되어 있다.[8] FOA(Foreign Operation Administration) 원조를 포함하여 1954~1959년 간 총 ICA(International Cooperation Administration) 원조 실적은 13억 1,500만 달러에 달한다. 이 중 계획원조가 전체의 24.5%인 3억 2,300만 달러였고 비계획원조가 74.6%에 해당하는 9억 8,200만 달러, 기술원조가 0.8%인 1,100만 달러였다.

경제기획원은 미국의 원조를 시설재 부문, 원자재 부문, 기술원

〈표 4-2〉ICA 원조 도입실적

(단위: 천 달러)

구분	시설재 부문	원자재 부문	기술원조 부문	계
1954	79,426	96,738		176,164
1955	96,267	131,500		227,767
1956	76,069	222,411	3,919	302,399
1957	88,553	210,027	4,633	303,213
1958	34,279.80	177,426.00	6,138.60	217,844.40
1959	20,686.30	186,567.40	6,116	213,369.70
계	395,281	1,024,669	20,807	1,440,757
비율(%)	27.43565171	71.12020479	1.444143499	100

출처: 경제기획원 자료를 바탕으로 재산출[9]

---

8) 〈표 4-2〉의 비계획원조는 USAID 보고서상의 Supporting Assistance Non-Project를, 계획원조는 Supporting Assistance Project & Technical Coop., Defense Support & Dev. Grant Project를 번역한 표식이다. Suh Tai Suh, "Statistics Report on Foreign Assistance and Loans to Korea(1945-75)," Korea Development Institute, 1976: 23 참조.

9) 경제기획원 자료는 홍성유의 1964년 저서『한국경제의 자본축적과정』의 표 (15)에서 재인용.

조 부문으로 분류하여 1961년에 발표했는데, 이 중 1954~1959년 실적을 합산해보면 위의 〈표 4-2〉와 같이 나타난다. 시설재 부문과 기술 부문을 합하여 원자재 부문과 대비해볼 때 3 대 7의 비율로 나타난다. USAID의 집계를 보나 경제기획원의 것을 보나 미국의 원조는 소비재와 원자재에 치중되었다는 점을 확인할 수 있다.

ICA 원조는 1956~1957년을 정점으로 감소추세로 돌아선 반면 1957년부터 개발차관기금(DLF, Development Loan Fund)을 신설하여 종전의 방위지원원조와 시설자금 공급의 경우 유상의 차관방식으로 전환하는 추세가 나타난다. 1954~1959년 기간 중 시설재 도입실적 3억 9,300만 달러 중 36.7%인 1억 4,422만 달러는 우선 철도 부설 및 디젤기관차 등 철도용품 도입에 배정되었다. 그다음으로 많은 액수가 제조업과 전력업에 사용되었다.

> 철도사업의 경우 강원-충북-경북 북부지방 간의 산업선 건설, 예컨대 영암선(영주-철암 간), 충북선(조치원-목행 간), 문경선(점촌-운성 간), 함백선, 주인선, 충주비료공장행 지선 등을 꼽을 수 있고, 둘째, 제조업의 경우는 충주비료공장 건설을 비롯하여 부산 공작창, 전선공장, 농약공장, 재생고무공장, 타이어공장 및 부산조선소 건설 등을 들 수 있다. …… 셋째, 전력업의 경우는 무엇보다도 화천수력발전소의 복구와 신규발전기 도입 …… 영월-당인리-마산 등의 화력발전소 복구사업을 들 수 있다.[10]

---

10) 이대근, 2002: 329-330.

개발차관기금의 운영실적을 보면 1959년에 동양시멘트 시설확장 자금, 체신부 주관의 통신시설 확장자금, 동양화학의 소다회공장 신설을 위한 자금, 충주수력발전소 설계자금 등 4개 사업의 차관협정이 체결되었다. 한국 정부의 개발차관기금 신청수요는 1960년대 들어 더욱 늘어나 한국나일론의 나일론사공장 건설, 북삼화학의 PVC공장 건설, 한국전력의 부산감천 화력발전소 건설, 디젤기관차 도입, 대구시 상하수도 건설, 장성탄광 개발, 소양댐 건설, 충주비료 확장, 중소기업 육성자금 등을 포함하게 된다. 한국 정부는 소비재 도입지원에 치중된 무상원조 문제로 인해 부족한 시설자금을 도입하는 방편으로 개발차관기금을 활용하게 되었다.

한국 정부 대표들은 백-우즈 협약 체결을 위한 공동작업 과정에서 볼 수 있듯이 국가주도적 자본축적을 지향하며 시장안정화에 주력하는 미국 정부의 권고와 주장을 쉽게 받아들이지 않았다. 한국 정부 경제관료들의 국가발전 지향적 태도는 전후복구 정책의 집행과정에서도 유지된다.

한국 정부는 수입되는 원조물자들의 판매대금으로 대충자금을 조달했다. 부흥부는 경제부흥특별회계를 설치하여 대충자금의 큰 몫을 여기에 전입시켜 정부의 각종 정책사업을 뒷받침했다. 정책사업이란 식량증산을 위한 농지개량사업과 치산치수사업을 비롯하여 교량·도로·항만 등 토목사업과 도시건설·상하수도·통신 등 정부의 공공사업들을 말한다. 정부는 또 1954년에 설립한 한국산업은행에 대충자금을 전입시켜서 광공업과 전력업을 중심으로 한 기간산업 건설을 위한 시설자금 융자에 사용하도록 했다.

한국 정부는 1954년 헌법 개정을 통해 헌법 제85조 및 제87조의 국유 및 국공영 규정을 삭제했다. 한국 정부가 국제자본의 협력을 원활히 하기 위해 이런 조치를 취하고 나서도 여전히 철도·전기·상하수도·항만·교량 등 기간산업시설은 국가관리하에서 벗어나지 않았다. 당시로서는 이런 대규모 자본이 필요한 기간산업에 대한 투자자를 찾기도 어려웠지만, 당시의 경제관료들도 이런 산업의 민영화를 추진하려는 성향을 보이지 않았다. 한국 정부는 미국으로부터 수입되는 원조자금을 활용하여 기간산업 부문에서 국가자본을 축적해갔다.

미국의 경제적 원조를 받는 과정에서 한국경제는 CEB(합동경제위원회)라는 기구를 통한 미국의 상담과 간섭을 공식적이고 제도적으로 받았다. 원조를 통해 상담하고 간섭하는 미국 정부의 입장에서 한국의 상황을 보면, 일제강점기 조선반도에서 경영·기술·관리의 직을 독점하던 일본인이 패전 후 본국으로 돌아간 이후 한국에는 산업을 운영할 인력이 전무하다시피 한 상태였으므로 성급한 시설투자는 자원의 낭비와 인플레를 낳을 뿐이라고 판단되었다. 생산능력이 턱없이 부족한 형편에 북한과 해외 여러 지역으로부터 유입되는 인구까지 부양해야 하는 한국 사회에 가장 시급한 것은 부족한 소비물자를 공급하는 것이라는 판단하에 미국 정부의 안정화 정책기조가 유지되었다.

미국의 원조와 함께 조언과 간섭을 받아들여야 하는 한국 정부로서는 헌법상의 경제적 민주주의 추구에 상당한 제약을 받을 수밖에 없었다. 원조국이 원자재·소비재와 시설재의 비율을 75 대 25로 제공하는 현실이 수혜자인 한국 정부에게는 소비재의 수입을 통해 국민의 소비수요를 충족시킬 수는 있지만 국내 생산기반을 구축하는 데는 불리한 상황을 낳았다. 국민의 기본적 수요를 충족시키는 것과 국가자본을 축적하는 것 양자가 모두 경제적 민주주의를 구성하는 요소들이라는 점에

(단위: %)

구분	1954	1955	1956	1957	1958	1959	1960	평균
국내총생산	5.6	4.5	-1.3	7.6	5.5	3.9	1.2	3.86
제조업	18.1	21.3	15.2	7.1	10.3	9.2	8.2	12.77

출처: 통계청, 『통계로 본 대한민국 50년의 경제사회상 변화』, 1998: 117의 통계를 기반으로 재작성

서 미국의 원조가 한국의 경제적 민주주의에 모순되는 것은 아니지만, 한국 정부는 국가자본 축적에 대한 의지를 버리지 않았다.

한국 정부는 원조협상에서 시설재 위주의 원조를 요구했으나 받아들여지지 않자, 전체의 25%에 못 미치는 시설재 원조물자를 기간산업에 투자해서 국가자본을 축적해나갔다. 재정적자를 통해 군대와 경찰 유지비용을 조달하면서도 기간산업과 제조업 육성에 필요한 투융자에 힘쓴 결과, 위의 〈표 4-3〉에서 보듯이 1954~1960년 기간 국내총생산이 연평균 3.86% 성장하는 동안 제조업부문에서는 12.77% 성장률을 기록했다. 국민총생산에서 제조업이 차지하는 비중도 〈표 4-4〉에서 볼 수 있듯이 1953년 9.0%에서 1960년에는 13.8%로 커졌다. 공업생산에서 중화학공업이 차지하는 비중도 이 기간 중에 21.1%에서 23.4%로 증가한 것으로 추계된다.

미국 정부는 전시원조물자를 일본에서 조달하여 한국의 민간과 군대에 제공해서 일본경제를 재건시켜주었다. 미국 정부는 이 같은 전시원조 형태를 전후에도 계속해서 한국은 일본에 1차 산품을 수출하고 일본으로부터 공산품을 수입해 소비할 계획을 갖고 있었다. 이승만 대통령은 미국 정부에 대한(對韓) 원조물자의 일본 구매를 중단하도록 요구하고, 일본 상품의 수입을 한국 상품의 대일(對日) 수출량의 범위 안에서

<表 4-4> 생산구조(경상 GDP 기준)

(단위: %)

구분	농림어업	광공업	제조업	건설 및 전기 · 가스 · 수도사업	서비스업	공업구조	
						경공업	중화학공업
1953	47.3	10.1	9.0	2.6	40.0	78.9	21.1
1954	39.8	12.7	11.8	3.1	44.4	78.4	21.6
1955	44.5	12.6	11.6	3.6	39.3	79.9	20.1
1956	46.9	12.7	11.6	3.3	37.1	80.2	19.8
1957	45.2	12.7	11.2	4.2	37.9	80.5	19.5
1958	40.7	14.4	12.8	4.1	40.7	78.6	21.4
1959	33.8	15.9	14.1	4.3	46.0	78.4	21.6
1960	36.8	15.9	13.8	4.1	43.2	76.6	23.4

출처: 통계청, 『통계로 본 대한민국 50년의 경제사회상 변화』, 1998: 119.

만 허용했다.[11]

한국의 지식인들은 소비재 수입과다로 인해 국민경제 발전에 지장을 받는 문제를 중시했다. 한국헌법은 자본축적, 즉 산업화를 주도할 임무를 국가에 지우고 있었다. 한국사회의 지식인들은 정책의 자유주의 편향성 때문에 국민경제발전이 부진해지는 문제를 비판했다. 한국과 미국 정부가 CEB를 통해 경제정책 결정권을 공유했지만, 국내정치과정에서는 이승만 정부에게 그 책임이 귀결되었다.

1956년 대통령선거에서 야당의 장면 후보가 부통령에 당선된 다음 해인 1957년부터 미국 정부가 대한원조자금을 급격히 줄여나가는

---

11) 상게서, 57, 85.

한편 합동경제위원회를 통해 강력한 안정화 정책을 강제하다시피 하자 한국경제는 침체의 늪에 빠지게 되었다. 실업이 늘고 경제성장이 둔화되면서 이승만 정부에 대한 대중의 불만이 늘어나게 되었다. 자유당은 1958년 총선에서 예상 밖의 부진을 보이다가 1960년 대통령선거에서 이기붕 부통령 후보를 당선시키기 위한 부정선거를 자행한 것이 발각된 후 4 · 19혁명으로 붕괴했다.

2.
농지개혁

1) 개관

　　식민지 시대 한국농업이 봉건 또는 반봉건 상태였는지 또는 이미 근대적 자본주의 단계에 진입했는지에 대해서는 경제사가들 사이에 견해가 대립되고 있지만, 경작농민들이 과중한 소작료 및 세금 부담을 지면서 영세적 소농경영을 해온 것은 수백 년에 걸친 일이었다. 일제는 자국 내 농지 및 식량부족 문제를 해결하기 위해 일본인의 반도이주를 추진하여 한정된 농지에 대한 수요압박을 가중시켰고, 이런 인구압력은 한인 무산자들의 만주 이주를 촉진했다. 이렇게 소작인들에게 불리한 상황이 수십 년간 지속되면서 소작료가 50%를 상회하고, 대동아전쟁 기간에는 강제공출과 식량배급이 실시된 끝에 일제가 패망하고 미군이 한반도에 진주하게 된 것이 1945년 9월이었다.

　　한반도 남부를 점령한 미군부대는 하지 장군이 이끄는 미국 태평양사령부 소속 24군단이었으며 맥아더 사령관의 명령에 따라 9월 8일

인천에 상륙하고 9일 서울에 입성하여 일본군의 항복을 받았다. 북위 38도선을 경계로 소련과 한반도를 양분하여 점령한 미군은 그해 10월 5일 「군정법령 9호」를 발동하여 소작료 상한선을 3할로 통제하기 시작했다. 농지를 포함해서 동양척식회사와 일본인이 남기고 간 재산을 접수하게 된 미군정은 신한공사를 설립하여 소작인들로부터 소작료를 징수했다.

일제가 패망하고 새로 시작된 미군정이 소작료 인하정책을 실시하면서 지주–소작제도는 흔들리기 시작했다. 남한을 점령한 미 24군단의 상급기관인 동경의 맥아더 사령부가 11월에는 일본 내 농지개혁을 공론화하기 시작한다. 미군보다 한 달 먼저 북한지역에 진주한 소련군의 후원하에 1946년 2월 성립된 북조선임시인민위원회는 3월에 북조선토지개혁법령을 공포하고 25일간에 걸쳐 토지개혁을 단행한다. 주한미군정청 역시 3월 중 귀속농지를 경작자들에게 매각하는 번스 안을 공표하고 나섰다.

미군정청은 1947년 12월 남조선과도입법의원에 농지개혁법안을 제출했다. 3정보 이상 보유한 지주의 농지에 대해 평균수확고의 2할을 15년간 보상 및 상환하는 조건으로 하는 안이었다.

그러나 입법의원들은 농지개혁에 대해 건국 후 신정부가 해야 할 사업이라고 주장하며 법안의 심의를 회피했다. 농지개혁 입법에 실패한 미군정청은 총선을 앞둔 1948년 3월 귀속농지만 경작자들에게 매각하고 철수했다. 8월 15일 수립된 대한민국 정부는 9월 7일 농지개혁법 기초위원회를 발족해서 과도입법의원에서 작성된 토지개혁법안 등을 기초로 농지개혁 구상을 시작했다.

행정부에서는 조봉암 농림부장관을 중심으로 하여 평균수확량 기준으로 보상지가 15%, 상환지가 12% 조건의 안을 만들었고, 한민당이 다수를 차지하는 국회 산업위는 보상 및 상환지가를 30%로 하는 안을 심의했다. 1949년 6월 21일 공포된 농지개혁법은 보상지가 15%에 상환지가 12.5% 조건이었고 이듬해 통과된 개정법은 보상 및 상환지가를 15%로 확정지어 3월 10일에 공포하여 시행되었다.

행정부는 농지개혁법이 공포된 1949년 6월부터 시행을 위한 행정 절차를 준비하여 이듬해 3월 24일에 분배농지 열람을 종료했다. 정부는 열람된 분배계획에 대해 이의가 제기된 경우 재조정을 거쳐 4월 15일까지 분배실행을 완료했다고 보고했다. 이는 4월 28일 시행규칙이 공포되기도 전이다.[12]

실제 한반도의 지주-소작제도는 일제 패망 직후부터 와해되기 시작한 것이며, 이 과정에서 지주와 소작인 간의 자발적 토지거래가 광범위하게 진행되었다. 해방 직후 남한의 총 경지면적 222만 6천 정보의 65%인 144만 7천 정보가 소작지였다. 그중 1948년 27만 3천 정보가 귀속농지로 매각되었고, 30만 2천 정보가 정부에 의해 1950년 매수 분배되었으며, 71만 3천 정보가 지주에 의해 임의처분된 결과 15만 9천 정보가 잔존 소작지로 남게 되었다. 해방 당시 소작지 144만 7천 정보를 100%로 했을 때, 귀속농지 처분으로 자작화한 면적이 18.9%, 농지개혁법에 의해 자작화한 면적이 21%이며, 지주의 임의처분으로 자작화한 면적이 49.2%다. 1951년 현재 농지면적 195만 8천 정보의 8.1%에 해당하는 15만 9천 정보의 소작지가 남아 있는데, 이 중 7만 4천 정보는 자영 과수원, 개간지, 학교와 종교단체용 농지, 위토 등 농지개혁

---

12) 김성호·전경식·장상환·박석두, 『농지개혁사 연구』, 한국농촌경제연구원, 1989: 593-603.

법에 의한 분배 제외 대상농지이고 나머지 8만 5천 정보가 불법 소작지로 남았다.[13]

4월 15일 농지 분배가 완료된 지 두 달 만에 북한군의 남침으로 전 국토가 전쟁의 소용돌이에 휩싸이면서 농지분배에 따른 상환, 보상, 협동조합 결성, 농업투자지원 등의 후속조치들이 모두 지연되는 또 한 번의 대혼란이 초래되었다. 정부는 분배농지 상환곡이나 현물 농지세를 군량미 조달의 수단으로 사용했다. 지주들을 위한 지가증권 발급은 부산 임시수도에서 진행되었고, 지주들은 수령한 지가증권을 피란지 생활비로 탕진하고 말았다. 애초 농지개혁 입법취지였던 토지자본의 산업자본화가 불발로 그치게 되었다. 정부는 지가증권에 표시된 보상 곡물량의 법정가액을 전시 인플레 상황에 맞지 않게 저평가함으로써 지주들에 대한 보상을 부실화시켰고, 산업투자 주선 실적도 미미했다.

전쟁은 1953년에 휴전으로 끝을 맺었으나 한국 정부와 국민은 전쟁기간 중 농지의 훼손, 인구의 이동 등으로 미국의 원조가 아니고는 국민의 식생활과 정부의 재정을 꾸려갈 수 없는 현실에 직면하게 되었다. 미국의 상호안전보장법과 PL480에 의한 양곡도입량이 1956~1964년 기간에 연평균 40~50만 톤에 달해 곡가하락과 국내농업의 침체를 초래하고 말았다. 이렇게 한국 농업은 해방 후 지주-소작제도의 틀을 벗어났으면서도 영세경영의 약점을 극복하지 못하고 전후 침체에 허덕이다가 1960년대 이래 수출주도형 산업화 과정 속으로 편입되면서 예상치 못한 근대화의 길을 걷게 된다.

---

13) 김성호 외, 상게서, 1989: 1026-1031.

2) 농지개혁과 임시정부 건국개념

전술한 바와 같이 미국 정부와 남한의 미군정은 신탁통치를 계획했고, 임시정부는 '건국강령'이라는 별도의 계획을 가지고 있었다. 신탁통치라는 국가건설계획에서 토지개혁은 논리적으로 필요한 정책이 아니었다. 건국강령은 정치적 · 경제적 · 교육적 균등을 추구하는 삼균제도를 국가건설 개념으로 채택했다. 삼균제도에서는 토지개혁이 경제적 균등의 논리적 연장선상의 필수정책에 위치한다.

신탁통치계획은 1943년 카이로회담에 참석한 루스벨트 대통령의 구상에서 시작되어 트루먼 대통령에 의해 미국의 한반도 전후처리 정책으로 채택된 것이다.[14] 일본을 점령한 맥아더 사령부는 일본의 군국주의를 뒷받침한 극단적인 민족주의의 온상을 제거하기 위해 토지개혁을 단행했지만,[15] 한국을 통치한 하지 장군의 군정은 토착 민족주의 자체를 불인정하는 태도를 보였다.[16]

임시정부 지도자들은 반식민지 투쟁을 반만년의 민족과 국가 전통

---

14) Foreign Relations of the United States Diplomatic Papers, the Conference at Cairo and Teheran, 1943 : 291–455, 1945 : 560-826.

15) Steven Schwartzberg, "The Soft Peace Boys: Presurrender Planning and Japanese Land Reform," *The Journal of American-East Asian Relations* 2(2), 1993 : 185-216.

16) 당시 미국인이 자유민주주의라고 믿고 있었던 가치관은 기실 백인우월주의 및 기독교적 획일주의와 결합되어 있었다. 당시의 미국사회는 아직 남부지역의 흑인이 투표권을 행사하지 못하고 유색인종에게 이민문호가 닫혀 있는 등 인종주의적 편견을 벗지 못한 단계에 머물러 있었다. 종교적으로도 개신교의 지배력이 압도적이었다. 루이 하르츠는 봉건적 유제가 없는 미국사회의 특성으로 인해 자유주의적 신념에 찬 도덕적 획일주의가 팽배하고, 미국인이 전시에는 절대적 자유주의(absolute liberalism)나 미국제일주의(America first)의 사고에 빠지게 된다고 분석한 바 있다(Louis Hartz, *The Liberal Tradition in America*, New York : A Harvest Book, 1955).

을 잇는 국가재건운동으로 인식했기 때문에 민족사적 전통과 서구에서 발달한 근대적 제도를 함께 감안하는 독자적 국가건설을 지향했다.[17] 그들의 이런 지도이념은 카이로선언 2년 전(1941)에 국무위원회의 의결을 거쳐 발표한 건국강령에 담겼다.

　대한민국 건국강령은 제1장 3절에서 "고규(故規)와 신법(新法)을 참호(參互)하여 토지제도를 국유로 확정할 것임"이라 하고, 제3장 6절에서 "건국시기의 헌법상 경제체계는 국민각개의 균등생활을 확보함과 민족 전체의 발전과 국가를 건립보위함에 연환관계를 가지게"(제3장 건국6) 한다고 하며 경제정책에 대한 기본원칙으로서 대생산기관의 국유화와 더불어 토지문제에 대해 "토지의 상속·매매·저압(抵押)·전양(典讓)·유증(遺贈)·전조차(轉租借)의 금지와 고리대금업과 사인의 고용 농업의 금지를 원칙으로 하고" "토지는 자력자경인에게 분급함을 원칙으로 하되 원래의 고용농·자작농·소지주농·중지주농등 농인지위를 보아 저급으로부터 우선권을 줌"이라고 명기했다.[18]

　건국강령은 정치제도에 대해 '복국기'라는 과도기를 거쳐 건국기에 도달하면 민주주의 헌정을 시행하여 인민의 기본권을 보장한다는 계획도 포함하고 있다. 중경의 임시정부에는 당과 국가가 일체화된 소비에트 체제나 당시 중국 국민당 정부와 달리 한국독립당이 여당 역할을 했지만, 그 외에 여러 정당과 정치동맹들이 야당으로 존재했다. 정치·경제·교육에서의 삼균제도는 다양한 이념성향을 가진 정당과 정치동맹들 사이의 공통분모를 반영한 것이었다. 결과적으로 건국강령의 내

---

17)　조소앙, "연합국회의에 대한 우리의 기대와 요구", "대한민국건국강령", 한국광복군 총사령부 성립보고서, 삼균학회 편, 『소앙문집』상, 횃불사, 1979: 139-146, 148-153, 180-183.
18)　"대한민국건국강령," 『소앙문집』상, 횃불사, 1979: 152-153.

용에는 자유주의적 가치도 포함되어 있고 사회주의적 가치도 포함되어 있지만, 정치적 다원주의가 보존된다는 점에서 볼셰비즘 전통에 따라 일당독재와 계급투쟁을 강조하는 마르크스-레닌주의와는 구별된다.

토지개혁 개념을 포함하여 건국강령에 담긴 국가건설의 계획은 미군정하에서 활동하던 임시정부 지도자들에 의해 전승된다. 남조선대한국민대표민주의원이 1946년 2월 23일 회의에서 결정한 임시정책은 제9, 10, 11항에서 토지문제를 다뤘다. "(9) 모든 몰수토지는 농민의 경작능력에 의준하여 재분배함", "(10) 대지주의 토지도 동일한 원칙에서 재분배함(현 소유권자에 대하여는 적당히 보상)", "(11) 재분배된 토지에 관한 대가는 국가에 장기적으로 분납함" 등의 내용을 담아 임시정부 건국강령을 계승하면서 토지개혁 개념을 구체화하고 있다(「조선일보」 1946년 3월 20일 자). 미군정이 조직한 자문기구로서 민주의원은 이승만이 의장, 김규식과 김구가 부의장을 맡는 등 임시정부 지도자들이 지휘부를 형성하고 있었다.

삼균제도와 토지개혁 개념은 민주의원이 마련한 헌법초안에도 실렸다. 민주의원이 마련한 헌법초안인 대한민국임시헌법은 제5조에서 국민의 생활균등권을 규정하여 삼균제도를 명시하고 있다. 토지조항으로는 제5조 4항에서 "토지사유의 제한과 농민본위의 경작권 확립"을 규정하고 있다.

미군정은 민주의원의 지도자 이승만과 김구가 반탁운동을 주도하자 민주의원을 해체하고 중도진영의 여운형과 김규식을 필두로 하는 좌우합작 협상을 주선했다. 이렇게 도출된 좌우합작 7원칙에 기초하여 과도입법의원을 조직한 미군정은 7원칙에 포함된 토지개혁을 추진하기 위해 박건웅, 이순탁 등에게 입안을 위촉했다.

박건웅과 이순탁이 작성한 토지개혁법안은 농지소유 상한선을 3정보로 정하고 농지를 매수당한 지주에게는 연간소출의 2할씩 15년간 분할보상하고, 농지를 분배받은 농가는 평균소출의 2할씩 15년 동안 분납하는 유상몰수·유상분배 원칙을 적용했다. 이 법안은 1947년 12월 23일 남조선과도입법의원 본회의에 상정되었으나 의원들의 심의보류로 무산되었다.

남조선과도입법의원의 헌법초안 조선임시약헌은 제4조에 생활균등권을 명기했다. 제4조 4항에는 토지문제가 언급되어 있는데, "농민본위의 토지재분배"라고 하여 민주의원 헌법초안에 있던 "토지사유의 제한" 부분이 삭제되었다.[19] 남조선과도입법의원에 제출된 토지개혁법안이 유상매수론을 반영했던 것처럼 당시 작성된 헌법안의 토지개혁 개념에도 자본주의 국가건설노선을 반영하게 된 것이다. 조선임시약헌은 남조선과도입법의원에서 1947년 8월 6일 의결되었으나 미군정 장관의 인준보류로 발효되지 못했다.

한국은 1948년 5월 10일 유엔 감시하에 총선거를 치르고 헌법을 제정하여 새로운 공화국을 건설했다. 새 헌법이 농지개혁을 명시함에 따라 대한민국의 건국과 함께 농지개혁은 새로운 추동력을 얻게 되었다.

새 헌법에는 건국강령의 토지개혁 개념 중 토지국유화 부분은 제외되고 경자유전의 개념만 반영되었다. 방기중의 분석처럼 과도입법의원의 농지개혁안 작성 이후 농지개혁 개념은 자본주의적 적응과 변형을 겪은 것이다.

새 헌법이 정한 절차에 따라 초대 대통령에 선출된 이승만은 농림

---

19) 고려대학교박물관(편), 『현민 유진오 제헌헌법 관계자료집』, 고려대학교출판부, 2009.

부장관에 조봉암, 기획처장에 이순탁을 기용하여 농지개혁을 서둘렀고, 조봉암은 강진국을 농지국장에 임명했다. 이순탁과 강진국은 임정 출신 박건웅 위원장이 이끄는 과도입법의원 산업노동위원회의 토지개혁안 작성에 참여한 사회개량주의 토지개혁론자들이었다.[20]

　대한민국 정부는 미군정과 달리 지주보상에 별로 집착하지 않았다. 건국 후 제정된 농지개혁법은 지주에 대한 보상을 미군정이 구상했던 평년수확의 30할에서 15할로 축소했다. 평균수확량 기준으로 보상지가 15할, 상환지가 12할의 안을 농림부가 제출했으나 한민당이 주도하는 산업위원회는 애초 미군정 측 법안과 같이 보상 및 상환지가를 연소출의 30할로 하는 안을 가지고 심의했다. 그러나 국회 내 소장파들의 반발과 국회 내 친이승만 세력의 견제로 보상 및 상환지가를 15할로 조정한 안이 통과되었다.[21] 개정법률에 따르면 경작농민은 연평균 소출의 15할 지가를 연 3할씩 5년간 상환하면 소유권을 이전받는 것이므로 애초 과도입법의원 안보다 상환지가는 절반으로, 상환기간은 1/3로 줄어들어 농림부 안에 근접한 조건이다.

　수배농가의 상환부담을 경감시킨 것은 빈농들의 권익을 보호한 조치이며, 농지소유 상한선을 3정보로 정하고 소작을 금지한 것은 새로 창출된 영세농들의 지속 가능성을 보장하기 위한 제도적 장치라고 볼 수 있다. 이런 빈농보호와 영세농 보전제도들은 지주-소작제 재발 방지뿐 아니라 자본주의 농장이 출현할 가능성마저 사라지게 만들었다. 초대헌

---

20) 사회개량주의 토지개혁론은 경자유전, 지주제 폐지 등에서는 사회민주주의 토지개혁론과 입장을 같이하지만 자본주의 소유원리와 경제체제를 인정한다는 점에서 당시 미국 정부나 미군정 관리들의 사고방식과 융화하기에 유리한 위치에 있었다(방기중 2001, 108-109).

21) 김일영의 상게서 참조.

법 제84조에 따르면 대한민국의 경제질서는 "모든 국민에게 생활의 기본적 수요를 충족할 수 있게 하는 사회정의의 실현"을 추구하도록 구상되어 있다. 한국 정부의 농지개혁은 영세소작인들에게 생활의 기본적 수요를 충족할 수 있게 하기 위한 조치였다고 해석할 수 있다.

지주들은 지가보상에 표시된 곡물가치의 법정가액으로 보상받도록 규정되어 있었는데, 정부는 한국전쟁 중 통화증발로 발생한 전시 인플레하에서 법정가액을 인위적으로 낮게 책정해서 지주들에게 평가절하된 가액을 지불했다. 지주들은 한국전쟁 중 보상으로 받은 지가증권을 추심해서 피란지 생활비로 탕진해버리고 계급으로서의 생존을 끝내고 말았다.[22]

이상 살펴본 바와 같이 건국강령에 실려 있던 토지개혁 개념들 중 토지국유제는 미군정 당국의 영향하에 유상몰수론으로 대체되었으나, 경자유전의 원칙과 사인의 고용농업 금지는 1948년 건국헌법과 1949년 농지개혁법으로 전승되었다. 농지의 재분배와 지주제도 폐지를 통해 창출된 영세소농체제 속에서 다수농가가 소자산가로서 새출발하면서 자녀들을 교육시킬 수 있게 된 상황은 1948년 5월 10일 선거를 시작으로 도입된 보통선거제도와 함께 정치·경제·교육에서의 균등이라는 삼균제도의 실천에 이바지했다.[23]

농지개혁은 한국현대사 해석에 있어 좌우 이념대립의 쟁점분야로

---

22) 홍성찬, "농지개혁 전후의 대지주 동향", 홍성찬(편), 『농지개혁 연구』, 연세대학교출판부, 2001 참조.

23) 권병탁(1984)은 농지개혁이 소작농민들의 자제들에게 교육의 기회를 열어주어 한국 사회 발전에 기여했다고 평가했다.

서 그 진행과정의 사실 확인뿐 아니라 이론적 해석을 놓고도 논쟁이 치열하게 진행되고 있다. 필자는 그중에서도 농지개혁의 성격과 그 실행주체를 놓고 벌이는 계급논쟁에 대해 각별한 관심을 갖고 나름의 논리를 학술지 「정치와 평론」에 게재한 바 있어 이를 보완하여 다음의 두 소절로 덧붙인다.

3) 미군정 주체설과 한국 정부 주체설

황한식은 농지개혁이 "미군정, 지주적 상층부 및 보수적 관료집단의 주도에 의해" 이뤄진 결과 "봉건적·반봉건적 토지소유는 농지개혁에 의해 확실히 큰 타격을 받았다. 그러나 그것이 완전히 궤멸되어버렸거나 일소되어버린 것은 아니다"라고 주장했다.[24] 김준보는 "남한의 농지개혁 …… 그것은 단적으로 미군정 밑에(sic) 추진된 것이었다. 크게 보아서 미국의 세계정치적 방위목적의 일환으로 이 땅에 실현을 본 것이었다"고 하고 "동서대립의 냉전이 박두한 가운데 서구진영의 안정을 위해 이보다 효과적 방책은 없다고 본 것이 미국 측 전략이었다"는 견해를 펼치고 있다.[25]

김성호 등은 문서자료의 검토를 통해 농지개혁의 주체가 미군정청이 아니라 한국 정부라는 주장을 폈다. 동 연구는 먼저 미군정 당국이

---

24) 황한식, "한국 농지개혁연구(1)", 『부산대상대논집』 44, 78쪽과 84쪽.
25) 김준보, 『농지개혁의 현대적 의의』, 1987.

농지개혁에 관심을 갖게 된 구체적 경위를 밝혀냈다.

미국 국무성은 1946년 전반기까지 미소합의에 의한 한반도 통합임시정부 수립에 기대를 걸고 귀속농지 처분을 반대했다. 그러나 1946년 3월 20일부터 5월 2일까지 열린 제1차 미소공동위원회가 실패로 끝난 이후 국무성은 미군정청에 지시하여 반탁운동에 가담하지 않은 중도 진보세력을 흡수하는 남조선과도입법의원을 조직하기 위해 좌우합작을 주선하게 된다. 중도우파의 김규식과 중도좌파의 여운형을 필두로 하는 협상에서 농지개혁을 포함하는 좌우합작 7원칙이 도출되고 이에 기초하여 민선의원 선거를 실시하고 관선의원을 지명하여 입법의원이 조직되었다. 미군정청은 좌우합작 합의사항을 실천하기 위해 농지개혁법안을 작성하여 남조선과도입법의원에 제출하게 된 것이다.[26]

그것은 좌우합작 정부수립의 목적달성을 위한 수단이었다. 당시 미군정청에 좌우합작 정부가 필요했던 이유는 그것이 소련과의 협상을 가능하게 한다고 보았기 때문이다. 미군정이 세계정치적 방위목적의 일환으로 한국에서 농지개혁을 추진했다는 김준보의 해석과는 거리가 있는 상황조건이었다.

미군정청이 제출한 농지개혁법안이 입법의원들의 심의 회피로 무산되었는데, 이를 두고 한민당의 지주 출신 의원들이 계급적 이익에 따라 농지개혁을 지연시켰다는 해석이 있지만,[27] 김성호 등은 "한민당은 토지개혁법안을 반대한 것이 아니라 한국 정부가 수립된 이후에 실시하기 위해 반대한 것으로 보아야 합당"하다고 반박했다.[28] 김성호 등은

---

26) 김성호 외, 상게서, 1989: 325–353.

27) 심지연, 『한국현대정당론』, 창작과 비평사, 1984: 79.

28) 김성호 외, 상게서, 1989: 444.

"미군정은 토지개혁법을 단독으로 제정할 수 있었음에도 그러하지 않았다"고 지적했다.[29] 신병식도 당시 미군정으로서는 지주계급, 일제강점기하의 경찰, 관리, 월남민의 협력과 함께 재정적 기반으로서 신한공사를 통한 현물 소작료 수입이 필요했기 때문에 토지개혁에 소극적이었다고 설명했다.[30]

미국 정부는 1947년 7월 15일 미소공동위원회가 완전히 결렬되자 신탁통치 계획을 포기하고 1947년 9월 17일 한국 문제를 유엔총회에 정식의제로 상정해줄 것을 요청했다. 유엔총회가 한국 독립을 위한 총선 실시를 결의한 것이 11월 14일이다. 과도입법의원의 농지개혁법안 초안이 완성된 것이 한국 문제의 유엔총회 상정을 요청하기 6일 전(9월 11일)이다. 이 법안이 본회의에 상정되기(12월 23일) 한 달여 전에 이미 유엔총회의 총선결의가 있었다. 미군정청은 당시까지 2년여의 통치기간 대부분을 미소공동위원회 합의를 통한 신탁통치 실현을 위해 투자했고, 좌우합작 협상을 지원하고 농지개혁법을 입안한 것도 모두 미소합의와 신탁통치를 실현하기 위한 정책의 일환이었다. 미국 정부가 소련과의 합의를 통한 신탁통치를 포기하고 한국 문제를 유엔에 상정하여 통치권 이양이 임박해서야 미군정은 농지개혁법안 통과를 촉구했지만, 이미 권력누수가 심하여 입법의원들을 설득시킬 수도 없었고 단독제정할 엄두도 낼 수 없었을 것이라고 짐작된다.

김성호 등은 건국 후 한민당 의원들이 지주계급의 이익에 따라 농지개혁법의 통과를 지연시켜 토지방매 시간을 벌었다는 견해에 대해서

---

29) 상게서, 336.

30) 신병식, "한국과 대만의 토지개혁 비교연구", 『한국과 국제정치』 4(2), 1988: 74-75.

도 반박자료를 내놓았다. 이승만 정부가 농지분배를 위한 행정작업을 "개정법령이나 시행령 또는 시행규칙이 공포되기 이전에 이미 착수"했고, 시행령의 공포를 기다리지 않고 분배를 집행했다는 사실의 문서적 입증이다.[31] 국회 심의과정의 지연에도 불구하고 행정업무가 지연되지 않았다는 설명이다.

정병준은 이승만 대통령의 농지개혁 의지를 의심케 하는 사료를 발굴하여 2003년 논문으로 발표했다. 이승만 대통령은 전쟁 중이던 1950년 10월 농지개혁 1년 연기를 결정했다가 미국정부기관 경제복구위원회(Economic Recovery Committee)의 반대성명에 반응하며 8일 만에 번복했다는 사실이 드러난 것이다. 정병준은 논문에서 이승만 대통령이 지주계급의 압력으로 농지개혁을 중단시켰다며 개혁중단이 불러올 농민여론의 반발 가능성을 염려하는 미국 정보보고서들을 인용하며 미국 정부가 한국 정부에 결정번복 압력을 행사한 전략적 동기를 설명했다.[32]

이승만 대통령이 지주계급의 압력에 굴복하여 농지개혁 1년 연기를 결정했다는 미국 정보보고서의 분석은 8일 만의 결정번복에 지주계급의 반발이 없었던 것으로 보아 과장된 것이었다고 보아야 할 것이다. 이 사건으로 미국 정부가 전시 상황에서 한국의 농지개혁이 자국의 세계 전략적 이익에 합치한다는 인식을 갖고 있었다는 것과 한국 정부 역시 개혁중단결정의 번복으로 미국의 전략적 이익을 뒷받침할 수 있을 만큼 지주계급의 이익으로부터 상당한 자율성을 누리고 있었다는 것을 알 수 있다. 초대 정부의 의회 내 다수파인 한민당 세력이 농지개혁의

---

31) 김성호 외, 상게서, 1989: 598-667.
32) 정병준, "한국 농지개혁 재검토: 완료시점, 추진동력, 성격", 『역사비평』 65, 2003.

조건에 대해 행정부와 이견을 보이기는 했지만, 한민당은 애초부터 임시정부를 지지하는 국내조직으로 출범했기 때문에 지주 출신 구성원이 다수임에도 불구하고 농지개혁 자체를 반대하지는 않았다.

한편 정치학자 김일영은 김성호 등의 공동연구 결과에 기반을 두어 "이승만은 정부 수립 초기부터 농지개혁과 귀속재산 불하에 적극적이었다"는 주장을 폈다. 그는 이승만의 농지개혁 추진행동이 "지주도 자본가도 농민도 아닌 자신(정부)의 이익"을 대변하는 것이었으며, 결과적으로는 "자신의 이해와 함께 자본가의 이해를 대변"했다고 하여 농지개혁에 대한 이승만 정부의 자율적 역할을 보나파르트주의적 구도 속에서 설명했다.[33]

김일영이 이승만 정부가 농지개혁에 적극적 역할을 한 사실을 강조한 점에 대해서는 필자도 동감이지만, 이승만 정부의 정치적 동기를 보나파르트주의에서 찾은 것에는 이론적으로 무리가 있다고 생각한다. 보나파르트주의는 우선 사회로부터 소외된 국가권력이 여러 사회세력 사이의 경쟁과 갈등관계를 활용해서 폭력적이고 기회주의적으로 통치하는 권력을 표현한다. 카를 마르크스가 19세기 프랑스 2월 혁명 이후 집권한 루이 나폴레옹 보나파르트 또는 나폴레옹 3세의 비민주적 통치를 분석하며 사용한 용어였다. 보나파르트주의 통치권력은 무엇보다 무력에 크게 의존한다.

이승만 대통령은 대한민국의 초대 대통령으로서 건국강령과 초대 헌법에 실린 건국개념에 따라 농지개혁을 실시했는데, 그 실행과정은 행정부의 독단이 아니라 국회에서의 토론과 합의절차를 거친 것이었다. 국

---

33) 김일영, 상게서, 297-298.

회에는 지주계급을 대표하는 한민당이 강력한 야당세력을 형성하고 있었지만, 한민당 역시 농지보상 조건에 대해 행정부와 다른 견해를 갖고 있었을지언정 농지개혁 자체를 반대하지는 않았다. 이승만의 권력은 그의 오랜 독립운동 경력에 따른 권위와 설득력에 기반을 둔 것이었지 무력에 의존한 것이 아니었다. 그가 토지이익에 연루되어 있지 않았기 때문에 농지개혁에 적극적일 수 있었다는 상황조건 역시 당시 해외에서 독립운동을 하다가 귀국한 임시정부 인사 모두에게 해당하는 것이었다.

프랑스 혁명사에 비유하여 이승만의 정치적 위상을 찾는다면 루이 보나파르트가 아니라 그의 아저씨 나폴레옹 1세에서 찾아야 할 것이다. 나폴레옹 1세는 나폴레옹 법전을 편찬하여 경작농민의 토지소유권을 법률적으로 확정시켜주는 등 프랑스 혁명 이후의 통치질서를 확립하는 업적을 남겼다. 이승만 대통령 역시 민국(民國) 건립이라는 혁명 이후의 통치질서를 확립하면서 경작농민들의 토지소유권을 법률적으로 확정시켜주었다.

나폴레옹과 이승만이 경지 소유권을 확정지어 창출한 소농들의 지지표를 얻어 대통령에 당선된 사람들이 나폴레옹 3세와 박정희로서 보나파르티즘 이론은 이들에게 적용하기에 적당하다. 보나파르티즘은 행정부 독주권력의 정당성을 국민투표를 통해 확보하며 삼권분립과 소통을 통한 민주적 영도력과는 거리가 있다.

4) 농지개혁의 성격에 대한 평가

각 정치세력은 각자가 가진 토지제도 개념에 따라 행동했다. 미군정은 한국의 토지제도 건설에 대해 자유주의적 영향력을 행사했고, 소련점령군은 볼셰비키적 영향력을 행사했으며, 일제강점기하 한국인이 구상했던 토지개혁 개념도 나름의 영향력을 발휘했다. 따라서 한국에서 실시된 농지개혁의 성격을 보면 어떤 정치세력의 영향을 받았는가를 추론할 수 있다.

사회학자 강정구는 북한의 농지개혁은 혁명적이었고 남한의 농지개혁은 자유주의적이었다고 특징짓는다. 그가 말하는 혁명적 농지개혁은 "지주와 소작인 간의 반봉건적 착취관계와 자본주의적 착취관계가 파괴되고 제거된" 개혁을 지칭하고, 자유주의적 농지개혁은 "반봉건적 착취관계는 더 이상 존재하지 않지만 사적 농업 노동시장과 상품시장, 신용시장의 존재를 기반으로 한 자본주의적 착취관계는 여전히 존재하는" 농지개혁이다.[34]

강정구는 농민의 계급역량이 미군정의 탄압으로 약화됨으로써 남한의 토지문제는 혁명적 개혁을 이루지 못하고 자유주의적 농지개혁으로 끝났다고 주장했다. 그는 "거의 모든 남한 농촌에 지방 인민위원회가 구성되고, 남한 농촌의 절반가량은 일정 시기 동안 그것의 행정통제 아래 있었으므로 질서유지는 말할 것도 없고 지주에 대한 농민의 위치가 압도적이었음을 쉽게 짐작할 수 있다. …… 농민의 계급역량은 10월 민

---

34) 강정구, 『좌절된 사회혁명: 미 군정하의 남한·필리핀과 북한연구』, 열음사, 1989: 29.

중항쟁 사건에 따라 1946년 말 이후 상당히 저하되었다"고 설명했다.[35]

그가 말하는 혁명적 농지개혁의 역사적 실상을 다시 들여다보자. 북한당국이 1946년 2월에 실시한 토지개혁은 소작을 주는 지주들의 토지를 몰수하여 경작농민들에게 무상분배하여 소유권을 양여하는 형식을 취했지만, 분배토지의 매매와 저당을 금지했다.[36] 농민들에게는 명목상의 토지소유권이 주어졌지만 사실상 국유화와 다름없었다. 강정구는 북한의 1946년 토지개혁이 시민사회 내의 자체 동력에 의해 일어났으며, "반봉건적 착취와 자본주의적 착취 양자를 제거하고자 했다는 점에서 혁명적 개혁"이었다고 설명했다.[37]

소련군 점령하의 북한에서는 1946년 2월 김일성을 위원장으로 하는 임시인민위원회가 결성되어 3월 6일 토지개혁법령을 발표하여 한 달도 되지 않는 기간 안에 실행 완료했다. 토지개혁이 완료된 뒤 김일성을 조선공산주의운동의 최고지도자로 추대하는 작업이 본격화되었으며, 토지개혁 후 불과 4개월 사이에 북조선노동당의 당세는 10배 이상으로 확대되었다.[38] 북한 노동당은 토지개혁과 한국전쟁을 통해 지배력을 확보한 다음 1953년 농업집단화를 실시한다. 러시아 혁명 당시 볼셰비키가 토지분배를 미끼로 농민들을 선동하고 내전을 통해 독재권력을 공고화한 후 농업집단화했던 혁명전략이 북한에서 차례로 재현된 것이다.

마르크스-레닌주의 프로그램으로서의 토지개혁은 결국 집단농장

---

35) 강정구, 상게서, 296-297.

36) 김성보, 『남북한 경제구조의 기원과 전개: 북한 농업체제의 형성을 중심으로』, 서울: 역사비평사, 2000: 135-150.

37) 강정구, 상게서, 309.

38) 서동만, 『북한사회주의체제성립사 1945-1961』, 선인, 2005: 161-168.

창설과 농민동원을 통한 산업화로 전개되는 하나의 과도적 조치에 불과하다. 마르크스-레닌주의에 따른 사회주의 건설은 사유재산제뿐 아니라 의회제도와 복수정당제도도 모두 폐지한다. 이렇게 부르주아 민주주의 또는 정치적 민주주의 제도를 타도하고 사적자본을 폐지한 '사회주의' 사회는 시민사회가 자율성을 상실하는 국가사회주의 체제를 낳게 되고, 인민은 당-국가체제의 억압 아래 자유를 잃고 심한 경우 노예적 삶을 살게 되는 것이 20세기 이래 역사적 경험이다.[39]

강정구는 "남한의 농지개혁이 반봉건적 착취구조는 파괴했지만 자본주의적 착취구조는 제거하지 못했다는 의미에서 자유주의적"이라고 규정했다. 그러나 농지개혁이 창출한 한국의 농업은 영세소농으로서 도시자본과의 불평등 교환관계에 빠질 수는 있어도 생산관계에서 자본의 착취대상이 될 수는 없었다. 엄격한 소유규모 상한선의 규제로 인해 자본주의 농장으로 발전할 가능성이 차단되고 경제적 자립이 불가능하여 자유주의 정치세력을 지탱해줄 능력도 부족하다는 점에서 '자유주의적'이라고 부르기에 미흡하다.

농지개혁에 대한 자유주의적 접근을 이해하기 위해 「맨체스터 가디언」이 1945년 9월 26일 자 사설에서 전후 일본의 농지개혁에 대한 미군정의 자유주의적 동기를 소개한 글을 보자. "농지개혁은 일본개혁의 제일보이며 농민생활을 향상시키는 것은 일본의 공업에 대한 저임금노동의 급원을 단절하고 일본군의 징병력을 줄이는 것이며 한편 농민의 구매력의 증가는 국내의 수요를 증대시키고 나아가서는 대외수출과 침

---

39) 노예적 삶의 가장 전형적 예가 소련의 정치범 수용소와 북한의 관리소라 할 것이다. 북한주민의 노예적 삶에 대해서는 UN 인권이사회에서 채택된 Commission of Inquiry 2014 보고서 참조(United Nations Human Rights Council, 2014).

략을 완화하는 효과가 있다. 따라서 이 점에 대한 미국의 압박만이 일본 민주화에의 유일한 길일 것이다."[40]

「맨체스터 가디언」의 사설에 실린 논조는 당시 일본을 통치하던 맥아더 연합군 최고사령관이 읽고 농지개혁 실시를 결심하게 만든 문건에 실린 내용과 거의 일치한다. 맥아더가 1945년 11월에 읽은 문건은 점령군 사령부 자연자원부로부터 받은 애치슨-피어리 메모였으며, 이 메모의 모체는 그해 5월 1일 피어리가 작성한 일본점령정책 제안서 12와 13이었다. 제안서 12, 13은 농지개혁으로 일본인의 생활을 개선할 수 있을 뿐 아니라 극단적 민족주의의 영향을 제거하고 자유주의적 사상과 민주주의적 과정을 강화시키는 데 기여할 수 있다고 주장하고 있었다.[41]

클라이드 미첼은 신한공사 총재직을 사임한 이듬해 쓴 논문에서 "한국인 대지주들이 유용한 경제적 기능을 수행했으며, 그들의 자본과 능력이 산업 및 상업 분야로 전환될 수 있다. 그들의 토지를 몰수하거나 인위적으로 낮은 가격에 사들여서 그들을 거세할 이유가 없다"고 주장했다. 그는 미군정이 세운 토지개혁안의 상환 및 보상 가격이나 신한공사 매각농지 가격인 평년수확량의 30%도 당시 시세에 부합하여 책정했다고 밝히고 있다. 신한공사 농지 매입자 자격심사에서도 경작자의 정치성향을 제외하고 소작료 및 양곡공출 기록만을 고려했다는 것이다.[42] 경제외적 요소를 배제하고 시장가격을 존중했을 뿐 아니라 지주와 자본가를 파트너로 여기는 사고가 모두 영미전통의 자유주의적 특성

---

40) 정영일, "전후 한국농지개혁에 관한 일고찰", 『경제논집』 6(2), 1967: 95.

41) Steven, Schwartzberg, "The Soft Peace Boys: Presurrender Planning and Japanese Land Reform," *The Journal of American-East Asian Relations* 2(2), 1993: 203.

42) Clyde Mitchell, "Land Reform in South Korea," *Pacific Affairs* 22(2), 1949: 152, 145, 151.

을 보여준다.

자유주의적 토지개혁관은 한국인에게 생소한 것이었다. 일제강점기 이래 한국인이 전개해온 토지개혁사상으로는 사회주의, 사회민주주의, 사회개량주의 계통이 있을 뿐 자유주의 계통은 없었다. 사회주의 사상운동은 마르크스-레닌주의의 정치적·사상적 패권하에 다양성을 잃어갔으므로 사회주의 토지개혁은 북한에 건설된 볼세비키적 농업집단화로 귀결되었다.

사회민주주의는 원칙적으로 토지국유를 주장하지만 미국의 독립자영농 전통의 영향을 받는 사회개량주의와 함께 실학파 토지개혁론의 계승을 표방하고 소농보호정책과 협동조합론을 강조하는 등 상황에 따른 신축성을 보인다. 방기중은 두 유파의 공통성에 기반을 두어 해방 후 한국의 토지개혁론을 주도한 사회민주주의와 사회개량주의 토지개혁론자들을 중도적 입장의 진보적 민족주의 계열로 분류하고 있다.[43] 방기중의 분류에 따르면 건국강령을 기초한 조소앙, 남조선과도입법의원 토지개혁안과 신정부 농림부 농지개혁안 작성에 참여한 이순탁, 강진국 등이 모두 진보적 민족주의 계열에 속한다.

방기중은 토지국유와 무상몰수를 주장하던 개혁론자들 중 박건웅, 이순탁 등이 미군정 하 입법의원 토지개혁법안 입안에 참여하면서 유상매수의 토지개혁론으로 방향전환을 이끌었다고 분석했다.[44] 그리고 그는 "유상매수론은 그것이 어떠한 내용을 취하더라도 본질적으로 지주

---

43) 방기중, "농지개혁의 사상 전통과 농정이념", 홍성찬(편), 『농지개혁 연구』, 연세대학교출판부, 2001 : 113.

44) 박건웅은 중경 임시정부에서 활동하던 시절 김성숙과 함께 조선민족해방동맹에 속해 있었다(김준엽 1989, 135). 이순탁은 일제하 연희전문 상과 교수로서 사회민주주의, 사회개량주의 노선을 신봉했다(홍성찬 1997; 방기중 2001).

자본의 산업자본화를 수용하는 것이었고 지주세력과의 일정한 타협을 의미하는" 것이었다고 평가했다.[45]

토지국유화 포기의 이념적 성격은 무엇인가? 마르크스-레닌주의자들은 생산수단 국유화의 일환으로 토지를 국유화하지만, 사회민주주의자들의 경우는 꼭 그렇지 않다. 사회민주주의 운동은 마르크스주의 이외의 사상계보까지 포괄하며 개별국가의 상황에 따라 다양하게 발달해왔는데, 서독 사민당은 1959년 고데스베르크 강령을 채택하면서 생산수단의 국유화를 요구하는 대신 생산수단 국유화가 추구하던 목표를 다른 방법으로 달성하기 위해 노력하기로 결정하는 데 이르렀다.[46] 서독 사민당의 이 같은 진화는 민간의 대기업들이 일정한 조건하에서 공기업과 같은 기능을 하며 사회화하는 경향을 보인다는 케인스의 주장과 같은 방향으로 움직이는 것이다.

사회개량주의의 영향을 받은 이순탁은 자유주의적 요소들과 사회민주주의가 양립 가능하다고 생각했을 수 있다. 사회민주주의 유파의 조소앙도 1950년 4월 「삼천리」지에 발표한 글에서 "우리는 최초에 토지대가를 연평균 생산량의 10%을 5년 분할상환할 것을 주장했으나 15% 5년으로 낙착되었으니 소기의 목적은 달성치 못했으나 30% 10년 안에 비하면 많은 진보가 있는 것으로 본다"고 하여 토지국유제만 고집하고 있지는 않다.[47]

---

45) 방기중의 상게서, 115. 방기중은 자기주장에 대한 입증자료로 입법책임자 박건웅의 취지 설명 중 "토지개혁이라는 것은 …… 자본주의 사회발전에 있어 …… 가장 필요하고 필연적인 일로 되어 있습니다"라고 한 부분을 인용하고 있다(방기중 상게서의 각주 59).

46) Michael Reschke, Christian Krell, Jochen Dahm et al., *History of Social Democracy*, Berlin : Friedrich Ebert Stiftung, 2013 : 90-92.

47) 조소앙, "차기 총선거와 여의 정국관", 삼균학회(편), 『소앙문집』 하, 1979 : 136-137.

애초 사회민주주의적 성격을 띤 한국인 토지개혁론자들의 개념은 미군정을 거치는 과정에서 자유주의적 변용을 이뤘다고 볼 수 있다. 사회민주주의는 국가사회주의와 달리 정치적 다원주의를 허용하는 특징을 갖고 있기 때문에 자유주의와 양립할 수 있었다.

3.
국가자본, 농경민주주의 그리고 국제협력

　　이승만 대통령이 이끄는 정부는 경제적 민주주의를 국가자본 축적, 농경 민주주의 실현, 국제협력이라는 3가지 국가정책으로 개척했다. 이승만 정부의 국가자본 축적정책은 처음 귀속재산의 운영으로 시작되었으나, 전쟁파괴로 무산되자 미국의 원조 또는 국제협력을 통한 복구건설로 이어졌다.

　　식민지 축적자본으로부터 원조를 거쳐 차관자금으로 이어지는 투자재원들은 모두 내포적 발전과 반대되는 외연적 발전에서 주된 역할을 하게 된다. 내포적 발전은 불가피하게 원시적 자본축적과 그에 수반하는 착취와 억압을 겪게 된다. 중경 전통의 경제적 민주주의는 계급전쟁을 예방하기 위해 원시적 자본축적을 국제자본 협력으로 대체하는 전략 위에 서 있다.

　　이승만의 초대정부는 농지개혁을 통해 영세가족농체제를 창출했다. 농지분배가 만료되는 시점에 남침전쟁이 발발하자 정부는 농지개혁 후속조치들을 전시경제 속에 진행할 수밖에 없었고, 그 와중에 지주계급은 산업자본가로 변신하지 못하고 소멸되어버렸다. 경작농민들은 소작료 부담에서 해방되었지만 분배농지의 규모가 영세하여 경제적 자율성 획득에 한계가 있었다.

한국에 조성된 농경 민주주의의 특징을 알아보기 위해 미국의 그것과 비교해보자. 미국의 농경 민주주의가 서부개척을 통한 토지공급에 의해 형성되었다면, 한국의 농경 민주주의는 국가에 의한 농지 재분배를 통해 실현되었다. 미국의 자영농민들이 충분히 넓은 토지를 경영하여 '독립자영농'이라 불렸다면, 한국의 농지개혁으로 창출된 자영농민들은 농가규모가 영세하여 경제적 독립성이 취약했다. 독립자영농이 유권자의 다수를 점하는 초기 미국의 조건은 자유주의 정치에 친화적이었다. 경제적으로 정부의존도가 높은 농민들이 유권자의 다수를 점하는 초기 한국의 조건은 권위주의 정치에 친화적이었다. 농경 민주주의와 권위주의가 결합되는 한국적 정치현상은 이승만 대통령 시절 시작되어 박정희 대통령 시대로까지 이어진다.

이승만 대통령이 이끈 초대정부는 다수의 소농이 농촌경제를 지배하고, 정부기업들과 민간기업이 도시에 공존하는 혼합경제를 건설했다. 다음 장에서는 정부기업들과 소농체제가 박정희 정부에 국가주도적 산업화와 장기적 정치안정의 조건으로 작용하게 된다는 설명을 개진할 것이다.

이승만 대통령은 전후복구 과정에서 한국경제가 일본산업의 소비시장화하는 것을 용납하지 않고 독자적 산업건설을 추진했다. 이승만 대통령의 경제적 지도노선은 헌법에 담긴 경제적 민주주의 개념에 의해 정당화되었으므로 한국 정부의 경제관료들도 미국의 경제안정 강조 주장에 굴하지 않고 생산기반 구축과 국가자본 축적을 위한 노력을 굽히지 않았다.

한국헌법상의 경제적 민주주의 개념으로 볼 때, 미국은 자유주의 전통, 한국은 중경 전통에 속하여 상호 이질성이 있어 경제원조를 둘러싼 두 나라의 협력관계에는 모순과 갈등이 끊이지 않았다. 그럼에도 불구하고 한국 정부 내 부흥부 관료들은 전쟁으로 상실한 기간산업의 재건을 위해 주어진 한계 내에서 노력할 수 있었다. 중경 전통의 경제적 민주주의가 자유주의 가치들을 부정하지 않기 때문에 한미관계는 많은 갈등에도 불구하고 장기적 협력의 틀을 유지할 수 있었다고 볼 수 있다.

주권국가들 간에 이뤄지는 국제협력이란 본질적으로 갈등이 없는 상태를 의미하지 않는다. 상호의존이 심화할수록 갈등발생의 빈도도 증가한다. 갈등의 증가에도 불구하고 정책조정을 통해 공통이익을 찾아가는 국가 간의 인위적 노력이 국제협력이다.[48] 한미 양국은 휴전협상을 둘러싸고 생겨난 양국 간의 갈등이 첨예하게 드러난 상황에서 상호 간 정책조정을 통해 상호방위조약을 체결함으로써 협력의 제도화에 도달했다. 한미동맹이라는 제도 속에서 진행된 이승만 정부의 전후복구는 국제자본의 협력을 통해 근대화한다는 중경 전통의 경제관이 실현되는 사례를 구현해내게 되었다.

한국은 한국전쟁 당시 공산세력의 침략에 항거하여 무력항쟁할 때나 전후복구와 산업화 과정에서 미국을 비롯한 서방진영과 국제협력의 역사를 쌓아갈 수 있었다. 표면적으로 보면 우리가 일방적으로 서방국가들의 군사적 · 경제적 원조를 받은 것으로 보이지만 수원국에게도 고유의 국가이익과 정책이 있으므로 원조국과의 정책조정을 통해 공통이

---

48) 국제협력의 정의에 대해서는 Robert O. Keohane, *After Hegemony: Cooperation and Discord in the World Political Economy*, Princeton : Princeton University Press, 1984 : 51-55 참조.

익을 찾지 못하면 장기적 국제협력이 불가능해진다. 다시 말해, 한국이 전쟁, 전후복구와 산업화 과정에서 장기간에 걸쳐 서방국가들과 국제협력을 유지해왔다는 것은 한국과 서방국가들 간에 공통이익이 발견되고 개발되어왔다는 것을 의미한다. 한국과 서방국가들 간의 공통이익이란 무엇이었는가?

미국 정부는 한국 정부가 수립되던 해부터 마셜플랜에 따른 유럽 부흥계획을 실행하고 있었다. 트루먼 행정부는 동서냉전이 시작되자 소련의 위협에 대응하기 위해 서유럽 국가들로 하여금 좁은 의미의 국가이익 경쟁에서 벗어나 공동의 시장과 공동의 이익을 찾도록 독려했다. 서유럽 국가들은 유럽경제협력기구(OEEC, 오늘날의 OECD)를 조직해서 수원국가들 상호 간의 이익갈등을 조정하며 복구계획을 세워서 미국의 도움을 요청했다. 미국의 공공차관이 서유럽에 공급되면서 서유럽은 전후복구에 성공했을 뿐 아니라 서유럽, 북미와 일본을 포괄하는 개방경제권이 형성되었다.

미국은 서방을 대표하는 패권국이라는 지위에서 나오는 영향력을 사용하여 북미와 서유럽 그리고 일본을 포괄하는 서방 국제사회를 건설했다. 서방 국제사회는 명령-복종이 아니라 규칙에 기반을 둔 자유주의 질서로 구성되었다. 서방 선진국들은 규칙에 기반을 둔 질서 속에서 자유무역과 군사동맹을 운영했다. 마셜플랜 계획자들은 군사동맹과 자유무역을 민주주의를 지키고 번영시키는 수단으로 인식했다.

스탈린은 마셜플랜을 미국의 제국주의 음모라고 비난했다. 프랑스와 이탈리아를 중심으로 서유럽 내에서도 스탈린을 추종하는 공산주의자들이 활동하고 있었는데, 그들은 마셜플랜에 반대하며 계급투쟁 노선을 고집했다.

마셜플랜은 새로운 기술의 적용으로 생산성을 높임으로써 모든 사회계층의 생활수준을 개선한다는 개념 틀 속에서 운영되었다. 루스벨트 대통령이 이끄는 미국의 민주당 정부는 1930년대 대공황 당시 노동자·농민의 이익을 보호하는 뉴딜정책을 시행했지만 자본가와 시장자유주의자들의 반대에 부딪쳤다. 미국의 경제와 사회는 뉴딜정책을 통해 대공황의 위기를 넘길 수 있었지만, 제2차 세계대전이 발발할 때까지 경제적 침체를 극복할 수 없었다. 미국인은 유럽대륙의 전쟁으로 인한 전시수요 급증에 대응하는 과정에서 신기술을 산업에 적용하여 생산성을 높이는 방법으로 전 국민의 생활수준이 개선되는 경험을 했다.

　　미국 정부가 생산성과 성장을 강조하는 마셜플랜을 제시하자, 서유럽 노동계에서는 마셜플랜에 협조할 것인가 반대할 것인가의 문제로 논쟁이 벌어졌다. 미국 관리들은 서유럽 제국(諸國)에서 생산성과 성장 정책에 동의하는 사회민주주의자들을 포함하는 민주주의 연합을 규합하기 위해 노력했다. 마셜플랜은 경제성장으로 계급갈등을 극복하자는 개념 위에서 시행되었다.[49]

　　마셜플랜에는 1949년부터 공산세력으로부터의 위협에 직면하여 자유를 지키려는 비유럽 국가들에 대한 지원사업이 부가되었는데, 그에 따라 한국도 경제협력청(ECA)이 주관하는 원조를 받게 되었다. ECA는 마셜플랜 원조를 집행하는 미국 국무성 산하기관이었다. ECA 원조는 한국전쟁 발발로 전시원조로 바뀌었다가 정전협정 체결 후 전후복구 원조가 재개되자 해외운영청(FOA), 국제협력청(ICA) 등 국무성 산하 ECA

---

49) Charles S. Maier, "The Politics of Productivity: Foundations of American International Economic Policy after World War II," Peter J. Katzenstein (ed.) Between Power and Plenty: Foreign Economic Policies of Advanced Industrial States, Madison: The University of Wisconsin Press, 1978.

후속 기관들이 한국 활동을 재개했다. 한국의 전후복구를 위한 생산성과 성장을 강조하는 마셜플랜의 개념 틀 위에서 집행되었다.

계급전쟁을 피하기 위해 경제적 민주주의를 시행한 한국 정부 지도자들은 계급갈등을 효율, 생산성, 성장으로 극복하려는 마셜플랜의 접근법에서 이익의 공통분모를 찾기가 어렵지 않았을 것이다. 우선 계급갈등을 극복의 대상으로 인식한다는 점에서 두 나라 지도자들은 이익의 공통분모를 공유하면서 출발했다. 다음으로 미국 정부는 서유럽에서 사회민주주의자들을 포함하는 중도파 정치노선에서 마셜플랜의 파트너를 찾았다. 따라서 미국 정부가 경제적 민주주의를 추진하는 한국 정부를 마셜플랜의 파트너로 인식하지 않을 이유가 없었다. 한국 정부는 건국 초 농지개혁을 시행해서 농촌을 소규모 가족농이라는 단일계급 사회로 만들고, 도시 노동자들을 공산당 독재에 반대하는 대한노총으로 조직하여 마셜플랜이 추구하는 중도적 정치환경을 조성하고 있었다. 한국 정부는 단지 중요한 지하자원과 산업의 국공영을 규정한 헌법 제85조, 제87조가 투자유입을 방해한다는 미국 측의 우려에 대해 1954년 개헌으로 해당 부분들을 삭제했을 뿐 중요산업들의 국공영 상태는 실질적으로 계속 유지되었다.

효율과 생산성을 강조하는 미국 정부 관리들과 산업건설 투자를 앞세우는 한국 정부 관리들 사이의 이익갈등은 계속 내연했다. 한국 정부는 국가자본의 건설을 서둘렀지만, 미국 정부 관리들은 "전쟁으로 파괴된 산업을 재건하는 서유럽과 달리 일본 식민통치를 겪는 동안 관리, 경영, 기술직을 독점했던 일본인이 귀국한 후 산업능력 자체가 결여된 한국의 경우 시설투자보다 능력개발이 우선되어야 한다"는 입장을 견

지했다.[50]

1950년대 한국 정부는 원조물자의 25% 정도에 그친 계획원조로 획득한 시설재를 바탕으로 제조업 건설에 노력했지만, 다른 한편으로 보면 그때 미국 정부가 소비재 부족을 원조로 메우지 않았다면 사회적 안정을 유지하기 어려웠을 것이다. 소비재 원조로 도시사회의 안정이 유지되는 환경에서 농지개혁으로 소작료 부담을 덜은 경작농민들의 교육열이 발휘되어 1950년대 교육성장이 실현되었다. 이때의 교육성장으로 1960년대 본격적인 산업건설 능력이 준비되었다고 본다면, ECA 관리들의 자유주의적 판단에 타당성이 있었다고 인정해줄 수 있다. 또 75%에 달하는 비계획원조에 포함된 밀가루, 설탕, 원면을 바탕으로 민간기업들이 성장했다. 효율과 생산성을 강조한 미국 원조당국의 정책이 민간과 시장부문의 능력을 강화시켜 국가자본 축적을 강조하는 경제적 민주주의와 상호보완하면서 혼합경제로서의 균형을 유지할 수 있게 해

〈표 4-5〉 학생 수 증가(1954~1959년)

(단위: 명, %)

구분	초등학교	중·고등학교	전문대학/대학교
1954	2,678,978	632,694	64,052
1959	3,558,142	743,550	80,433
증가분	879,164	110,856	16,381
증가율(%)	32.8	17.5	25.6
연평균증가율(%)	6.6	3.5	5.1

출처: 통계청 자료를 바탕으로 작성

---

50) Harry Bayard Price, *The Marshall Plan and Its Meaning*, Ithaca : Cornell University Press, 1955 : 194–200.

주었다고 볼 수 있다.

효율성을 강조한 ECA 관리들의 판단과 경제적 민주주의를 추구한 한국 정부 지도자들 사이에 갈등이 끊임없이 이어졌지만, 두 나라 역대 정부들은 정책조정을 통해 공통이익을 찾아나가며 한국의 산업화를 실현했다. 1950년대 한국 정부는 소비재 위주로 구성된 미국의 원조를 활용하여 사회적 안정을 유지하면서도 기간시설과 제조업 건설에 노력했다. 미국 정부는 1960년대 초부터 DLF로써 개발차관을 제공하여 한국 정부의 산업건설 열망에 호응했다.

이런 장기적 국제협력은 미국의 마셜플랜과 한국의 경제적 민주주의 사이에 이념적 공통점이나 친화성이 존재했기 때문에 가능했다. 양자는 중도적 정치환경을 조성하여 계급갈등을 극복하고 계급전쟁을 방지하려는 전략적 이익을 공유할 수 있었다.

마셜플랜이 시행되면서 첫 2년간 서유럽에서 괄목할 만한 성과를 거두는 것을 시기심 가득한 눈으로 바라보고 있던 스탈린은 김일성을 움직여 한반도에서 전쟁을 일으켰다. 미국은 스탈린의 침략전쟁을 저지하기 위해 유엔군을 조직하는 데 마셜플랜 수원국들의 적극적 지지를 받았다.

한국을 지원하기 위해 동원된 미군은 많은 전쟁물자를 일본에서 조달하며 일본산업의 부흥을 지원하게 되었다. 스탈린은 미국의 영도하에 서유럽이 정치적으로 단결되고 경제적으로 부흥하는 추세를 무너뜨리기 위해 김일성을 부추겨 남침전쟁을 일으켰지만, 결과적으로 서유럽 국가들뿐 아니라 일본경제까지 부흥하여 서방진영이 더 커지게 만드는 결과를 낳게 된 것이다.

미국은 마셜플랜을 통해 서방진영 내의 국제협력을 촉진시켰다.

스탈린이 마셜플랜으로 서방진영이 단합하고 번영하는 추세를 단절시키려는 의도로 한반도에서 전쟁을 일으키자 서방진영은 단합된 모습으로 한국에 군사적 지원을 제공하여 공산세력의 팽창을 저지했다. 휴전 이후 서방진영의 국가들은 한국에 안보적·경제적 협력을 제공했고, 한국은 서방국가들과의 협력을 활용하여 민주공화국을 지키고 산업건설에 성공함으로써 서방진영의 냉전승리에 기여했다. 한국과 서방진영 국가들은 정책조정을 통해 이익의 공통분모를 만들어내는 상호 협력관계를 장기간에 걸쳐 일궈낸 것이다.

V

산업화와
경제적 평등

이승만 대통령은 1960년 4월 19일 대중시위에 이은 유혈사태 발생에 책임을 지고 하야했다. 1960년 4·19혁명으로 이승만 정부가 붕괴하고 민주당 정부의 자유로운 분위기 속에서 지식인들은 국가발전의 방향을 두고 공개토론을 벌이게 되었다. 당시 자유주의적 지식인들의 대표적 논단이었던 「사상계」에 실린 국가발전노선에 대한 논쟁들은 경제번영의 건설과 국민성의 개조라는 두 가지 문제에 집중되었다.[1]

이창열 등 「사상계」에 기고한 경제전문가들은 "경제번영을 위해서는 자유시장경제의 원리를 어기더라도 국가가 전략산업을 집중지원해서 완전고용을 목표로 불균형적 발전을 성취하자"고 하며 국가의 적극적 역할을 주문했다. 또 미국의 산업적 필요에 따라 제공되는 원조가 우리 경제의 예속성만 강화시킨다고 비판하며 장기적 경제개발계획의 수립을 요구했다. 이들 자유주의적 지식인들이 펼쳤던 민족주의적 개발론들은 우리 헌법 경제조항이 담고 있던 경제적 민주주의와 논리적 일관성을 띠고 있었다.

앞서 설명한 바와 같이 초대헌법의 기초자 유진오는 헌법 제84조에 나오는 "균형있는 국민경제의 발전"이라는 구절이 국가가 어떤 부문의 산업을 진흥하기 위해 조정에 나설 수 있다는 것을 의미하는 것으로 설명했다. 자유주의자 허정은 "건전한 민족자본과 기업윤리가 형성될 때까지 중요산업의 국영 또는 통제관리를 잠정적으로 실시"한다고 말했다. 한민당 자유주의자들이 갖고 있던 국가의 보호자적 역할 개념과 헌법상의 경제적 민주주의가 민족주의적 명분으로 수렴하는 현상을 볼 수 있다.

---

1)   김형아, 『유신과 중화학공업: 박정희의 양날의 선택』, 일조각, 2005: 89-105.

민주당 정부가 정치안정을 회복하지 못하자, 이듬해 5월 발생한 군부 쿠데타로 헌정질서가 중단되었다. 군사정부는 1962년 다시 개헌하여 대통령제를 회복한 후 선거를 통해 1963년 박정희의 공화당 정부가 등장했다.

1961년 박정희 소장의 지휘하에 쿠데타를 일으킨 군부집단은 박정희 자신을 포함한 다수가 빈농 출신의 사회적 배경을 가진 사람들로 구성되어 있었다. 헌정질서를 무력으로 중단시키면서 중앙정치 무대에 등장한 그들은 빈곤 척결과 조국 근대화를 국가목표로 내세우는 정부를 창출해냈다.

군부 출신의 새로운 정치세력은 집권 초 안정과 질서를 회복하기 위해 정치활동의 자유를 제한하고 사회안전사범들을 긴급체포했다. 정치적 민주주의와 인권보호제도를 제한하면서까지 경제발전의 전제조건인 안정과 질서를 확보한 셈이다.

신흥 엘리트들이 어린 시절 겪었던 빈곤체험이 박정희 정부에 경제개발을 추진하는 동인(動因)을 제공하고 있었지만, 그들 역시 주어진 조건 속에서 경제개발을 추진할 수밖에 없었다. 그들에게 주어진 조건이란 주로 이승만의 자유당 정부로부터 계승된 역사적 유산에 의해 정해졌다.

이승만 시대 정부는 전후복구 과정에서 기간산업 부문을 중심으로 공기업 형태로 국가자본을 축적했다. 이 공기업들은 박정희 정부에 국가주도 경제개발을 추진하는 데 필요한 물질적 기반을 제공했다. 박정희 정부가 처음 부패기업인으로 구속했다가 나중에 국가주도적 경제개발의 동반자로 인정한 민간 기업인들 역시 이승만 행정부로부터 불하받은 귀속재산들을 바탕으로 성장한 사람들이었다.

이승만 시대 정부는 농지개혁을 통해 한국 농촌사회에 자작 소농체제를 창출했다. 농지개혁으로 창출된 수많은 소규모 가족농들이 전쟁기의 현물세 부담과 전후 농업 침체로 인해 재정파탄에 몰리기도 했지만, 수천 년 동안 농촌사회를 지배해오던 전통적 지주계급은 이미 농촌사회에서 거세된 상태였다. 박정희 정부는 농촌 지주세력의 정치적 견제로부터 자유로운 입장에서 근대화를 추진할 수 있었다.

이승만 대통령은 휴전협정을 받아들이는 대가로 한미동맹을 결성해냈다. 한미동맹체제 속에서 한국과 미국은 안보 및 경제협력을 제도화하고 미군이 남한에 주둔하며 한미동맹을 담보한다. 이승만 행정부가 전후복구를 위한 원조자금 운용을 위해 한미 간에 합동경제위원회(CEB)를 설치하여 경제정책 결정과정에 대한 미국 정부의 개입을 받아들였듯이, 박정희 행정부도 미국이 제공하는 원조와 차관자금에 의존하는 동안 경제정책 결정과정에 대한 미국 정부의 개입을 용인할 수밖에 없었다.

박정희 행정부에 주어진 이승만 행정부의 유산은 국가자본, 소농체제, 한미동맹체제로 집약된다. 박정희 정부에 주어진 이 3가지 요소 또는 제도는 중경 임시정부 건국강령이 계획했던 중요사업의 국공영, 토지개혁, 국제협력이 이승만 정부에 의해 실천된 결과물들이었다고 할 수 있다. 3가지 유산은 박정희 정부로 하여금 경제개발을 추진할 수 있는 기반을 제공하는 동시에 박정희 정부의 행동을 제약하는 요인으로도 작용하게 된다.

대한민국 헌정질서는 정치적 · 경제적 · 사회적 민주주의를 실현하겠다는 정신 하에 건립되었다. 군부 출신 신흥 엘리트들은 그 자신들의 사회적 출신배경만으로도 한국 민주주의의 평등가치를 담지하는 측면이 있었지만, 그들의 정치입문이 헌정질서의 무력중단을 통해 이뤄졌기 때문에 민주주의를 권력정당화의 명분으로 사용하기 어렵게 되었다.

박정희 정부는 중경 전통의 경제적 민주주의 유산을 국가자본, 소농체제, 국제협력 등의 모습으로 계승하는 조건에서 경제개발을 추진했지만, 이승만 대통령의 카리스마를 뒷받침하던 독립운동 경력을 갖추지 못한 사정으로 인해 임시정부 건국강령이나 제헌헌법으로 표상되는 건국정신마저 권력정당화의 명분으로 활용할 수 없었다.

군부 출신 신흥 엘리트들은 개인적 경력을 통해 임시정부와 연결되지 않았지만, 이승만 행정부 하에서 참전용사로서 군부경력을 쌓았다. 그들은 계층적으로 자유당 정부나 민주당 정부 시대의 정치인들과 출신배경이 다르지만 자유당 정부 하의 군대에서 경력을 쌓았기 때문에 그들이 추진한 경제개발 정책은 이전 정부들의 경험을 계승하게 되었다. 그들은 임시정부의 건국개념을 직접적으로 계승하지는 못했지만 이전 정부의 정책경험을 계승하는 과정에서 중경 전통의 경제적 민주주의와 체험적으로 연결되어 있었다.

중경 전통의 경제적 민주주의는 군부 출신 신흥 엘리트들에게 자기들 것이라고 자랑하기에 어색한 요소였으면서도 정책추진의 현실적 환경조건으로 작용했다. 그들은 주어진 조건 속에서 스스로의 정치적 생존을 이어가기 위해 몸부림치는 과정에서 조국 근대화를 성취했다.

1.
수출주도형 산업화

박정희 소장이 이끄는 군사평의회는 제1차 경제개발 5개년 계획을 작성하여 1962년부터 시행하기 시작했으나 자금난을 극복하지 못하고 1964년에 계획 자체를 대폭 수정하는 혼란스런 모습을 보여주었다. 제1차 경제개발 5개년 계획은 애초 자립적 민족경제 건설을 목표로 세우고 농업, 에너지, 기간산업과 중화학공업에 우선 투자하여 철강, 기계, 선박, 전기, 화공약품 등을 생산해내겠다는 내용을 담고 있었다.

미국 정부의 원조기관들은 박정희 정부에 대해 "중화학공업에 대한 투자와 융자를 포기하지 않으면 경제원조를 제공할 수 없다"고 압박했다. 이승만 행정부의 국가자본축적 정책이 자원의 효율적 이용과 경제적 안정을 손상시킨다고 비판해온 미국 정부 관리들은 새로 들어선 군사정부에 대외개방적이고 시장친화적인 정책개혁을 채택하도록 압박했다.

한국전쟁 당시 이승만 대통령의 군사작전권 이양에 따라 유엔군 사령관 겸 주한미군 사령관은 남한 내 모든 군 병력에 대한 통제권을 갖고 있었다. 미군 사령관 카터 매그루더(Carter Magruder)는 주한미군의 목전에서 한국군이 쿠데타로 입헌정부를 타도한 사실에 당황하지 않을 수 없었다.

매그루더는 쿠데타 주모자들이 한국군 내에서마저 고립된 소수집단에 불과하다는 것을 알고 나서 한국군을 동원하여 진압하려고 했다. 그러나 장면 총리는 가톨릭 수녀원에 숨어 있었고, 윤보선 대통령은 사태를 평화적으로 수습해야 한다며 매그루더나 한국군 야전 지휘관들에게 쿠데타 집단에 적대적 행위를 하지 말라고 강조했다. 쿠데타 집단은 1962년까지 윤보선 대통령을 옹립하면서 자신들의 통치를 정당화하는데 이용했다.

매그루더 사령관의 쿠데타 진압시도가 좌절된 후, 미국의 케네디 대통령은 2,500만 달러의 대한(對韓) 원조자금을 동결시키며 쿠데타 집단에게 가능한 한 빠른 시간 내에 군사통치를 끝내라고 종용했다.[2] 박정희 군사평의회 의장은 구금된 정치인들을 석방하고 민간정부 이양 약속을 발표한 후 1961년 11월 워싱턴에서 케네디 대통령과 정상회담을 가졌다.

박정희 의장에게는 1962년에 시작되는 경제개발 5개년 계획에 필요한 외화조달을 위해 미국의 협력이 절실히 필요했다. 쿠데타 자체의 존재이유와 박정희 의장의 정치적 미래 전부가 경제개발 실적에 달려 있는 상황이었다. 하지만 미국 원조기구들은 군사정부에게 자유시장 원칙보다 내포적 산업화, 국가개입과 경제적 민족주의에 기반을 두어 작성된 경제개발계획의 수정을 요구했다.

---

2)   Jung-En Woo, *Race to the Swift: State and Finance in Korean Industrialization*, New York: Columbia University Press, 1991: 106.

박정희 의장은 케네디 대통령과의 정상회담이 경제원조로 이어지지 않는다는 것을 알고 나서 미국의 정치적·경제적 자유화 요구를 외면하고, 야당 정치 지도자들의 정치활동을 다시 금지시킨 다음 1962년 여름 화폐개혁을 단행했다. 군사정부는 화폐개혁을 통해 투자기금을 마련하겠다는 의도로 암시장 화폐거래 정지를 명령했다. 이승만 행정부 말기에 민영화된 은행들은 쿠데타 직후 이미 군사정부에 의해 모두 국유화 조치된 상태였다.

그러나 6월 10일 화폐개혁과 비생산적인 통화의 중지를 선언한 군사정부는 7월 13일에 구폐를 신폐로 교환하는 것을 제외한 모든 정책조치를 무효화시키고 말았다. 미국 정부가 모든 경제원조를 중단하겠다고 위협하자 사업가들이 보유통화를 제출하라는 정부의 명령에 따르지 않았고, 야당 지도자들은 군사통치의 종식을 요구했다.

화폐개혁 실패로 민족주의적 경제개발계획을 실행할 수 있는 마지막 선택지를 잃고 난 박정희 의장은 국내정치와 경제정책에 대한 미국 정부의 조언 또는 간섭을 받아들이지 않을 수 없게 되었다. 박정희 정부는 애초 작성하여 추진 중이던 경제개발계획을 대폭 수정한 후에야 미국 정부의 협조를 얻어낼 수 있었다. 수정된 경제개발계획에서는 애초 연평균 7.1%로 잡았던 경제성장률 계획을 5%로 낮추고 중공업 프로젝트가 삭제되었다. 그 대신 경제안정화, 민간투자와 국제적 비교우위론에 따라 노동집약적인 경공업이 강조되었다.

1964년에 일어난 제1차 경제개발 5개년 계획의 수정은 한국경제에 있어 내포적(內包的) 공업화로부터 외연적(外延的) 산업화, 반(反)식민주의적 경제철학으로부터 신고전학파 경제원칙으로 전환하는 계기가 되었다.[3] 그러나 국가는 외연적 산업화 과정에서도 신고전학파 경제학이 금지하는 시장개입적 자세를 버리지 않았다. 한국의 수출주도형 산업화는 한편으로 신고전학파 경제학에 기반을 두어 국제시장을 공략하는 외연적 산업화를 추구하면서도 다른 한편으로 시장에 대한 지배를 통해 자기이익을 추구하는 발전국가(develomental statism)라는 양면을 함께 지니게 되었다.

박정희 후보는 1963년 선거에서 야당의 분열에 힘입어 간신히 대통령에 당선되었다. 이렇게 시작된 박정희 행정부 1기 동안 민족주의적이고 자조적인(self-reliant) 전략에서 수출주도형 전략으로 경제개발 과정의 변경이 일어나고 1965년부터는 눈에 띄는 실적을 올리게 되었다. 쿠데타 직후 농업개발에 주어졌던 비중은 이 기간 동안의 변화로 대폭 완화되었다.

미국 정부가 오랫동안 한국 정부에 요구해온 사안으로 일본과의 국교정상화가 있었다. 한국 정부가 노동집약적 경공업 위주의 수출주도형 산업화에 나섰다는 것은 곧 중간재와 자본재 수입시장을 개방한다는 것을 의미했다. 미국 정부가 한국 정부에 정책전환을 요구한 이면에는 한국 정부가 일본으로부터 중간재와 자본재를 수입하여 소비재를 생산하여 수출한다는 국제적 분업과 통합의 개념이 전제되어 있었다. 미국이 양자적 안보조약을 맺고 있는 한국과 일본에게 경제와 안보를 포괄하는 상호협력을 촉구하는 것은 동아시아 반공전선 유지에 중요한 사안

---

3) 여기서 필자는 '내포적 공업화'라는 용어를 한국인이 그런 관념을 가지고 제1차 경제개발계획을 작성했다는 의미로 사용했다. 당시 수입대체 공업화를 추진하던 남미 국가들이나 인도 등은 광물자원이나 농산물을 수출해서 기계, 설비의 수입에 필요한 외화를 획득할 수 있었다. 이런 나라들에 대해 내포적 공업화라는 표현을 쓸 수 있다면, 한국의 경우는 엄밀한 의미에서 내포적 공업화를 할 수 있는 조건도 갖추지 못했다.

이었지만, 역대 한국 정부들은 반일(反日)과 반(反)식민주의 성향이 강했던 한국인의 감정을 거스르는 한일 국교수립에 소극적이었다.

박정희의 공화당 정부는 1965년 한일 국교정상화 협상을 타결했을 뿐 아니라 월남전 파병까지 결행해서 미국의 전략적 이익을 적극적으로 만족시켜주었다. 박정희 정부는 국교정상화의 대가로 일본으로부터 제공된 경제협력 차관을 포항제철에 투자했다. 월남전 파병에 따른 미국의 군사원조도 지원되었고 파월장병들의 월급과 월남진출 한국기업들의 군수용품 수출효과 등도 1960년대 후반기 경제성장의 불을 지피는데 기여했다.

한일 국교정상화 협상과 월남전 파병에 대한 대학과 지식인 사회의 반대가 심해지자 정부는 계엄령으로 진압했다. 박정희의 공화당 정부가 냉전구도의 국제정치적 책략을 통해 수출주도형 산업화를 추진하는 동안 언론, 대학, 지식인들로 대표되는 도시 자유주의자들 사이에서는 수출주도형 산업화 자체에 대한 반대세력이 형성되었다. 박정희 정부는 국가와 도시 시민사회 사이에 적대관계가 형성되면서 권위주의적 성격을 강화해나갈 수밖에 없었다고 볼 수 있다.

국가는 국제적 책략의 대가로 획득한 외자를 국내기업들에 선별적으로 지원하는 과정에서 재벌들의 성장을 후원하게 되었다. 재벌들은 국가로부터 재정적 이익을 획득하기 위해 수출에 집중했다. 선진국들에서 자본주의가 번영하던 1960년대 기간 동안 국제시장이 꾸준히 팽창해가면서 한국의 수출주도형 산업화도 순항했다.

실질임금도 점진적으로 올라가서 임금노동자들의 생활도 개선되어갔으며, 국제안보상황도 안정적이었다. 수출주도형 산업화가 순항한 덕에 박정희 대통령은 1967년 선거에서 도시와 농촌을 가릴 것 없이 야

<표 5-1> 1962~1969년 제조업에서의 실질임금과 생산성의 성장률

연도	실질임금 성장률	생산성 성장률
1962	- 1.2	2.4
1963	- 7.9	10.0
1964	- 6.5	8.8
1965	0.8	17.5
1966	10.9	4.0
1967	10.9	17.7
1968	14.1	19.9
1969	19.3	26.5

출처: 경제기획원, 『한국통계연감』 1980 자료를 기초로 재구성(1970년 소비자 가격지수 기준)

당 후보를 압도하는 승리를 거뒀다.

　한국이 발전해나갈 환경을 조성한 국제정치적 안정은 1960년대 말에 와서 흔들리기 시작했다. 1969년 아시아로부터 미군의 철수를 뜻하는 닉슨 독트린이 발표되었다. 미국의 한국에 대한 군사적 개입 축소는 한국의 경제발전에 대한 미국의 지원의지 약화로 이어질 수밖에 없었다.

　닉슨 대통령은 또 1971년 8월 행정명령 11615를 발동하여 달러의 금태환을 중지시켰다. 전후 국제통화질서를 지탱하던 브레튼우즈 체제(Bretton Woods system)가 사실상 붕괴한 것이다.

　주한미군을 철수하기 시작한 닉슨 행정부는 한국의 입헌민주주의에 관심을 기울이지 않았다. 미국의 대아시아 개입축소는 한국의 대미(對美) 자율성(autonomy)이 커지는 것을 의미했다. 박정희 대통령은 1969년에 3선 개헌을 하고 1972년에 유신헌법을 선포해서 대통령 임기 제한을 없애버렸으며, 1973년 1월 30일에는 중화학공업화를 선언했다. 1973년부터 1981년까지 철강, 기계, 조선, 전자, 화학 및 비철금속 공업의 건설을 위해 대략 96억 달러를 투자할 것으로 예상되었다.

한국 정부는 비교우위론에 배치되는 중화학공업화를 적극적으로 추진하기 위해 선별된 기업들에게 지정된 업종에 대한 대규모 투자를 명령했다. 기업들은 위험부담을 두려워하면서도 정부의 명령에 따르면서 외화대출, 시장독점적 지위, 행정지원 등의 혜택을 누리며 재벌그룹으로 성장해나갔다.

한국 정부 정책결정자들은 브레튼우즈 체제의 동요, 석유와 식량에 대한 국제시장가격의 급등, 미국의 데탕트 외교 등 국제정세의 지각변동에 직면하여 신고전학파 경제이론의 적실성에 회의를 품고 1960년대 초 정책전환 이전의 민족주의적 경제개발관으로 되돌아간 것을 볼 수 있다. 하지만 한국 정부는 1973년 이전에 이미 대규모 제철 · 조선산업 육성을 위한 조치들을 취해왔고, 울산 중화학공업단지 개발도 준비하고 있었다.

대규모 제철소 건설안의 경우는 애초 1961년과 1962년에 연간 생산능력 30만 톤 규모로 제안되었다가 외자조달에 실패한 후 1967년에 다시 60만 톤 규모로 추진되어 국제차관단과 기본합의서를 체결하고 1968년 4월에 포항종합제철회사로 창립했다. 포항종합제철회사는 다시 세계은행과 미국 수출입은행에 차관신청을 냈다가 1969년 4월 거절 당했다. 결국 한국 정부는 대일청구권 자금의 상당 부분을 제철공장 건설에 배분하고 일본 정부로부터 상업차관 도입에 대한 합의를 이끌어내고 나서야 1970년 4월 1일 공사에 착수하여 1973년 7월 3일 연간 생산

능력 103만 톤 규모의 제철소를 완성할 수 있었다.[4]

한국 정부는 포항제철소 건설에 착공한 1970년부터 기계공업 육성 계획을 작성하는 한편 현대그룹에 최대 20만 톤급 선박 생산능력을 갖춘 조선공장 건설을 주문했다. 현대그룹의 정주영 회장은 현대건설회사에 조선담당부를 설치하고 해외기술 도입을 위한 끈질긴 접촉과 시행착오 끝에 1971년 9월 스코틀랜드의 선박설계회사 및 조선회사와 설계 및 라이선스 계약을 체결하고, 10월 그리스 선주로부터 수주를 받아 국제차관단과 차관계약을 체결하는 데 성공했다. 이렇게 해서 1972년 3월 미포만에서 50만 톤급 조선능력의 조선소 건설이 시작되었다. 미포 조선소는 1973년 12월에 현대조선중공업회사로 창립되고 후에 현대중공업회사로 발전해나갔다. 현대중공업의 성공에 이어 대우와 삼성도 조선소 운영에 가세하면서 1981년까지 한국은 연간 400만 GT(Gross Tons)의 생산능력을 갖춘 세계적인 조선공업국으로 성장했다.

포항제철과 현대조선의 건설과정을 보면 박정희 행정부의 중화학공업 진출이 포항제철이 생산하는 철강을 바탕으로 하는 연관산업 건설일정으로 1973년의 공식적 중화학공업화 선언 이전에 이미 진행되고 있었던 것을 알 수 있다. 이승만의 자유당 정부와 마찬가지로 박정희의 공화당 정부도 소비재 산업에 만족하지 않고 중간재와 자본재 생산에 대한 애착을 가지고 국제자본의 협력 통로를 찾기 위한 노력을 중단하지 않았다.

---

4) 대일청구권자금은 양여금 3억 달러와 공공차관 2억 달러로 구성되어 있는데, 이 중 양여금의 10.3%에 해당하는 30,799,966달러와 공공차관의 44.3%에 해당하는 88,679,926달러가 포항제철 건설에 사용되었다. Suk Tai Suh, *Statistical Report on Foreign Assistance and Loans to Korea 1945-75*), Seoul : Korea Development Institute, 1976 : 79-82, Table v-2, v-3.

이승만 행정부와 박정희 행정부는 신고전학파 경제이론에 따르는 미국 정부의 주장에 한편으로 순응하면서도 다른 한편으로는 시장경제의 틀을 파괴하지 않는 범위 내에서 국가의 적극적 개입을 통해 국민경제의 고부가가치화를 추구했다. 이승만 행정부 하에 기간설비 부문에서 실현된 국가자본의 축적은 박정희 행정부 하에서 수출용 대규모 중화학공업으로 팽창했다. 박정희의 유신 정부는 재벌들에게 중화학 투자를 주문하고 포괄적 국가지원을 제공하는 한편, 이들 기업들의 공개를 유도하고 고율의 상속세를 물려서 국가적 통제에서 벗어나지 못하게 만들었다. 재벌기업들은 창업자의 가족경영으로 운영되었지만 국가의 통제를 벗어나지 못하는 일종의 연장된 국가자본으로서의 성격을 갖고 있었다.

한국 정부가 포항제철 건설을 계기로 연관산업으로서의 중화학공업화 계획을 작성하고 추진해오던 중 1973년 1월 발표한 중화학공업화 선언은 주한미군 철수와 브레튼우즈 체제 붕괴에 직면하여 중화학공업 건설을 방위산업에 연계시킨다는 의미를 갖게 되었다. 정부는 포항과 울산단지에 건설하는 중화학공장들과 창원단지에 들어서는 기계산업들을 결합하면 전시 군수산업으로 전환할 수 있다는 계산을 하고 있었다. 1970년대 중화학공업화 드라이브를 통해 세계적 규모로 성장해간 재벌기업들이 군수산업 건설의 일환으로 육성되었다는 사실은 이들의 성격을 국가자본의 연장으로 규정짓게 하는 또 다른 근거를 제공한다.

2.
소농체제의 보존

한국의 개발경험을 연구하는 많은 정치경제학자들은 한국이 개발 과정에서 소득분배구조의 악화를 피할 수 있었던 이유로서 1950년을 전후해 실시된 농지개혁을 들고 있다. 농지개혁에 따른 농가의 소득재분배가 농업부문의 소득분배구조 개선과 농업노동력에 대한 기회비용의 증가를 가져온 것은 사실이다.[5]

농지개혁이 한국의 개발과정에서 분배균등에 기여한 한 가지 요인이 된 것은 사실이지만, 그것만으로 분배균등을 설명하는 충분조건이 되지는 못한다. 농지개혁 이전까지 농업투자가의 역할을 담당하던 지주계급이 소멸했다는 것은 한국 농업이 사적 투자재원을 잃는 결과를 낳았다. 국가가 농업투자에 적극적 역할을 담당하지 않고는 농업의 침체를 면키 어려운 조건이었다. 한편, 산업자본주의의 지속적 성장에 따라 소농의 경제적 경쟁력은 저하되었고, 농업생산이 전체 경제에서 차지하

---

5)   Keith Griffin, *Alternative Strategies For Economic Development*, London : Mcmillian, 1989 : 125.

는 비중도 줄어들었다.

농지개혁으로 창출된 소농들이 산업화 과정에서 생산성 향상에 실패하고 쇠퇴의 길을 걸었다면, 농지개혁에 따른 소득재분배의 효과는 오래 가지 못했을 것이고, 한국도 개발과정에서 다른 대다수 제3세계 나라들처럼 심각한 농촌빈곤 문제를 겪지 않을 수 없었을 것이다.[6] 소농이 생산성과 경쟁력을 잃었다면, 농촌의 계급분화가 촉진되었을 것이다. 결과적으로 농지가 없거나 부족한 농민들은 절대빈곤층을 형성하고, 도시산업에 비숙련저임노동력을 제공했을 것이다.

아서 루이스의 경제발전모델은 전통적 농업부문의 잉여노동을 새로 창출되는 자본주의 산업부문으로 이전시키는 과정을 지속함으로써 경제발전이 가능하다는 개념에 기초해 있다.[7] 이 모델에 따른 경제개발은 비숙련저임노동력의 무한한 공급에 기초하고 있는 만큼 임금이 장기간 저수준에 고정되고, 자본가에게 높은 이윤율이 보장되는 부의 극단적 편중을 개발의 기본전략으로 하기 때문에 심각한 빈익빈 부익부를 수반하지 않을 수 없게 된다. 농촌에 존재하는 잉여노동력이 전근대적 농업구조 속에서 생산성 향상에 기여할 수 없기 때문에 광대한 규모의 산업예비군을 형성하게 되고, 따라서 근대부문의 자본축적은 농촌의 잉여노동이 고갈될 때까지 임금인상의 위협을 받지 않고 계속될 수 있다는 것이다. 그러나 전근대적 농업부문에서 생산성이 증가하고 그 생산성 증가분이 교역조건의 악화나 지대로 완전히 몰수되지 않고 일정 부

---

6) Alain de Janvry, "The Role of Land Reform in Economic Development : Policies and Politics," *American Journal of Agricultural Economics* 63, 1981.

7) Arthur Lewis, "Economic Development with Unlimited Supplies of Labor," *The Manchester School of Economic and Social Studies* 22, 1954.

V. 산업화와 경제적 평등 191

분 생산자 농민의 복지향상에 쓰이는 구조에서는 이농인구(離農人口)가 제공하는 비숙련노동력에 대한 임금수준도 상승하지 않을 수 없게 되고, 루이스모델이 작동할 대전제가 깨지는 것이다.

한국의 경우 전통적 농업부문이 아직 잉여노동을 보유하고 있는 상태에서 1960년대 중반부터 생산성과 농가소득이 지속적으로 향상되었다는 점에서 루이스 모델에 대한 예외성이 발견된다.[8] 루이스의 이론은 정부를 시장중립적인 존재로 전제하고, 높은 이윤율의 혜택을 독차지하는 자본가의 자발적 투자의지와 노동시장에서 합리적 판단력을 기반으로 움직이는 노동자, 농민의 개인주의적 행태를 전제로 꾸며져 있다. 그러나 한국의 경우 1960년대 초부터 정부의 농업개발정책에 따라 전근대적 농업부문에 자본이 공급되었고, 소농들은 영세한 규모에서나마 제한된 상업화과정을 밟고 있었다. 농촌이 전반적으로 자영적 가족농의 지배하에 있는 만큼 지주에 의한 착취는 거의 없었고, 농가 교역조건은 약간 도시 편향적이었으므로 생산잉여의 일부는 농가의 복지향상으로 이어졌다. 1970년대 들어 교역조건이 농촌편향으로 바뀌고 나서는 농민의 소득향상이 농업생산성의 증가분을 상회하게 되어 도농 간의 가계소득이 균형을 이루게 된다.

농가소득수준의 향상에 따라 농촌에서 교육이 성장한 반면 비숙련저임노동력의 공급은 루이스 모델에서처럼 고정된 임금수준에서 무한정 늘어나지 않았으며, 결과적으로 1960년대 중반부터 도시 산업부

---

8) 농업노동생산성은 1960년대 초부터 꾸준히 향상되었고, 농가소득은 1960년대 중반부터 향상되었다. Ban, Sung-hwan, Pal-yong Moon, and Dwight H. Perkins, *Rural Development*, Cambridge : Harvard University Press, 1982.

문의 비숙련 노임이 꾸준히 상승했다.[9] 잉여노동이 고갈되는 전환점을 1970년대 중반으로 잡을 때, 한국경제가 전환점에 이르기 훨씬 전부터

〈표 5-2〉 도시 임금근로자 가계소득 대비 농가소득 수준

(도시 임금근로자 가계소득 평균=100)

연도	농가소득	연도	농가소득	연도	농가소득
1965	99.1	1971	78.8	1977	102.0
1967	59.8	1973	87.5	1979	84.7
1969	65.3	1975	101.6		

출처: 농림수산부, 『농촌가계소득조사』, 각 연도

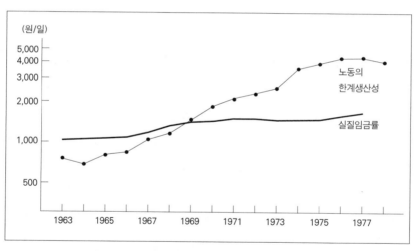

〈그림 5-1〉 농업부문에서의 노동 한계생산성과 실질임금의 변화

출처: Moo-ki Bai, "The Turning Point in the korean Economy," *The Developing Economies* 20(June 1982), Figure 4.

---

9) 제조업 일반에 있어 실질임금은 1965년부터 1979년까지 연평균 10.6% 상승했다(경제기획원 1980, 노동청 1973, 1980). 저임여성노동력이 집중된 섬유, 의복 및 가죽 부문에서의 실질임금은 1966년부터 1979년 사이에 연평균 7.8% 상승한 것으로 보고되었다(한국은행 1965-79).

농업소득 향상이 산업부문의 실질임금 상승으로 이어지는 도농 간의 연쇄관계로 인해 한국사회는 루이스 모델이 예정하고 있는 심각한 빈익빈 부익부를 피할 수 있었다.[10] 한국 정부가 시행한 적극적 농업개발정책은 개발 초기 단계부터 농업생산성을 증진시켜 비숙련노동력에 대한 한계비용을 높여준, 전략적으로 중요한 요인으로 작용하고 있었다.

1) 농촌의 계급분화

농지의 3정보 이상 소유를 금지한 농지개혁이 시행된 이후 1960년 대 후반까지 농지소유 분포에 빈익빈 부익부 현상이 나타난다. 1951년과 1967년 사이에 총 농가 수가 40만 3천 호 증가하는데, 증가분 중 1헥타르 이하 농가는 3만 3천 호에 불과하고, 1헥타르 이상 농가는 37만 호를 차지했다. 특히 0.5헥타르 이하 최빈농은 0.1% 감소한 반면 3헥타르 이상 최부농은 가장 높은 비율인 17.4% 증가했다. 농업인구의 전반적인 증가 속에 빈농의 해체와 부농의 증가라는 계급분화의 조짐이 완만한 속도로나마 진행되고 있었다.

그러나 농업인구가 최고점을 넘어 감소국면에 접어드는 1967년 이후의 농가 규모별 분포의 변화추세는 그전과 사뭇 달라진다. 전체 농가 중 0.5~1.0헥타르 농가의 비중이 1967년 32%에서 1979년 36.7%로,

---

10) 한국경제가 전환점을 통과한 것이 1970년대 중반이었다는 설에 대해서는 Moo-ki Bai, "The Turing Point in the Korean Economy," *The Developing Economics* 20, 1982와 Paul Kuznets, *Korean Economic Development*, London : Praeger, 1994 참조.

<표 5-3> 경작지 규모별 농가분포의 변화

(단위: 1,000호, %)

연도	합계	0.5ha 이하	0.5~ 1.0	1.0~ 1.5	1.5~ 2.0	2.0~ 3.0	3.0ha 이상
1951년	2,184	933	782	246	127	93	3
%	100.0	42.7	35.8	11.3	5.8	4.3	0.1
1967년	2,587	919	829	446	219	135	39
%	100.0	35.5	32.0	17.2	8.5	5.2	1.5
1979년	2,080	643	764	394	161	90	27
%	100.0	30.9	36.7	18.9	7.7	4.3	1.3

출처: 농수산부, 농수산통계연감

1.0~1.5헥타르 농가의 비중이 1967년 17.2%에서 1979년 18.9%로 증가하고 0.5헥타르 이하와 1.5헥타르 이상 농가의 비중은 감소하고 있다. 1960년대 말 이후에는 농가규모별 분포가 중간규모 농가로 집중되는 경향을 보인다.

1960년대 말 이후 계급분화과정이 중단되는 현상은 바로 농업부문에서 자본주의적 발전의 후퇴와 전(前)자본주의적 소농체제의 공고화로 이어진다. 대규모 농업의 미발달에 대해 농지소유 상한선을 3정보로 규정하는 농지개혁법에서 그 일차적 원인을 찾을 수 있겠으나, 정부가 이 상한규정을 엄격히 집행하지 않았기 때문에 그 설명력에 한계가 있다.[11] 또 3정보 상한선을 규정한 농지개혁법이 1950년 제정된 이래 수정되지 않고 계속 시행되었다면 그 또한 급격한 산업자본주의의 발달 속에서도 농업부문에서만은 전통적 생산양식을 지켜야 할 사회적 세력

---

11) 류병서, "농지유동화와 규모확대의 방향", 『농업경제연구』 25, 1983.

관계가 현실적으로 존재한다고 보아야 할 것이다.

두 번째로는 인구학적 설명이 있다. 1960년대 말 이후 농업인구가 감소함에 따라 노동력이 귀해져 대농들이 규모를 축소시킬 수밖에 없었다는 것이다. 농업인구가 감소하게 된 궁극적 원인은 도시산업의 빠른 성장에 따라 농촌 유휴(遊休)노동력이 이농한 데 있는 만큼 인구학적 설명은 도시산업의 급성장을 전제로 한 것이다. 이 이론에 따르면, 가족의 노동력에 비해 농토가 과소한 영세농이 유휴노동력을 보유하고 있을 때 이 유휴노동력을 고용하는 대규모 농장이 발달할 수 있는데, 유휴노동력이 도시산업으로 흡수되고 나면 대규모 농장은 노동력 부족으로 인해 규모를 축소할 수밖에 없다는 것이다.[12]

이러한 인구학적 설명은 노동력의 부족에 직면한 농가가 농업기계화를 통해 노동절약적 영농을 발전시키면 영농규모를 그대로 유지하거나 오히려 더 키울 수도 있었을 것인데, 왜 이들 부농들이 규모축소로 대응했는가에 대해 설명하지 못한다. 농업부문에 규모의 경제를 추진할 자본주의적 역량이 부족했고, 소농들이 다양한 농업개발정책에 힘입어 생존력(viability)을 갖추게 됨에 따라 규모의 확대를 꾀하는 농가가 농지 확장을 실현하기 어려웠던 것이다.[13]

개별 농장규모의 확대를 위한 구조조정 문제를 무시한 채 식량안보 확보를 위한 생산증대에 집중한 국가의 농업개발정책이 소농구조를

---

12) 김성호, 상게서, 1989; 이정환, "대농의 상대적 감소원인과 새로운 대농층의 형성전망", 『농촌경제』 6, 1983.

13) 1960년대까지는 1정보 이상의 농가만이 농업소득으로 가계비를 충당할 수 있었으나, 1970년대 전반에는 가격지지정책의 영향에 따라 0.5정보 미만의 최하층을 제외한 전 계층에서 농업소득으로 가계비를 충당할 수 있었다. 박진도, 『한국자본주의와 농업구조』, 한길사, 1994.

고착화시키고 농업자본주의의 발달을 저해하는 문제를 낳았다. 그렇다면, 산업자본주의의 발달을 촉진시키기 위해 적극적으로 시장개입적 정책을 써온 대표적인 개발국가를 운영하던 박정희 정부가 왜 농업부문에서는 역으로 자본주의의 발달을 억제하는 소농강화 전략을 택했는가에 대한 의문이 제기된다.

2) 농업정책의 전환경로

1961년 쿠데타 후 박정희 소장이 이끄는 군사정부가 애초에 계획한 경제발전 전략은 강력한 국가개입과 민족적 의지로 국제시장질서상 현상타파를 목적으로 하는 내포적 공업화 전략이었다.[14] 민족경제 발전의 토대인 내수시장 확장은 농업성장에 의해 실현될 수 있는 것이라는 원칙하에 농촌빈곤 퇴치에 경제정책의 일차적 초점이 맞춰져 정권 초기에 농어촌 고리채정리 사업이나 미곡수매가 인상 등의 시책이 단행되었다. 당시 군사정부가 가졌던 민족주의적·민중주의적이며 국가의 적극적 역할을 전제로 한 경제관은 신고전주의 경제학적 원칙을 중시하는 미국 원조기관들의 견해와 마찰을 빚게 되었고, 결국은 제1차 경제개발 5개년 계획의 전면적 수정을 통해 미국 측 요구에 굴복하게 된다.[15]

결과적으로 국제분업질서상 현 위치를 받아들이고 환율현실화와

---

14) 박희범, 『한국경제성장론』, 아세아문제연구소, 1968.
15) 기미야 다다시, "한국의 내포적 공업화의 좌절", 석사학위논문, 고려대학교, 1991.

함께 수출주도형 산업화 전략으로 전환하면서 정부의 농업투자에 대한 우선순위는 애초의 내포적 공업화 추진시기에 비해 뒤로 밀리게 된다. 1960년대 중반에는 농업정책도 시장가격체계를 왜곡시키지 않는 선에서 시행되었다고 볼 수 있다.

박정희 정부가 한일국교정상화와 월남전 파병을 통해 외자도입선과 수출시장 확보에 성공한 후, 한국의 수출주도형 산업화는 1960년대 후반기에 괄목할 만한 경제성장을 낳았다. 안보와 경제 양면에서의 안정에 고무된 박 대통령은 신고전주의 경제원칙에 기반을 둔 수출주도형 산업화 전략을 농업부문에도 적용하려고 시도하게 된다. 1967년 선거에서 농촌뿐 아니라 도시선거구에서까지 압도적 승리를 거둔 박정희 대통령은 농지개혁법상의 농지소유 상한선을 철폐하고 농업의 수출산업화 계획을 세우게 된다.[16] 도시산업부문에서 국가가 조달한 외자로 수출기업을 육성하는 것과 같은 형태로 농업부문에서도 국가의 재정적 지원하에 대규모 자본주의적 농장을 육성하겠다는 것이었다.[17] 이것은 루이스 경제발전모델이 실제로 한국에 적용된 순간이었다.

박정희 대통령은 여론의 반대를 무릅쓰고 농지소유 상한선을 철폐하고 대규모 자본주의 농장의 발달을 가능하게 하기 위한 농지법안을 국회에 제출하기도 했으나, 이 법안은 농수산위원회의 심의도 받아보지 못하고 1971년 국회회기 종료에 따라 끝내 자동폐기되고 만다. 이 법안이 폐기될 무렵 한국은 그동안 누리던 국제정치적 안정을 위협받고 있었다. 미국 닉슨 행정부가 월남전 포기, 아시아로부터 미국 이익의 후

---

16) 1967년 선거에서 박정희 대통령은 도시선거구에서 58%의 지지율을 획득했는데, 그가 1963년에 도시선거구에서 받은 지지율은 42.6%에 불과했다.

17) 김성호, 상게서.

퇴, 그리고 공산권과의 데탕트외교를 추진함에 따라 안보와 경제 양면에서 미국의 대한(對韓) 지원이 쇠퇴하고, 미국의 달러방어정책에 따라 브레튼우즈 체제까지 흔들리면서 수출주도형 산업화 자체도 전도가 불투명해지게 되었다. 이런 비관적 분위기에서 박정희 대통령은 신고전주의 경제원칙에 반대되는 방향으로 개발전략의 재선회를 시도한다.

소농구조를 전제로 한 적극적 농업증산 정책과 강력한 중화학공업화 정책으로 대표되는 경제정책의 선회는 군사정부 초기의 내포적 산업화 전략이 되살아난 듯 민족주의적 색채가 강렬한 것이었다. 이 시기에 고미가정책, 통일미정책, 새마을운동, 그리고 대규모 다목적댐 공사 등 종합적 농업개발정책이 진행되면서 소농의 생산성과 생존력이 향상되고 농촌인구의 이농률(離農率)이 감소한다.

3) 농업개발정책

개발주의국가론의 관점에서 이 시기 농업정책의 성격과 효과를 평가해보면, 국가는 농업발전에 자본과 기술의 공급자로서 적극적으로 개입했다. 그뿐만 아니라 국가는 농산물의 유통과 가격 결정에도 깊이 관여하여 시장기능을 극히 제한적으로만 허용하는 정도에 이르렀다. 미곡의 국내시장가격이 1970년대에는 국제시장가격의 세 배에 이른 것이 바로 국가의 친농민적 개입의 결과였다.

국가적 농업개발정책을 좀 더 구체적으로 살펴보면, 5·16쿠데타 직후 시행된 농어촌 고리채청산사업 이래 농업협동조합의 농업자금 대출규모가 1961년 167억 원에서 1970년 1,054억 원, 그리고 1979년에는 8,764억 원으로 확대되었다. 농협대출액 중 공공자금이 차지하는 비율은 1960~1970년대 대부분의 기간 동안 50%를 상회한다. 농업자금 공급의 90%를 농협이 공급하는데다 농협의 인사 및 운영은 절대적으로 국가에 종속되어 있었으므로 농업금융은 전적으로 시장영역이 아니라 국가영역에서 이뤄졌다 해도 과언이 아니었다.[18]

국가는 또한 농업용수 개발을 위한 댐 공사와 관개수로 공사 등 대규모 농업개발사업에 외자를 비롯한 국가예산을 투입했다. 농림어업부문이 중앙정부 예산에서 차지하는 비율이 1970년 7%, 1975년 8%, 그리고 1979년 10%, 또 전체 개발비에서 농수산부문이 차지하는 비중이 1965년 28.5%, 1970년 24.4%, 1975년 22.1% 그리고 1979년 12%였다.[19]

영농기계화도 국가 주도로 진행되었는데, 장기저리 외자의 공급, 농업용 기계산업의 선별적 육성 등 국가정책적 노력의 결과 1970년대 말경에는 농업기계화가 영세한 농토에 비해 과잉상태에 이르게 된다.[20]

통일 볍씨의 개발보급은 농촌진흥청 내 기술관료들이 박정희 대통령의 직접 지원하에 진행했다. 통일미가 갖는 냉해와 병충해에 대한 취약성, 막대한 비료의 소모, 맛의 열등성 등 농민이나 소비자에게 부정적 반응을 불러일으킬 수 있는 요소가 많았음에도 불구하고 통일벼 파종률은 1972년 16%에서 1978년 85%로 급속히 높아졌다.

정부는 행정조직을 동원하여 농민을 설득 및 강제하여 통일미를

---

18) Pal-yong Moon 외, 상게서, 1982: 214; 농협중앙회, 『농협연감』, 1980.

19) IMF, Government Finance Statistics Yearbook, 1980; 김영식·이영만, "농업부문 개발비와 정부재정지출의 구조", 『농촌경제』 3, 1980.

20) 이종용·문공남, "주요농기계의 소유 및 이용실태 분석", 『농촌경제』 3, 1980.

연도	통일벼 파종률 (% of Acreage)	통일미 생산율 (MT/ha)	일반미 생산율 (MT/ha)	미곡 총생산량 (Million MT)
1972	16	3.9	3.2	3.98
1974	15	4.7	3.5	4.42
1976	44	4.8	4.0	5.18
1978	85	4.9	4.4	5.78
1980	50			3.60
1982	33			5.12

출처: 농림수산부 통계(각개년도)

심게 하는 한편, 미곡수매정책을 통해 통일미의 보급을 효율적으로 뒷받침했다. 통일미의 시장가격은 일반미보다 20% 정도 낮게 형성되는데도 불구하고 정부는 일반미와 같은 가격으로 통일미를 수매해주었다. 통일 볍씨의 빠른 보급과 일반미보다 월등한 수확량은 한국이 1976년에 미곡 자급자족을 달성하는 주요인으로 기여했다. 1970년대에 정부가 벌인 대단위 농업용수 개발사업과 비료공급사업의 확대는 통일미가 일반미보다 비료 및 용수(用水) 소비량이 큰 문제점을 해결해주었다.

이상의 제반 정책들이 농업생산과정에 대한 국가개입의 다양한 방식이었다면, 농산물가격정책은 농산물시장에 대한 국가개입이라고 할 것이다. 한국 정부는 건국 초부터 미곡수매정책을 써왔는데, 5.16쿠데타 이전까지는 그 수매가가 생산비에도 미치지 못하는 수준에서 강제수매를 해왔다. 1961년부터 수매가가 생산비를 상회하게 되었고, 1970년대에 들어와서는 매년 수매가를 인플레율 이상으로 인상하여 미곡가를 국제시장가격의 3배까지 올려놓게 되었다.[21] 이 같은 미곡수매가 인상은 통화팽창의 가장 큰 요인으로 작용할 정도였으니 다른 어떤 정책보다 대담한 농업개발정책이었다고 할 것이다.

정부가 1970년대에 농업용수 개발, 통일 볍씨의 보급과 곡물 수매가 인상 등 종합적인 농업개발정책을 시행했지만, 거기에 상응하는 농

<표 5-5> 쌀 생산비용과 정부 수매가

(단위: 80kg당 원화가격)

연도	수매가(A)	생산비용(B)	A/B(%)
1953	201	331	60.6
1955	391	838	46.6
1957	1,059	1,394	75.5
1959	1,059	1,300	81.4
1961	1,550	1,377	112.6
1963	2,060	1,373	149.7
1965	3,150	2,672	112.3
1967	3,590	2,735	131.2
1969	5,150	3,565	144.5
1971	8,750	6,115	186.5
1973	11,377	8,683	173.0
1975	19,500	13,891	157.2
1977	26,260	20,665	173.1
1979	36,000	24,879	144.7

출처: 농수산부 통계

---

21) Kim Anderson and Yujiro Hayami, *The Political Economy of Agricultural Protection: East Asia in International Perspective*, Sydney: Allen and Unwin, 1986.

민들의 참여 없이는 농촌사회의 근대화를 이루기 어려웠을 것이다. 박정희 대통령은 농촌마을을 근대화하기 위한 자조사업(自助事業)으로서 1970년대 농촌사회에 새마을운동을 확산시키는 데 성공했다.

정부는 도시산업화의 산물인 시멘트와 철골을 농촌마을에 무상으로 제공했으며, 마을농민들의 자조사업을 유도했다. 마을사람들이 지원물자를 사용하여 회관을 짓고, 마을회관에 모여 회의를 거쳐 마을길과 농로 확장에 나서게 되면 정부가 해당 마을을 자립(自立) 마을로 지정하고 우선적으로 전력화(電力化) 사업대상으로 선정하는 등 정신적·물질적 인센티브를 제공했다.

농촌마을 사람들은 확장된 마을도로를 통해 물자를 반입하여 지붕을 개량하고 땔감을 장작에서 연탄으로 바꿀 수 있었다. 1960년대에 추진한 산업화 덕분에 정부는 슬레이트와 연탄의 보급, 농업용수개발, 비료보급, 종자개발, 고미가정책 등 다각적인 방법으로 농민들의 자조사업을 뒷받침해주었다.

당시 정부가 도시산업의 잉여를 농촌으로 유입시킬 의지를 가지고 있었다 해도 넓은 지역에 분산된 농촌마을에 대한 마을도로나 전력시설 건설은 투자이익 환수가 어려운 사업들이다. 자본시장의 요구와 농촌마을 개발이라는 목표가치 사이의 간극을 메운 것이 새마을운동이라는 농민 자조사업이었다.

미국 정부도 1930년대 TVA를 설립했을 때 테네시 강 계곡에 댐을 건설해서 전력을 생산한 후 이를 분산된 농촌마을에 공급하는 데 막대한 시설투자가 요구된다는 문제에 직면한 적이 있다. 당시 미국은 협동조합 운동을 통해 농민들을 조직하여 농촌 전력화 사업에 성공한 바 있다. 1970년대 한국이나 1930년대 미국 모두 농민들의 자조사업을 통해 농촌에 대한 전력분배망을 완성할 수 있었다.

농촌지역에 대한 전력분배망이 건설된 이후에는 도시에서 생산된 가전제품의 농촌보급이 일어나서 도시산업과 농촌경제가 하나의 시장으로 연결된 것도 1930년대 미국이나 1970년대 한국이 보여준 공통된 현상이었다. 농촌과 도시 두 지역의 주민이 각기 다른 세상에서 살던 과거의 이중경제(dual economy) 현상이 종식됨으로써 비로소 국가경제의 근대화가 완성되었다고 볼 수 있다.

박정희 대통령은 근면, 자조, 협동을 새마을운동의 정신 또는 실천 원칙으로 지정하고 새마을교육을 통해 전 국민에게 전파하는 데 성공했다. 근면, 자조, 협동의 사상적 원류는 중국인과 일본인의 번역을 통해 한국인에게도 전달된 새뮤얼 스마일스(Samuel Smiles)의 사상에서 찾을 수 있다. 영국인 스마일스는 1868년에 저술한 『자조론(Self-Help)』을 통해 "문명의 진보에 의한 국가의 번영은 법과 제도가 아닌 개인의 자조정신(the spirit of self-help)에 의해 가능하다"고 주장했다.

자조론 제1장에는 "하늘은 스스로 돕는 자를 돕는다(Heaven helps those who help themselves)"라는 유명한 구절이 등장한다. 스마일스는 자조의 의미를 '자신이 자신을 도와 홀로 스스로 서는 것'이라고 하고 더 구체적으로는 근면, 근로, 극기, 절제, 자기수양(self-culture) 등의 가치관이라고 설명했다. 그는 또 "자조는 혼자만 잘 살자는 게 아니다. 자조의 뜻이 자기돕기라는 점에서 그것은 반드시 이웃돕기와 짝을 이루지 않으면 안 된다는 점을 분명히 해두고 싶다"고 말하고 있다. 그가 말하는 자조 속에는 근면과 이웃돕기가 포함되어 있는데, 이웃돕기를 협동으로 약간 변형시키면 근면, 자조, 협동이라는 새마을운동의 표어를 얻을 수 있다.

스마일스의 자조론은 빅토리아 시대로 표현되는 최초의 산업사회인 영국에서 개인주의적 근로윤리를 주장하여 계급주의적 노동관과 대척점을 이룬다. 각자의 근로와 기술의 결합으로 성공할 수 있다는 자조론은 1970년대 한국 농촌사회에 적합한 노동윤리를 제공했다.

1950년대의 농지개혁으로 지주-소작관계는 해소되어 단일계급사회를 이룬 다음 1960년대 도시산업화의 도움으로 한국농촌이 인구과잉의 부담으로부터 벗어나는 상태에 이른 것이 1970년경이었다. 이제 국가는 도시산업의 잉여를 농촌으로 이전시켜 이중경제구조를 해소할 의지를 보여주고 있는 조건에서 농민들의 복지와 농촌 근대화는 농민들 각자의 자조정신에 달려 있는 것이 당시 상황이었다.

소규모 자작농으로 구성된 단일계급사회에서의 농업은 자기노동을 통해서만 운영된다. 농민들의 농업발전 노력은 마을단위로 조직되어야 하므로 협동이 불가결의 요소일 수밖에 없다. 그래서 근면, 자조, 협동이 새마을운동의 자조정신을 표현하는 구호로 성립되는 것이다.

이상 열거한 다양한 정책의 효과로서 농업생산성의 증진과 농업교역조건이 농민에게 유리하게 개선된 결과 1970년대 중반에는 미곡의 자급자족과 도시-농촌 가계소득의 균형이 달성되었다. 그러나 국가의 발전주의적 개입은 주로 소농체제를 조건으로 한 생산성 및 생산량적 성장을 목표로 한 것이었고, 소농의 규모적 영세성 극복이라는 문제는 도외시되었다. 소농지원책은 생산규모의 영세성 때문에 농가의 경제적 자립으로 이어질 수 없다. 농업에서 규모의 경제를 달성하지 않고 농가의 경제적 자립을 성취할 수 없는데, 가족농체제하에서 농업규모의 확대는 농가수의 감소를 통하지 않고 달성될 수 없는 만큼 종합적이고 장기적인 농업구조개혁정책 없이 가능하지 않은 과제다.

박정희 시대의 국가가 구조개혁에는 무관심한 채 소농지원책에만 집중함으로써 미곡의 자급자족을 달성했고, 도농 간 소득격차를 줄이는 효과를 거뒀으나, 이 같은 정책목표의 달성을 위해 정부의 재정적자가 누적되고 통화팽창과 인플레이션이 유발되었다.[22] 그러고도 농가의 소득향상은 국가의 재정부담에 의존한 것이었고, 농가의 경제적 자립성은 허약한 것이어서 소농체제는 국가의 가격지지 정책이 약화되면 언제 무너질지 모르는 약점을 가지고 있었다. 이 같은 소농의 국가에 대한 경제적 의존성은 농민들이 국가기관의 압력에 저항할 수 있는 정치적 독립성의 결여로 이어졌고, 농민의 정치적 허약성은 권위주의 정부가 정치적으로 이용하기에 좋은 조건을 제공해주었다.

4) 국가와 농민의 관계

소농이 권위주의 질서의 지지기반이 되었던 점은 어떻게 설명될 수 있는가? 이에 대해 윤천주는 농민들이 기존권위를 추인하는 투표행태를 '준봉투표(遵奉投票)'라 명명(命名)하고 그 원인을 유교문화에서 찾고 있다.[23] 농민들의 준봉투표에 힘입어 집권여당은 과반수 지지를 획득하지만, 이것은 정당일체감에서 오는 지지표가 아니므로 정당이 표방하는

---

22) 양곡계정의 적자누증으로 발생한 통화증발량이 총통화증가율에서 차지하는 비율은 매년 누증되어 1975년에는 98.2%에 달하게 되었다. Sung-hwan Ban 외, 상게서, 1982: 250.

23) 윤천주, 『한국정치체계』, 서울대학교출판부, 1963; 『우리나라의 선거실태』, 서울대학교출판부, 1981.

정책과 무관하다는 설명이다. 전통적 유교문화가 지배적인 농촌에서 권위에 대한 복종, 가부장적(家父長的) 질서의식, 상부와 중앙으로의 권위집중(權威集中) 등의 형태로 학습된 행태가 근대적 정치제도인 투표행위에서도 반복된다는 것이다. 윤천주의 설명에 따르면 농민의 여당지지는 문화적인 현상인 만큼 자발적이고 일방통행적이다. 따라서 어떤 정책을 표방하는 정당이건 그것이 집권당이면 누릴 수 있는 특권이라는 것이다.

윤천주가 말하는 전통적 유교문화는 한국농촌을 지배하는 전근대적 소상품생산제의 뒷받침 위에 그 세력을 유지한다고 볼 수 있다. 가족노동착취적 소농체제는 가부장적 가족구조를 필요로 하기 때문이다. 그러나 한국의 소농들이 완전히 전근대적 농업형태에 머무르지 않고 일정부분 상업화과정을 겪고 있는 과도적(過渡的) 성격을 보유하고 있다는 점에 착안한다면, 한국농촌사회에 대한 합리주의적 근대문화의 침투를 간과할 수 없다. 또한 소상품생산자들의 계급적 특성이 생산수단의 소유자인 동시에 자기노동의 착취자인 이중성을 갖는 만큼 소규모 사유재산에 집착하는 보수성과 자본주의적 착취에 저항하는 진보성을 함께 보유하는 것도 사실이다.

소농의 문화적 · 계급적 이중성을 전제로 할 때, 한국 권위주의 질서에 대한 농민들의 지지 이면에는 전통적 유교문화에서 유래하는 자발적 현상으로만 설명할 수 없는 좀 더 복잡한 기제들이 내재해 있다고 보아야 할 것이다. 여기에 대해 여당후보들이 농촌지역 선거구에서 압승해온 현상 자체의 상당 부분은 국가권력에 의해 조작된 현상이라는 점은 이미 윤천주도 인정하고 있는 바다.

농촌으로 갈수록 투표율과 여당지지율이 다 함께 상승한다는 점을 최대한 이용하기 위해 국가권력은 농촌소도시인 시·읍지역을 면지역에 묶어서 지역구를 획정하는 방법으로 농촌지역의 상업적 문화가 가장 집중된 농촌소도시민의 합리적 투표행태를 무력화시킨다. 대도시에서 야당후보들이 압도적 다수의 지지를 누리는 것은 이 같은 선거구획상의 조작이 불가능하기 때문에 가능한 현상이라는 것이다.

다른 하나의 설명은 농촌지역으로 갈수록 유권자들이 관권개입의 영향을 많이 받는다는 것인데, 관권의 영향력이 농촌에서 크게 작용하는 정치경제학적 요인이 강조될 필요가 있다. 한국의 소농체제가 자본공급을 전적으로 국가에 의지하고 있을 뿐 아니라, 농업개발에 대한 국가의 개입이 생산과 유통의 양면에 포괄적으로 행사되고 있는 상황에서 국가의 지원을 떠나 소농의 경제적 생존을 생각할 수 없는 구조 속에 있다는 점이다. 소농의 경제적 국가의존성은 곧 정치적 영향력에 대한 취약성으로 이어진다.

관권개입의 효과 역시 친농민적 정책의 뒷받침을 받을 때 더 증폭될 것이다. 대통령선거에서 나타난 박정희 대통령에 대한 농촌지지율 변화는 이런 추세를 보여준다. 완화된 형태로나마 도시편향적 정책을 썼던 1967년 선거에서 농촌지지율이 1963년에 비해 0.3% 감소한 반면, 고미가정책이 시작되던 시기에 실시된 1971년 선거에서는 농촌지지가 1967년보다 3% 늘어 59.6%에 달했다.[24] 1970년대 한국사회에서 재벌과 농민은 권위주의 정권과 가장 밀접한 보호, 지원 및 지지의 상호교환관계를 형성한 집단이라 할 것이다.

---

24) 강력한 가격지지정책에 힘입어 1970년대 전반에는 0.5정보 미만의 최하층을 제외한 전 계층에서 농업소득으로 가계비를 충당할 수 있게 되었는데, 이에 따라 1967년 32.5%에 불과하던 전체 농가 중 생존력 있는 농가의 비율은 1975년 71%에 달한 것으로 추정된다.

〈표 5-6〉 대통령 선거에서 나타난 박정희 후보에 대한 도농의 정치적 지지율

구분	1963	1967	1971
도시 지역구	42.6	58.0	50.7
농촌 지역구	56.8	56.5	59.6

출처: 중앙선거관리위원회 자료에서 취합[25]

〈표 5-7〉 각 선거별 공화당 의석의 도농분배

구분	1963	1967	1971
도시 지역구	16	11	9
농촌 지역구	72	92	77
합계	88	103	86

출처: 중앙선거관리위원회 자료에서 취합

　　권위주의 국가엘리트 입장에서 볼 때, 도시부문의 우군인 재벌은
국가운영에 필요한 물적 기반을 확대재생산해주는 반면, 농촌부문의 우
군인 소농은 권위주의질서에 대한 정치적 지지 또는 묵인을 제공해주어
자유주의적 도시 시민사회에 대항하는 데 우월적 세력연합을 유지할 수
있게 해주는 요소가 된다. 특히 1970년대에는 이미 커져버린 도시 산업
노동자계급이 권위주의 질서에 대한 저항세력으로 합류하게 되면서 항
상 잠재해 있거나 간헐적으로 폭발하는 도시폭동의 무력진압에 농촌의
묵인이 더욱 중요해진다. 도농 간의 인구분포가 균형을 이루는 1970년
대 초반에 적극적 소농강화정책과 국가권력의 노골적인 권위주의화 또

---

25)　대도시와 시 선거구는 도시 선거구로, 읍과 면의 선거구는 농촌 선거구로 분류

는 개인화(personalization)가 함께 진행된 것은 도시와 농촌 간에 두 개의 다른 생산양식을 양립시킴으로써 두 질서의 균형 위에 권위주의 국가의 자율성을 확보한 교묘한 통치전략이었다고 판단된다.[26)]

5) 산업화와 경제적 평등

1960~1970년대에 한국사회는 급격한 산업화를 이뤘는데, 농촌에서는 소상품생산(petty commodity production) 구조가 더 강화되는 아이러니한 현상이 나타났다. 1965년도 농림어업생산이 전체 생산에서 차지하는 비율은 37.6%였는데, 1980년도에 오면 14.6%로 떨어진다. 고도성장의 출발점이었던 1960년대 중반에 이미 한국사회는 비농업생산이 농업생산을 압도하고 있었으며 그 차이는 점점 커져갔다. 따라서 소득분배 구조를 논함에 있어 농업수입보다는 도시산업에서의 소득분배, 특히 이윤부문과 임금부문 간의 배분이 중요하다.

산업노동자 공급의 주요 경로였던 도농 간 인구이동을 보면, 전체

---

26) 생산양식이론은 한국의 농업분야가 전(前)자본주의 생산양식인 소상품생산제를 유지하고 있는 점에 대해 유럽, 라틴아메리카, 인도 등 여러 지역의 다양한 농업형태와 비교할 수 있는 준거의 틀을 마련해주고 있다. 또한 1960~70년대 급속한 산업자본주의의 발달과 소상품생산제적 농업의 공존이라는 상호 모순적 현상에 대한 이론적 설명 또한 생산양식이론에서 나온다. 본 연구는 자본주의의 융성에 따라 전자본주의 생산양식이 몰락한다는 정통 마르크시즘의 명제를 수정하여 복수의 생산양식 공존을 자본주의적 민족경제의 일반적 현상으로 받아들이는 입장을 취하고 있다. 각 민족경제의 특징적 성격들은 복수의 생산양식이 상호 접속하는 다양한 양태에 따라 결정된다고 보는 것이다(Norma Chinchilla and James Dietz, "Toward a New Understanding of Development and Underdevelopment," *Latin American Perspective*, 1981).

<표 5-8> 노동력과 고용의 증가추세

(단위: 천 명, %)

구분	경제활동인구	증가율	취업자	증가율	실업률
1965	8,754		8,112		7.3
1966	8,957	2.3	8,325	2.6	7.1
1967	9,180	2.5	8,624	3.6	6.1
1968	9,541	3.9	9,061	5.1	5.0
1969	9,747	2.2	9,285	2.5	4.7
1970	10,062	3.2	9,617	3.6	4.4
1971	10,407	3.4	9,946	3.4	4.4
1972	10,865	4.4	10,379	4.4	4.5
1973	11,389	4.8	10,942	5.4	3.9
1974	11,900	4.5	11,421	4.4	4.0
1975	12,193	2.5	11,692	2.4	4.1
1976	12,911	5.9	12,412	6.2	3.9
1977	13,316	3.1	12,812	3.2	3.8
1978	13,849	4.0	13,412	4.7	3.2
1979	14,142	2.1	13,602	1.4	3.8
1980	14,431	2.0	13,683	0.6	5.2
1981	14,683	1.7	14,023	2.5	4.5
1982	15,032	2.4	14,379	2.5	4.4
1983	15,118	0.6	14,505	0.9	4.1
1984	14,997	−0.8	14,429	−0.5	3.8
1985	15,592	4.0	14,970	3.7	4.0
1986	16,116	3.4	15,505	3.6	3.8

출처: 경제기획원 통계(각 연도)

인구 중 농업인구의 비율은 1965년 58.5%에서 1980년 34%로 감소한
다. 이 기간 중 실업률은 3.2%에서 7.3% 사이로 유지되었는데, 고용증
가율은 노동력증가율을 상회했다. 노동력 증가는 15세 이상 인구의 증
가분과 비노동인구 중 노동시장에 신규로 진입하는 인구를 합하여 계산
되는데, 농촌에 잠재해 있던 위장실업인구, 특히 여성노동력의 이농이
한국 산업화 초기의 특징적 현상이었다고 할 것이다.

섬유, 봉제 등 초기 수출산업의 주요 노동력을 제공한 여성들은 이
농 전 소농가계의 피부양인구 또는 위장실업상태로 있다가 도시 노동시
장에 진입하여 비숙련저임노동력을 제공했다. 그들은 농촌가정의 가부
장적 권위구조의 밑바닥에서 도시로 이탈한 사람들이지만, 이농 이전
농가의 가족구성원으로서 농업소득향상의 혜택에서 완전히 제외된 생
활을 했다고는 볼 수 없다. 지주의 착취에서 자유로운 소규모 가족농체
제하이기 때문에 더욱 그렇다. 이농 전 이 여성들이 농업소득향상으로
받은 혜택의 증가분 이상으로 임금수준을 향상시키고서야 도시 산업자
본가가 농촌노동력을 끌어낼 수 있었다고 볼 수밖에 없는 만큼 농업소
득의 증가는 비숙련노동력에 대한 임금수준의 하한선을 규정하는 역할
을 했다.[27]

한국경제에 중화학공업화가 진행되어 산업자본주의 단계에 접어
든 1970년대 중반에 오면 근로자 수가 400만 명을 넘어서게 된다. 도
시 근로자들이 소득분배 문제의 중심을 차지하게 된 것이다. 박정희 정
부는 이때부터 사회보장제도를 확충하고, 중산층 육성책을 위한 세제를
개발한다.

---

27) 제조업 실질임금은 1966년부터 1970년 사이에 연평균 12.9%, 1971년에서 1975년 사이에
5.8%, 그리고 1976년에서 1979년 사이에 16.1% 상승했다(경제기획원 각개년도).

<표 5-9> 국내총생산에서 피용자 보수가 차지하는 비율 추이

(단위: 10억 원, %)

구분	국내총생산	피용자 보수	구성비
1970	2,771.3	936.2	33.8
1972	4,211.9	1,406.0	33.4
1974	7,663.7	2,474.8	32.3
1976	14,088.0	4,720.1	33.5
1978	24,388.2	9,034.1	37.0
1980	38,148.4	15,097.5	39.6
1982	54,721.0	21,475.9	39.2
1984	73,605.1	29,650.9	40.3
1986	95,763.4	37,726.4	39.4
1988	133,134.2	55,714.0	41.8
1990	179,539.0	81,740.4	45.5
1992	240,392.2	113,876.0	47.4
1994	305,970.2	141,766.0	46.3
1996	389,813.4	186,787.6	47.9

출처: 한국은행 「국민계정」

1975년에는 공무원과 군인들에게만 적용되던 연금제도에 사학연금제도를 더하고 1976년에는 의료보험법을 제정했다. 1974년 1월에는 소득세 면세점을 5만 원으로 올리고 공제제도를 개설해서 서민의 세금 부담을 줄이는 대신 종합소득세를 신설해서 새로운 세수원을 확보했다. 1975년에는 근로자 재형저축제도를 도입해서 월급 60만 원 이하 근로

자들에게 연 14~16.5%의 고금리 이자소득을 보장해주었다.[28]

　공무원연금과 군인연금이 도입된 1961년과 1963년 한국의 1인당 국민소득은 82달러와 100달러에 불과했다. 1961년 5월 등장한 군사정부가 추진한 대대적 부패척결을 제도적으로 뒷받침하기 위해 공무원과 군인의 연금제도를 도입했다. 박정희 정부에게 공직사회 부패척결과 정부역량의 결집은 경제개발 사업을 위한 사전조건 정비였다. 다음 단계로 진행된 박정희 정부 경제개발의 특징은 국가주도성(國家主導性)으로 드러난다. 박정희 정부의 이 같은 접근은 국가가 자본축적에 직접 참여한다는 중경 전통의 경제적 민주주의 개념에 부합한다.

　한국의 경제발전이 도약단계에 진입한 시기는 1965년경으로 추산된다. 한국 정부가 의료보험을 도입하기 시작한 1977년은 도약단계 진입시기로부터 10여 년이 지난 후였다. 한국경제는 짧은 시간 안에 산업화 초기단계를 지나 중화학공업화가 진행되고 있었으므로 저임노동보다 숙련노동의 중요성이 커진 시기였다. 의료보험 역시 노동계의 정치적 영향이 아니라 국가경제의 개발수요에 맞추어 도입되었다. 이것은 계급전쟁을 막기 위해 경제적 민주주의 조치를 선제적으로 실시하자는 중경 전통의 개념에 부합하며, 서구전통으로는 비스마르크 개혁에서 선례를 찾을 수 있다.

　한국 정부는 산업화 과정에서 농촌의 소농체제를 보전하고 사회보장제도를 단계적으로 도입함으로써 경제의 고성장을 추구하면서도 소득분배의 악화를 방지했다. 20세기 후반에 일어난 한국의 산업화는 성장속도뿐 아니라 소득분배 면에서도 다른 제3세계 나라들의 경험에 비

---

28)　김종인, 『지금 왜 경제민주화인가』, 서울: 동화출판사, 2012: 82-97.

추어 예외적인 성공을 거뒀다. 선진국들의 개발경험으로부터 도출된 쿠즈네츠(Kuznets) 곡선은 소득분배가 경제개발 초기 단계에 악화되었다가 산업화가 성숙기에 들어서고 소득재분배정책이 활발히 시행되는 단계에 가서 호전되는 것을 보여주고 있다. 제3세계 개발도상국은 대부분의 경우 경제개발과 함께 소득분배가 악화되는 단계만을 겪었을 뿐 쿠즈네츠 곡선의 후반 호전기는 앞으로 실현될 것인지 말 것인지 기약이 없다.

종속이론가들은 제3세계에 만연하는 빈곤과 불평등을 종속구조에 따른 저발전 현상으로 설명한다. 이 이론에 따르면 제3세계의 사회가 종속구조에서 벗어나는 길은 험난한 민족해방혁명을 성공시키고서야 열리기 시작한다. 그러나 이 이론의 제3세계 개발에 대한 설득력은 '왜 발전에 실패할 수밖에 없는가?'라는 문제에 있을 뿐 저발전을 벗어나는 전략의 제시에 있지 않다. 세계대전 후의 개발도상국들 중 어느 나라도 아직 민족해방혁명의 길을 통해 발전을 성취한 예가 없기 때문이다.

한국의 경우는 산업화 초기단계라 할 1960년대 후반기 동안 지니(Gini)계수가 떨어졌고 그 이후에도 지니계수상 비교적 균등한 소득분배를 유지해왔다.[29] 균형성장을 보여주는 한국의 소득분배지수와 내수시장의 대중적 성장은 한국의 발전이 종속구조의 질곡으로부터 자유롭다는 것을 보여준다.

한국의 역대 정부들은 신고전학파 경제이론을 내세우는 미국의 개발정책 조언과 간섭을 그대로 받아들이지 않고 국가자본 축적에 노력하

---

29) 한국의 지니계수는 1965년 0.3439, 1970년 0.3322, 1976년 0.3908, 1982년 0.3572로 보고되고 있다.

30) Jeffrey G.Williamson, ed., *Inequality, Poverty, and History: The Kuznets Memorial Lectures of the Economic Growth Center*, Yale University, 1991.

〈표 5-10〉 지니계수 변화 추이

연도	1965	1970	1976	1982
지니계수	.3439	.3322	.3908	.3572

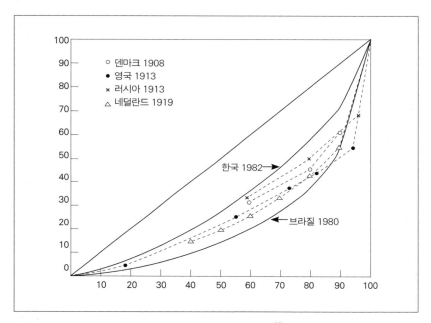

〈그림 5-2〉 불평등과 산업혁명[32]

는 한편 농지개혁과 그에 따른 소농체제 유지에 힘썼다. 이승만 행정부
에 의해 축적된 국가자본은 박정희 행정부에게 미국 정부의 자유주의적
압력 하에서도 시장과 기업에 대한 통제력을 행사할 수 있는 힘이 되어
주었다.

비교적 고른 소득분배와 함께 근대산업이 건설된 결과는 중산층
형성으로 나타났다. 중산층을 가진 한국인은 개발연대에 제한된 정치적

민주주의를 산업화 이후 곧바로 회복할 수 있었다. 박정희 정부는 정치적 민주주의나 경제적 민주주의 전통으로 통치의 정당성을 내세우지 못하는 가운데 시간이 흐를수록 권위주의적 성격을 강화해가는 문제를 드러냈지만, 다른 한편 근대산업과 중산층 육성에 성공한 것은 경제적 민주주의에 부합하는 성과라 할 것이다.

3.
자유주의 국제질서와 국제협력

　박정희 대통령이 집권했을 때 미국이 전후 서방세계에 주도적으로 건설한 자유주의 국제질서는 안정화된 상태에 있었다. 마셜플랜의 도움으로 서유럽 경제는 지속 가능한 성장세를 획득하여 1958년에 오면 화폐의 태환성을 회복하여 국제시장에서 공개거래가 이뤄진다. 서유럽과 일본의 경제가 자생능력을 갖춤에 따라 브레튼우즈 체제가 작동하기 시작한 것이다.

　제2차 세계대전 중이던 1944년 44개국 대표가 미국 뉴햄프셔 브레튼우즈에 모여 연합국 통화금융회의를 열고 협정을 맺어 IMF와 세계은행(IBRD)을 설립하여 전후 경제질서 운영을 준비했다. 그러나 서유럽 국가들이 자력으로 경제회복을 하지 못하고 침체에 빠지면서 브레튼우즈 체제가 작동될 수 없는 상황이라는 현실에 직면한 미국 정부는 대규모 원조로써 유럽부흥계획(European Recovery Plan)을 뒷받침해주게 되었다. 마셜플랜에 따른 서유럽경제의 회생과 한국전쟁 경기를 활용한 일본경제의 회복이 지속적 고성장으로 이어진 1950년대 말에 이르러 브레튼우즈 체제가 작동하기 시작했다는 것은 미국에게 이제 다자주의적 협력에 따라 대외원조의 부담을 나눌 수 있는 파트너들이 생겼다는 것을 의미했다.

이런 상황변화는 대한(對韓)경제협력 태도에도 영향을 주었다. 미국 정부는 1957년 개발차관기금(DLF)을 설립하고 대한 무상원조를 급속히 줄이며 한국 경제정책에 대해서도 합동경제위원회(CEB)를 통해 안정화 정책을 강요했다. 한국경제는 미국의 정책변화에 적응하지 못하고 침체에 빠져 사회적 · 정치적 불안정에 빠진 끝에 4 · 19혁명과 민주당 정부의 혼란 그리고 5 · 16군사정변을 겪게 된다.

미국 정부는 5 · 16군사정변으로 등장한 군사정부에게 민주주의 회복, 경제개발계획의 수정과 적자예산 축소를, 1963년 선거로 재출발한 박정희 정부에게는 원화 평가절하를 요구했다. 미국 정부는 원조중단 위협을 지렛대로 이 모든 요구를 관철시켰다.

한국 정부가 그때까지 증여로 제공된 미국의 대한원조가 개발차관으로 바뀌는 환경에 적응하기 위해서는 도입한 외자로 상품을 생산하고 판매하여 원금과 이자를 상환할 수 있어야 했다. 외화를 쉽게 얻을 수 있는 지하자원이나 플랜테이션 개발이 불가능한 한국으로서는 외자를 공업에 투자해서 상품을 수출해야 원금과 이자를 상환할 수 있었다. 한국이 수출산업을 건설하려면 대외개방 경제로 전환해야 했다. 한국이 대외개방 경제로 전환한다는 것은 곧 일본과의 교역이 활발해져서 역내 수직적 분업의 망에 들어가게 되는 것을 의미했다.

대외개방경제로의 전환은 경제적 민주주의와 민족주의를 추구해오던 한국 정부 관리들과 시민사회 모두에게 소화하기 힘든 자유화 충격이었다. 미국 정부는 1947년 마셜플랜을 선언할 때 서유럽 국가들 상호 간에도 경제적 개방을 요구하여 다자주의적 협의체 유럽경제협력기구(OEEC)의 결성을 유도했다. 미국 정부는 그 이전 300년에 걸쳐 서로 간에 견제하고 무력투쟁하며 살아온 서유럽 국가들에게 무상원조를 지렛대로 내세워 상호개방과 협력을 요구하여 관철시킨 바 있다.

한국은 서유럽 국가들과 달리 새로운 환경에 적응하는 과정에서 계엄령을 선포하는 등 심각한 정치적 갈등을 겪어야 했다. 주권국가로 구성된 국제질서 자체가 서유럽에서 발생하여 세계질서로 확대된 것이므로 한국은 서유럽 국가들에 비해 국제질서의 변화에 적응할 능력이 모자랐다.

박정희 정부는 1965년 일본과 국교를 정상화하고 월남전에 파병하면서 대외개방경제의 경쟁력을 강화해나갔다. 한국 정부는 한일 국교정상화와 월남파병을 통해 1960년대 미국이 주도하는 자유주의 국제질서 속에서 안보적·경제적으로 자기 역할을 개척해갈 수 있었다. 한국 정부가 자유주의 국제질서라는 다자주의적 무대에서 자기 역할을 찾는 것은 곧 국제협력 획득이라는 성과로 이어졌다. 한미 및 한일 양자관계에서 발생하는 수많은 갈등은 정부 간 정책조정을 통해 극복되었는데, 그러한 정부 간 협력은 규칙과 절차에 따르는 자유주의 국제질서의 틀 속에서 가능했다.

한국 정부가 자유주의 국제질서 속에서 자기 역할을 찾아 경제성장을 구가한 1960년대의 국제환경은 1971년 닉슨 미국 대통령이 달러화의 금태환을 포기하는 선언을 내놓으면서 큰 변화의 소용돌이 속으로 빠져 들어가게 되었다. 전후의 자유주의 국제질서는 패권적 지위를 가진 미국에 의해 만들어졌는데, 서유럽 국가들과 일본이 1950년대와 1960년대에 걸쳐 지속적으로 경제성장을 이룩하면서 미국의 경제적 지위가 상대화되어갔다. 월남전의 부담까지 가중되면서 무역과 재정적자에 시달리던 미국 정부가 달러의 금태환을 포기하는 지경에 이르게 된 것이다.

게다가 1960~70년대 기간 동안 미국에서 일어난 큰 사회적 변동은 정치문화의 장기적 변화로 이어져갔다. 사회적 변동은 케네디 행정부 시절에 흑인민권운동으로 시작되어 존슨 행정부 시절 월남전 반대운동으로 이어진 후 닉슨 행정부가 월남전에서 미군을 철수하는 결과를 낳게 된다. 닉슨 대통령은 월남전 종전을 위한 수순으로서 1972년 북경을 방문하여 중국을 새로운 강대국으로 인정했다. 이것은 동서냉전이 시작된 이래 국제정치를 주도하던 미소 양극체제가 20여 년 만에 다각체제로 전환되는 것을 인정하는 미국 정부의 행위이기도 했다.

미국사회 내에서 흑인에 대한 인종차별이 쟁점화되고 월남전 반대운동을 통해 해외의 독재정부 지원에 대한 비판이 제기되는 현상이 미소 간의 데탕트 외교와 상호작용하는 환경 속에서 서방 선진국에서 활동하는 인권단체들 사이에 초국가적 네트워크가 활성화되어 정치적 영향력을 키워갔다. 국제사회에 중국, 서유럽, 일본 등 미소 이외의 세력들과 비국가 행위자들의 영향력이 커지면서 전후 냉전이 시작된 후 동서 양 진영의 국제사회에 형성된 미국과 소련을 정점으로 하는 위계질서가 이완되는 경향이 나타났다.

박정희 대통령은 서방진영 내에서 미국의 패권이 약화하는 국제질서의 변화를 국가적 자율성을 제고하는 기회로 활용했다. 1972년에는 국민투표를 통해 유신헌법을 제정해서 국가권력을 대통령에게 집중시키고, 다음 해에는 중화학공업화를 선언해서 대기업을 총동원했다. 당시 농촌에서는 이미 새마을운동이 진행되고 있었으므로 도농(都農)을 불문하고 전 국민이 국가위기 극복을 위해 총동원되는 분위기가 조성되었다.

한국 정부는 유신체제하에서 외자를 도입하고 상품을 수출하는 대외개방경제의 틀 속에서 국가주도로 중화학공업화와 방위산업을 건설하는 능력을 보여주었다. 그와 함께 농촌 근대화도 진행되었다. 한국은 1970년대 기간 동안 농업에서부터 경공업과 중화학공업까지 겸비한 근대화를 완성했다고 볼 수 있다.

그러나 1972년 유신헌법 채택과 그 이후 국가주도적 중화학공업화를 거치면서 고조된 국가자율성은 권력집중과 관료주의를 심화시켜 민주주의와 인권가치의 침해에 대한 비판이 제기되었다. 권력집중에 대해 비판하던 야당지도자들이 반체제운동에 가담하고 해외의 초국가적 인권단체들과 연계됨에 따라 반정부세력이 커져갔다.

국제인권단체들은 선거과정에서 인권외교를 약속한 카터 미국 대통령에게 한국 인권문제를 외교정책에 반영하도록 요구했다. 인권단체들의 요구는 주권국가 간 내정불간섭 원칙과 모순되는 것이었지만, 카터 미국 대통령은 1979년 서울에서 열린 한미정상회담에서 실제로 인권문제를 제기했다.

신민당 김영삼 총재는 1979년 9월 「뉴욕타임스」와의 인터뷰에서 미국의 카터 행정부에게 국민으로부터 점점 더 유리되어가는 독재정권과 민주주의를 열망하는 다수 국민 사이에 분명한 선택을 해야 할 것이라고 촉구했다.[31] 공화당과 유정회는 뉴욕타임스 기사를 문제삼아 김영삼 의원에 대한 징계동의안을 제출하여 의원직 박탈에 이르게 했다. 곧이어 김영삼의 정치적 고향이라 할 수 있는 부산과 마산에서는 큰 시민

---

31) Henry Scott Stokes, "Foe of Seoul Regime Asks Decision by US: Opposition Chief, Facing Possible Arrest, Asks end to Support of the Park Government," *New York Times*, September 16, 1979.

소요가 일어났다.

인권단체들의 초국가적 네트워크는 미국 대통령을 움직여 한국 정부의 인권탄압에 대한 압력을 가하도록 했고, 한국의 야당총재가 미국 대통령에게 한국의 민주주의 회복을 위한 간섭을 요청한 것도 초국가적 행동에 해당한다. 유신정부는 김영삼의 초국가적 행동을 문제 삼아 국회절차를 거쳐 징계했으나, 부마사태라는 정권의 위기를 초래했다. 김재규 중앙정보부장은 부마사태에 대한 대책회의를 통해 박정희 대통령의 과격진압 결심을 들은 것이 암살을 결행하게 된 동기가 되었다고 법정에서 진술했다.[32]

유신정부는 시민사회로부터 소외된 채 시민사회 내부의 분열을 이용하는 정보정치에 의존해서 질서를 유지했다. 전체주의가 시민사회를 완전히 파괴하고 국가에 흡수하는 것과 달리, 보나파르트주의 국가는 시민사회 내 다양한 집단들 상호 간의 분열, 견제와 균형을 활용하여 지배한다. 보나파르티즘이나 전체주의는 두 경우 모두 국가가 설득보다는 폭력과 속임수에 의존하여 통치한다는 점이 공통된다.

한국의 유신정부는 1970년대 국제질서의 다각화에 대응하여 국가권력을 대통령에게 집중하고 산업화를 완성하는 데 국력을 총동원하는 능력을 보였지만, 같은 시기 시민사회도 반체제운동을 조직해 초국가적 인권단체들과 연계하여 국가권력을 견제하는 힘을 키웠다. 강력하게 조직화된 국가권력은 국제적으로 제휴한 시민사회에게 포위된 후 김재규 중앙정보부장이 대통령을 암살하는 위기를 맞았다.

김재규는 법정에서 "자유민주주의가 회복되려면 대통령 각하가 희

---

32) 김재홍, 『박정희 살해사건 비공개진술 전녹음: 운명의 술 시바스』, 동아일보사, 1994: 154-155.

생되지 않을 수 없었습니다"라고 진술했다.[33] 전두환 보안사령관은 김재규를 체포하여 군법회의에 회부한 후, 개헌을 거쳐 대통령선거인단에 의한 간접선거로 대통령에 당선되었다. 전두환의 민정당 정부는 7년 집권기간 동안 국제적으로 제휴한 시민단체들의 비판과 저항에 시달린 끝에 대통령직선제 개헌을 통해 정치적 민주주의를 회복하게 된다.

유신정부의 보나파르트주의 국가가 시민사회로부터 소외된 채 강권통치하는 동안 시민사회 내에는 국가의 권위를 부인하는 민중주의자들이 세력을 키워갔다. 민중주의자들은 초국가적으로 활동하면서 조선노동당과의 교류도 마다하지 않았다.

---

33) 김재홍, 상게서, 150-151.

VI

정치적 민주화와 경제적 자유화

1987년 6·10항쟁과 6·29선언 이후 대통령 직선제 개헌이 이뤄졌다. 새 헌법에 따라 치러진 1988년 선거를 통해 노태우 대통령이 당선된 이후 5년 단임의 민선정부가 차례로 등장했다. 국회와 법원의 독립성이 확보되고 지방정부 차원에서도 의원과 단체장들에 대한 민선 원칙이 관철되는 등 권력의 분산이 진행되었다.

국가권력이 분산되면서 사회집단 또는 이익단체들의 영향력이 국가의 정책결정과정에 침투하기 쉬워졌다. 시민사회 활동이 활성화되는 한편 기업들과 노동단체들이 정부정책에 대한 영향력 경쟁을 벌이게 되었다. 노동조합들은 노동운동의 자유를 요구했고, 기업단체들은 기업활동의 자유를 주장했다.

국제사회 차원에서는 미국과 영국에서 1970년대부터 세력을 모아오던 신자유주의 정책집단의 영향력이 1980년대에는 대세를 형성하게 되었다. 1986년부터 우루과이라운드 통상협상이 진행되어 1993년 말에 타결되었다. 김영삼 행정부는 1994년에 출범한 WTO에 가입한 데 이어 1996년에는 OECD에 가입하면서 자본자유화를 통해 금융과 자본시장을 개방했다.

김영삼의 신한국당 정부에 이르러서는 경제정책 기조에서 시장자유주의가 강화되었고, 그러한 기조는 김대중 정부에 와서 민주주의와 시장경제라는 두 원칙으로 제시되었다. 노무현 정부는 한미 자유무역협정을 추진했고, 이명박 정부는 기업 프렌들리를 내세울 정도로 시장자유주의를 칭송했다.

국가권력의 분산, 시민사회의 활성화, 신자유주의적 국제환경, 그리고 시장자유주의 성향을 가진 정부의 잇따른 등장으로 한국의 정치적 민주화는 경제적 자유화와 함께 진행되었다. 국영기업과 금융기관들의 민영화가 진행되었고, 무역부문에서의 시장개방도 진행되어 다자간 또는 양자 간 자유무역협정들이 잇따라 체결되었다.

특히 1997~1998년 외환위기 기간에는 한국경제 전체에 대한 포괄적 구조조정이 진행되었다. 기업부문에서 정리해고와 기업의 적대적 인수합병이 합법화되었다. 대규모 인력 구조조정에 대응하여 기초생활 보장제도를 신설하고 고용보험을 확대했다. 사회보장제도가 경제자유화를 촉진하기 위한 수단으로 등장한 것이다.

과거 반독재 투쟁을 통해 행정부 밖에서 정치경력을 쌓았던 지도자들이 정부를 책임지게 되면서 민주화 이전 정부들의 국가개입적 정책들을 경제적 억압으로 인식하고, 시장을 국가권력으로부터 해방시키려는 성향을 갖고 있었다. 그들이 정부를 이끌던 1990년대와 2000년대 한국경제는 이미 산업자본주의의 성숙기에 도달해 있었다. 개인들은 정부뿐 아니라 대자본의 억압에도 취약한 상태에 있는 것이 현실이었지만, 정부는 경제적 민주주의 전통에 대해 무관심했다.

정부의 억압에서 벗어난 노동자들은 노동조합 활동을 통해 대자본에 대항했지만 대자본은 외주와 비정규직 노동의 활용, 공장자동화, 그리고 공장의 해외이전으로 대응했다. 청년실업과 비정규직 노동의 비율이 높아지면서 사회적 양극화 문제가 제기되었다.

정부는 자유화 정책기조에서도 유권자들의 불만을 무마하기 위한 대중요법적 정책들을 수시로 차용해서 정책의 일관성을 해치고 정부규제와 규제철폐가 혼란스럽게 교차되는 현상을 드러냈다. 수많은 규제개설과 규제혁파의 정책결정 과정에 이익단체들의 영향력 경쟁이 집중되어 관료와 정치인들의 부패현상도 드러나고 있다.

필자는 지금까지 이승만 대통령이 이끄는 정부에서 경제적 민주주의는 국가자본 축적, 소농체제와 국제협력의 3가지 정책적 축으로 실행되었고, 그 이후의 정부들도 이 틀 속에서 국가를 운영해왔다고 분석했다. 민주화 이후 행정부에서 경력을 쌓지 않은 김영삼과 김대중 두 지도자 아래에서 경자유전의 원칙은 지켜졌으나 소농체제나 국가자본은 심하게 훼손된다. 서방국가들을 중심으로 축적되어온 국제협력의 전통도 상당히 큰 도전을 받게 된다. 경제적 민주주의 전통이 단절되는 모습을 농업 구조조정, 국공영 기업 민영화와 국제협력의 변화 순으로 다음에 정리한다.

1.
농업 구조조정

　한국농업에는 1948년 헌법 제86조와 1950년 농지개혁법에 의해 경자유전의 원칙이 부여되어 있다. 이 원칙에 대해 1980년 헌법 제122조는 "농업생산성의 제고와 농지의 합리적인 이용을 위한 임대차 및 위탁경영은 법률이 정하는 바에 의하여 인정된다"라는 문구를 삽입하여 상당한 신축성을 부여했다.

　헌법상의 경자유전 원칙에 신축성이 부여된 1980년 당시는 소농에 대한 1970년대 과잉투자의 후유증으로 인해 양곡관리기금 적자가 누증되고 인플레를 유발하는 문제를 해결하기 위해 농업정책이 점진적 자유화로 방향을 트는 시기였다. 새로운 헌법조항은 임대차와 위탁경영을 통해 농가의 규모화를 이룸으로써 투자효율성을 제고하고 농가의 경쟁력을 키우는 것을 목표로 하는 농업 자유화 정책을 시행하기 위한 기초작업이었다.

　1986년에는 미국의 레이건 행정부가 주도하는 농업 자유화 정책의 연장선상에서 우루과이라운드가 시작되었다. 우루과이라운드는 가트

(GATT, 무역과 관세에 관한 일반협정) 무역레짐에서 자유무역 예외 품목으로 남아 있던 농산물 거래에도 자유무역 원칙을 적용하겠다는 것을 주요 어젠다로 하여 시작된 다자협상이었다.

이렇게 농업 자유화의 필요성이 국내외적으로 제기되는 조건하에서 노태우 행정부는 1990년 농어촌발전특별조치법을 제정하여 영농조합법인의 농지소유를 허용함으로써 농가가 아닌 법인도 농업주체로 인정했다. 1992년에는 농지면적의 65%를 규제하던 절대농지제도를 폐지하고 농지의 50%만 농업진흥지역으로 규정하여 농촌지역의 다양한 발전 가능성을 열어주었다.

김영삼 행정부 하 1993년에는 농지소유 상한선이 기존의 3헥타르에서 10헥타르(농업진흥지역 안에서는 20헥타르)로 확대되었고, 1996년에는 농업진흥지역 안에서의 농지소유 상한을 폐지하여 대규모 쌀 재배농가가 성장할 수 있는 길을 열어주었다. 1980년대 이후 국내외 경제환경은 한국 정부에 농업자유화를 요구했고, 한국의 역대 정부도 1990년대까지 그러한 정책기조를 유지해왔다. 1992년 대통령선거 당시 행정부 경험이 없던 김영삼 후보는 "쌀시장 개방만은 대통령직을 걸고 반드시 막아내겠다"고 역설했다. 그러나 대통령 취임 첫 해 말에 우루과이라운드 협상이 타결되자 정치적 어려움을 겪었다.

농업보조금 지급을 제한하고 모든 농산물 교역을 관세화하는 것을 기본원칙으로 채택하는 우루과이라운드 협상이 타결되었지만, 한국 정부는 이미 1980년대부터 경자유전 원칙에 신축성을 부여하는 등 적절한 준비작업을 해왔으므로 차분히 대응할 수 있는 상황이었다. 그러나 제헌헌법의 경자유전 원칙과 농지개혁법체제하에서 보호받을 권리를 누려오던 소농들을 비롯한 농업보호주의자들 사이에서는 미국의 시장

개방 압력에 대한 저항을 신자유주의 국제경제질서 일반에 대한 적대적 태도로 연장하는 경향이 나타났다. 김영삼 대통령의 공약 번복이 농민들로 하여금 자신들의 과격한 항의를 정당하다고 여기게 해주는 결과를 낳았다.

김영삼 대통령은 과격한 농촌투자 정책을 발표하여 자신의 실수를 만회하려 했다. 정부는 농어촌구조개선사업을 위한 42조 원 투융자 계획의 실시기간을 단축하여 1994년부터 1998년까지 농업경쟁력 강화를 위한 집중투자에 나섰다. 이것은 다자간 국제무역협상을 추진하는 정부가 국내의 자유무역 피해자들에게 물질적 보상을 제공함으로써 국제협상과 국내정치적 입지 사이의 모순을 해결하는 이중협상전략의 실천이라고 볼 수 있다.

그러나 우루과이라운드 협상의 타결이 임박한 1993년에는 쌀시장 개방에 반대하는 농민들의 과격한 시위가 발생했고, 도시 시민사회에서도 신자유주의 반대운동이 일어났다. 신자유주의 반대운동은 시장 자유화와 세계화가 케인스주의적 복지국가체제를 붕괴시키는 것에 반대하면서 농업 민족주의와 결합했다.

농업 민족주의는 정부 부처 내에도 있었다. 농림부와 농업기반공사 등 농업관련 국가기관들의 부처이익은 전통적 증산정책과 밀접히 연관되어 있어 정책전환 문제를 복잡하게 만들었다. 농림부는 쌀 과잉생산 하에서도 식량안보를 명분으로 새만금 매립사업을 추진했고, 애초 농지개발을 위해 조성한 김포매립지의 용도변경에 반대했다.

1993년 우루과이라운드 협상 타결에 따라 1995년 초에는 세계무역기구(WTO)가 설립되었고, 따라서 농산물 부문도 국제자유무역제도의 규제를 받게 되었다. 한국의 쌀시장 개방문제는 최소시장접근을 허용하는 조건으로 관세화 예외조치에 포함되어 2004년까지 재협상하는 선에서 타결되었다. 여타부문에 대해서도 한국농업은 개발도상국으로 분류되어 농업보조금 제한 이외에 당장 큰 충격을 받을 만큼의 변화를 겪지 않았다.

우루과이라운드 농업협상을 주도했던 미국과 서유럽 각국 정부들 역시 자국 농민들의 표를 의식해서 농업 보조금의 개혁에 상응하는 소득지원제도를 고안하여 WTO 제도 속에 삽입시켜놓았으므로 한국 정부도 직접지불제나 지역개발지원 등의 방법으로 농촌경제가 받을 충격을 완화해나갈 수 있었다. 다만 미국과 서유럽 국가들이 주도하여 WTO를 통해 국제표준화하고 있던 농업지원 수단들은 최대한 증산을 피하는 방법으로 농가의 소득을 지원하는 원칙에 따르고 있었으므로 국제표준화에 따른 한국 농업정책의 방향 역시 전통적 증산정책을 벗어나 경쟁력 강화정책으로 전환해나가게 되었다.

농업의 부가가치가 총 경제에서 차지하는 비중은 1953년 47.3%에서 1993년 7.0%를 거쳐 2015년 기준 2.1%로 감소했고, 농가인구는 1952년 총인구의 62.6%인 1,285만 명에서 1993년 총인구의 12.2%인 540만 명을 거쳐 2016년 총인구의 4.9%인 256만 명으로 감소했다. 1990년대 초 당시 500만이 넘은 농가인구는 지역주의적 선거구도와 맞물리면서 김영삼 대통령에게 상당히 중요한 유권자층을 형성하고 있었다. 이미 농업을 압도하고 있던 도시산업의 생산력으로 농업을 지원하는 것 자체가 어려운 일은 아니었다.

문제는 정부의 지원이 농민들의 자조(自助) 노력을 촉진해서 한국농업의 국제시장 경쟁력을 높이는 결과로 연결되어야 하는 데 있었다. 농민단체들이 정부의 농업자유화 정책 자체를 불신하고 이데올로기적 저항으로 정부를 괴롭혀서 지원금을 더 많이 확보하겠다는 태도를 보이게 되면 정부정책에 대한 농민들의 자발적 참여를 기대할 수 없게 된다.

2001년 기준으로 농가 호당 경지면적은 1.39헥타르로서 미국의 176헥타르, 영국의 70헥타르, 프랑스의 38헥타르, 독일의 30헥타르와 비교할 수 없을 만큼 영세하다. 15년이 지난 오늘날에도 한국 농가의 호당 경지면적은 1.54헥타르에 불과하다. 농업구조조정이 너무 더디게 진행되어 국제시장 경쟁력을 획득해가고 있다고 말하기 어려운 실정이다.

곡물자급률은 2009년 통계로 26.7%이고, 사료용을 제외한 곡물자급률은 51.4%다. 그 차이만큼 축산사료 수입이 많다는 것이다. 하지만 쌀만은 98%의 자급률을 기록한다. 국민식생활 고급화 추세에 따라 국민 1인당 쌀 소비량은 1995년 160.5kg이던 것이 2009년 129.2kg으로 감소하는 추세를 보이고 있다.

1993년 당시 농가소득 중 농업소득이 차지하는 비율은 49.8%였는데, 2014년에는 29.5%로 감소했다. 농외소득과 이전수입의 비율이 높아지고 있는 추세다. 일본과 대만의 농업소득 비율은 2000년에 이미 13.1%와 17.2%에 도달해 있었다. 미국의 경우도 90% 이상의 농가소득에서 농외소득이 농업소득을 능가한다.[1] 극소수의 대규모 농장을 제외하고는 농촌겸업이 보편화되어 있는 것이 세계적 추세다. 한국 농가의 농외소득 비중이 낮은 것은 산업건설이 대도시 위주로 진행되어 농촌지역 주민이 농외 소득원 개발에 어려움을 겪고 있기 때문이다.[2]

임시정부와 건국 지도자들이 1941년 건국강령과 1948년 헌법에서

---

[1]   US Department of Agriculture 2002, *Agricultural Fact Book*.

[2]   오내원 · 김은순, "농외소득의 실태와 정책방향", 『농촌경제』 24권 2호, 2001.

토지개혁을 계획한 것은 계급전쟁을 피하겠다는 전략적 구상과 농촌의 소작가계들에게 생활의 기본적 수요를 충족시켜주기 위한 조치였다. 그렇게 형성된 농촌의 자작적 소농체제는 전후 교육성장에 기여하고 산업화 초기에 소득분배구조가 악화하는 일반적 경향을 상당히 완화시켜주는 제도적 장치로서 작용했다.

농촌의 소농체제와 정부의 생산지원이 결합된 소농적 증산체제는 1970년대 중반에 쌀 자급자족을 성취하고 농가소득 수준이 도시 근로자 가계소득을 따라잡으면서 농촌경제와 도시경제 간의 이중경제 현상을 극복하는 데 이른 바 있다. 그러나 정부가 소농적 증산체제를 지원하기 위해 재정적자와 인플레를 부담하는 체제는 지속 가능하지 않다. 1980년대부터 정부는 생산지원의 강도를 완화해나갔다.

우루과이라운드 협상 이후의 재정지원은 농가의 경쟁력을 제고하여 농업부문에서도 시장자유주의 원리가 적용될 수 있도록 촉진하는 방향으로 시행되었다. 농업자유화를 위한 국가개입인 셈이다. 정부는 신자유주의 국면의 국제경제질서에 합류하는 과정에서 국내 농업정책에서 경지규모 상한선을 크게 높여 소농이 규모를 확대할 자유를 부여하면서도 헌법에 규정된 경자유전 원칙은 유지했다.

농업이 차지하는 비중이 낮아진 한국경제에서 소농체제는 더 이상 국민경제의 균등한 소득분배에 기여하지 못하는 것이 현실이다. 다만 경자유전의 원칙은 농민에게 어느 누구에게도 종속되지 않을 자유를 보장하는 제도적 기능을 하고 있다고 볼 수 있다. 한국 정부의 농업자유화 정책은 농지규모의 확대를 허용하면서도 경자유전 원칙을 유지함으로써 농업민주주의 전통을 버리지 않았다고 볼 수 있다.

2.
국영기업의 민영화

　　임시정부 건국강령이나 제헌헌법에 담긴 경제질서관은 국가자본 축적을 정당화시켜준다. 새로 건국하는 공화국이 근대산업을 건설하지 못하면 국가의 독립 유지나 국민의 기본적 수요를 충족시켜줄 수 없다. 이것이 국가가 산업자본 축적을 주도해야 할 첫 번째 이유가 된다. 두 번째 명분으로는 산업자본주의에 먼저 진입한 유럽사회가 고심하고 있는 심각한 계급갈등 문제를 회피하는 방법으로, 산업자본 건설에 국가가 직접 개입해야 한다는 것이다.

　　국가자본을 직접 운영하는 것은 공기업들이다. 공기업은 재화나 서비스를 공급하는 경제주체로서 소유권이 공공에 귀속되어 있는 생산조직이다. 공기업의 소유권을 가진 공공기관은 다시 국가, 지방자치단체, 지역사회 또는 기타 공공기관으로 세분해볼 수 있다. 이들 중 민주화와 분권화가 진행된 이후의 지방자치단체나 지역사회가 소유한 경우를 제외한 공기업들이 국가자본을 형성하고 있다. 공기업은 부가가치 기준으로 1990년대 전반까지 국내총생산의 9% 남짓의 비중을 유지해왔다.

전후 자본주의 국가들의 동향을 보면 영국에서는 전후 노동당 집권으로 영국은행(Bank of England), 민간항공, 장거리 통신, 석탄, 철도, 장거리 운송, 전력, 가스, 철강 등 산업에서 사기업의 국유화가 이뤄졌다. 영국 노동당은 의회정부의 권한과 책임하에 국영기업을 운영했다. 노동조합은 기업운영을 위한 협의대상으로 남았다. 노동당은 중앙집권적 계획경제를 통해 경제적 효율을 극대화함으로써 임금, 직업안정성, 교육과 승진 기회 등에서 노동자들의 복지수준을 개선할 수 있다고 보았다.[3] 노동당 집권 후 영국 자본주의는 민간기업과 국영기업이 공존하는 혼합경제를 구성했다고 할 수 있다.

한국경제도 건국 이래 국영기업과 민영기업이 공존하는 혼합경제로 운영되어오다가 김대중 정부에 와서 대대적 민영화로 순수 자본주의에 가깝게 다가갔다고 볼 수 있다. 한국경제가 건국 이후 반세기 동안이나 혼합경제를 유지하며 영국의 전후 노동당 집권기를 방불케 한 사실의 역사적 연원은 손문과 조소앙이 19세기 말과 20세기 초 영국 페이비언 사회주의와 민주사회주의 그리고 영국 노동당 지도자들과의 교류에서 많은 영향을 받았던 것으로 거슬러 올라갈 수 있다. 영국의 노동당이 의회민주주의를 통해 자본주의 경제를 사회주의 경제로 변혁하려는 목적으로 국영기업과 계획경제를 운영했다면, 한국 정부는 계급전쟁의 방지와 국민경제 발전을 위해 국공영 기업을 운영하고 경제개발계획을 세웠다는 차이가 있다. 전자는 점진적이고 평화적인 방법일지언정 계급적 변혁을 목적으로 한 반면, 후자는 공화국과 경제건설을 목적으로 계급

---

3) Robert Dahl, "Workers' Control of Industry and the British Labor Party," *The American Political Science Review*, Vol. 41, Nor. 5, 1947 : 900.

분열을 방지하려고 했다.

영국 노동당이 국유기업의 경영책임을 의회정부에 부여한 것은 국가를 해방의 도구로 보는 페이비언 사회주의 전통에 따른 것이다. 영국 노동당에는 페이비언 사회주의 외에도 길드 사회주의와 노동조합주의 전통이 소수파로 존재했는데, 이 두 소수파는 국유기업에 대한 근로자 통제를 요구하는 목소리를 내기도 했다. 근로자 통제에는 기업에 대한 자치운영, 경영자 선발방법, 경영자 임면권 소재, 노동조합의 경영참여 방법 등에 대한 다양한 제안이 난무하여 추진력을 분산시키고 말았지만 근로자 통제라는 개념에 대한 연구는 이후에도 계속되었다.

이승만 행정부는 재정적자 보전과 민간경제 활성화를 목적으로 귀속재산 불하사업을 추진했다. 박정희 행정부는 부실기업 정리와 민간기업 육성을 목적으로 공기업이었던 대한통운, 대한해운, 대한항공, 대한조선, 인천중공업, 한국상업은행 등을 민영화했다. 전두환 행정부는 통화정책의 자유화를 목표로 한일은행, 제일은행, 서울신탁은행, 조흥은행을 대한석유공사와 함께 민영화했다. 노태우 행정부는 포항제철의 정부 지분 중 34.1%를 국민주와 우리사주로 매각하고 상장했다. 한국전력공사는 국민주 방식의 공모를 통해 정부보유지분의 21%를 국민주로 보급했다. 김영삼 행정부는 가스공사, 담배인삼공사, 한국중공업의 민영화를 위한 상장을 추진했다.

김대중 행정부의 공기업 민영화는 그 이전까지와는 다른 규모와 속도로 진행됐다. 외환위기에 봉착한 정부 입장에서 공기업 민영화는 재정적 압박을 해소할 수 있는 수단이었다. 김대중 행정부는 외환위기를 시장경제원리 실현의 기회로 삼고, 공기업의 대대적 민영화를 공공부문 구조조정 정책으로 추진했다.

김영삼 행정부는 1994년 OECD에 가입하는 과정에서 금융시장을 개방했다. 원화에 대한 국제투기자본의 공격으로 1997년 외환위기가 초래되었다. 외환위기 속에 치러진 선거에서 야당후보가 승리한 이후의 정권 이행기에 한국 정부는 1997년 12월 3일 국제통화기금(IMF, International Monetary Fund)과 구조조정 프로그램에 합의하고 양측의 협의에 따라 의향서를 작성하여 정책을 실행했다. 이승만 행정부가 전후 복구 과정에서 한미 간에 CEB를 개설하여 경제정책을 협의한 것처럼 1997년 말에도 한국 정부는 다시 국제기구와 경제정책에 대한 협치 상태에 들어갔다.

이승만 행정부 당시에도 원조 수원국 관리들이 지원국의 정책에 이견을 제기했듯이 김대중 행정부도 국제기구와의 협치 속에 공기업 정책에 대한 자국의 의지를 입력시켰다. 공기업 민영화는 6차 의향서까지는 국제통화기금 프로그램에 포함되어 있지 않았다. 7차 의향서에서부터 부분적으로 국제통화기금 프로그램에 나타난 민영화 계획은 국제통화기금의 권고사항이라기보다 오히려 한국 정부가 국제통화기금과의 협치를 활용하여 추진한 것이라고 볼 수 있다.

한국 정부는 공기업 108개 중 완전민영화 38개, 단계적 민영화 34개, 자회사 통폐합 6개 등 78개 공기업의 민영화를 계획하고 있었다. 7차 의향서에는 5개 공기업 및 21개 자회사에 대한 즉각적인 민영화 계획과 2002년까지 6개 공기업에 대한 단계적 민영화 계획이 포함되었다. 8차 의향서는 11개 공기업 및 자회사의 민영화를 추진 중이라고 밝혔다.[4]

---

4)   황상인 · 왕윤종 · 이성봉, 『IMF체제하의 한국경제 종합심층보고』 II, 대외경제정책연구원, 1999: 55.

김대중 행정부는 2002년 말까지 11개 민영화 대상 모기업 중 8개 기업에 대해 민영화를 완료했다. 포항제철은 해외DR(Depositary Receipts, 주식예탁증서) 발행과 자사주 매각을 통해 정부와 산업은행이 보유하고 있던 지분을 모두 매각해서 2000년 10월에 민영화했다. 한국중공업은 2000년 9월에 산업은행과 한국전력이 보유하고 있던 지분 24%를 국내공모를 통해 매각하고, 12월에 4대 재벌을 제외한 제한경쟁입찰을 통해 경영권을 두산에 이양했다. 한국통신은 해외DR 발행, 국내경쟁입찰, 국내공모 등 여러 가지 경로를 통해 정부지분을 2002년 5월까지 완전히 매각했다. 담배인삼공사도 국내증시 상장, 해외DR 발행, 교환사채 발행, 국내공모 등을 통해 2002년 10월까지 정부지분을 모두 매각했다. 국정교과서와 한국종합기술금융은 경쟁입찰 방식으로 대한교과서(주)와 미래와 사람(주)에 매각되었다. 대한송유관공사는 기존의 민간주주인 정유사들에게 정부보유지분을 매각해서 2000년 4월에 민영화를 완료했다. 한국종합화학은 공개입찰의 유찰과 적자경영으로 2001년 12월 청산절차로 마무리했다.

한국전력공사, 한국가스공사, 한국지역난방공사에 대해서는 부분적으로 민영화가 추진되었으나 완료되지 못한 채 다음 정부로 넘어갔다. 차기 노무현 행정부는 기간산업의 공익성을 강조하며 민영화에 부정적 태도를 갖고 있어서 추진하지 않았다. 그다음에 등장한 이명박 정부는 공기업 민영화를 다시 추진하게 되지만, 이때는 한국경제에서 공기업이 차지하는 비중이 부가가치 기준으로 국민총생산의 3% 수준으로 축소되어 있었다.

프레이저(Fraser) 연구소가 공기업을 통한 정부의 시장관여가 가장 낮은 경우를 10으로, 가장 높은 경우를 0으로 지수화하여 측정한 결과를 보면 한국의 공기업규모는 1995년 6.0으로 OECD 국가 중 독일, 일본, 이탈리아, 스웨덴과 같은 관여수준을 보였다. 관여수준이 가장 낮은 나라는 8.0의 미국과 영국이었고, 가장 높은 나라는 4.0의 프랑스와 스페인이었다. 외환위기 당시 대대적 민영화를 겪은 후인 2000년 한국의 공기업규모 프레이저 지수는 7.0 수준으로 상승하여 OECD 평균인 6.25보다 낮은 관여율을 기록했다.[5]

1998년 5월 모든 단기 금융상품이 외국인에게 개방되고 외국인 투자자의 국내기업에 대한 인수 · 합병이 허용되었다. 민간 자본시장을 육성하기 위해 뮤추얼펀드 설립 허용과 기관투자가의 의결권 행사를 허용했다. 포항제철을 포함하여 대기업의 외국인 지분이 50%를 상회하게 되었다.

김대중 정부는 기업지배구조의 투명성과 효율성을 제고하기 위해 사외이사제도를 도입하여 감사제도를 강화하고, 은행법 등 금융관련법 개정을 통해 금융기관의 내부통제 기준 및 준법감시인을 의무화했다. 이명박 정부는 상법을 개정하여 집행임원제도와 준법지원인제도를 도입했다. 공기업의 민영화와 민간기업의 지배구조 개혁은 모두 시장자유주의에 기반을 둔 정부정책의 발로였다고 할 것이다.

제헌헌법 제85조에 명기된 이후 오랫동안 역대 한국 정부가 추구해온 국가자본 축적사업은 김대중 정부의 대대적 민영화로 인해 더 이상 한국경제의 특징적 모습이라고 할 수 없게 되었다. 국가자본의 축적이 중경 전통과 대한민국 제헌헌법에 기반을 둔 경제적 민주주의의 한 요소였다면, 그 전통이 김대중 정부에 와서 종식됨에 따라 한국경제는

---

5) 행정자치부 조직진단센터, OECD 국가비교를 통한 정부규모 진단 결과, 2007. 11. 5.

서유럽 선진국들보다 더 자유주의 시장경제에 가까운 형태로 변모했다.

미국의 닉슨 행정부가 1971년 달러의 금태환을 중지시킴으로써 브레튼우즈 체제가 붕괴되었다. 브레튼우즈 체제의 붕괴는 자본에 대한 국제적 이동의 자유로 이어져서 각국 정부의 통화정책에 국제자본의 영향력이 반영되는 신자유주의 국면을 형성하게 된다. 통상부문에서는 1986년부터 시작된 우루과이라운드를 통해 1995년 설립된 WTO(World Trade Organization, 세계무역기구)가 자유무역 레짐을 전 지구적으로 확장해나갔다. 김대중 행정부 당시의 자유주의 시장경제의 특징으로 표현된 '글로벌 스탠더드'란 신자유주의적 성격이었다.

김대중 행정부는 이렇게 경제적 자유화를 대대적으로 추진하는 한편으로 실업급여 대상자, 최저실업급여 수준, 최저수급기간을 확대하고 직업교육을 강화하며 국민기초생활보장법을 제정하는 등 사회안전망을 강화했다. 생활고를 겪는 국민에게 제공되는 생계비 지원이 기업의 인력조절을 뒷받침해주는 기능을 수행한다는 점에서 사회안전망은 경제적 자유화 프로그램의 한 부분으로 볼 수 있다.

중경 전통의 경제적 민주주의에서는 국가자본 축적과 국제협력의 동시 추구를 계획했다. 미국 정부가 국제자본 공급을 조정하던 브레튼우즈 체제하에서는 한국 정부의 국가자본 축적이 자유주의 국제질서와 갈등을 빚으면서도 국제협력과 상당 기간 병존했다. 그런데 브레튼우즈 체제가 붕괴하고 국제자본이 미국 정부의 규제 밖에서 영향력을 키워가면서 한국경제에도 자유화 압력을 키우게 되었다. 신자유주의적 글로벌 스탠더드의 영향력이 절정에 오른 국제환경 속에서 김대중 행정부는 국가자본을 민영화하는 데 국제협력을 활용했다.

외환위기 속에서 구제금융을 제공하던 IMF와 한국 정부가 합의하여 작성한 6차 의향서에도 보이지 않던 공기업 민영화 프로그램이 7차 의향서에 등장한 것은 한국 정부의 의지가 반영된 것이다. 김대중 정부가 신자유주의 경제사상과 국제자본의 영향력 하에서 정책을 수행한 것이 사실이지만, 공기업 민영화사업 자체는 국제자본이 부여한 바가 아니라 김대중 정부의 경제관에 따라 국제기구의 권위를 빌려 추진한 것이다.

김대중 행정부 정책결정자들 자신이 시장자유주의에 대한 신념을 가지고 있었고, 경제적 민주주의 전통에 대한 지식이나 애착이 없었다고 생각된다. 민주주의와 시장경제를 국정의 두 축으로 내세우며 취임한 김대중 대통령은 국가자본과 그에 기반을 두어 고조되는 국가자율성이 민주주의를 해친다고 본 것 같다.

중경 전통의 경제적 민주주의에는 자유주의적 가치에 대한 친화성과 이념적 신축성이 내포되어 있었고, 그 전통이 한민당 계열 지도자들과 재조합되면서 대한민국이 건국된 사정들을 감안해볼 때, 김영삼 · 김대중 두 대통령의 도전을 한민당 계열의 자유주의 정치 전통으로 이해할 수 있겠다. 이렇게 두 대통령의 자유주의적 판단을 수긍한다고 하더라도 중경 전통의 경제적 민주주의 개념에 입각해볼 때, 다른 하나의 문제가 남는다.

산업자본주의 단계에 진입한 한국경제에서 대규모 자본이 개인의 자유와 평등에 부정적으로 작용할 수 있다는 문제가 그것이다. 김영삼 행정부의 농업 구조조정, 김대중 행정부의 대대적 기업 구조조정, 노무현 행정부의 한미 자유무역협상에 따른 경제 전반에 걸친 구조조정은 노동조합과 농민단체의 반발을 크게 불러일으켰다. 특히 민주노동총연합과 전국농민총연합은 자유주의 국제경제질서 자체를 거부하는 태도를 보였다. 자유주의 개혁에 대한 그들의 반발은 소위 진보주의 연대로 발전하여 남북한 관련 정책분야에서도 한미동맹을 가해자로, 조선민주주의인민공화국을 피해자로 인식하는 민중사관을 여러 차례 공개적으로 드러냈다.

경제적 민주주의는 애초 임시정부 지도자들에 의해 계급전쟁을 방지하기 위한 전략 속에서 채택된 개념이었고, 같은 문제의식을 갖고 있던 정치세력들이 모여서 대한민국을 건국했다. 그 반대편에 서서 계급투쟁을 선동하던 세력들이 조선민주주의인민공화국을 건국했다.

한국 정부가 산업화에 따른 경제조건 변화에 따라 경제적 민주주의 요소들 중 국가자본 축적과 경자유전이라는 두 요소의 가치를 재평가하는 것과 별도로 민중주의적 투쟁사관 아래 계급전쟁을 선동하는 정치적 요소들이 민주화 이후의 한국사회에 재등장하는 문제에 대해 생각해볼 필요가 있다.[6] 건국 당시 헌법 속에 담지한 경제적 민주주의가 구체적 실행측면에서는 제헌헌법 제85조와 제87조를 1954년 개헌에서 삭제했듯이 국민경제의 구조적 변화에 따라 변용을 일으킬 수는 있어도 경제적 민주주의를 추구한 건국 당시의 공화주의적 취지를 계승해가야 할 필요성은 따로 있다. 정치적 민주화 이후 제헌헌법 제85조, 제86조, 제87조에 규정된 경제적 민주주의 조치들에 대한 무관심 속에 자유주의적 낙관론이 정치무대를 지배하고 나서 한국사회 내에 계급전쟁 동조세력이 정치적으로 활성화되는 현상에 대해 관심을 기울여야 한다고 본다.

---

6) 권용립, 『보수』, 서울: 소화, 2015: 244-256.

3.
노사정위원회

　노사정위원회는 노동단체와 사용자단체 사이의 갈등을 대화와 타협을 통해 해결하고자 하는 사회적 협의기관으로 설립되었다는 의미에서 계급전쟁을 방지하고자 하는 경제적 민주주의와 취지를 같이하는 제도라고 할 수 있다. 김대중 대통령의 민주당 정부는 기업 구조조정을 실행하기 위해 정리해고의 합법화가 필요하다고 판단하고 이에 대한 노동조합의 합의를 끌어내는 수단으로 노사정위원회를 공식제도로 설치했다.

　이 위원회는 정부인수 과정에서 이미 발족되었지만, 1998년 3월 28일 대통령령으로 위원회의 규정이 제정되고 10월 2일에 개정됨으로써 정식으로 법적 근거를 갖추게 되었다. 제1기 위원회는 위원장과 간사위원 각 1명을 포함하며 근로자, 사용자, 정부를 대표하는 15인 이내의 위원으로 구성되었고, 제2기에 가서는 노·사·정·정당 각 2명, 공익 5명, 위원장과 간사위원 각 1명씩 총 15명으로 구성되어 노사는 오히려 소수이고 정부는 정당까지 포함하면 가장 많은 의석을 차지하게 되었다.

근로자와 사용자를 대표하는 위원은 전국규모의 노동단체와 사용자단체 대표자 중에서 대통령이 위촉하고, 정부를 대표하는 위원은 재정경제부장관과 노동부장관으로 되어 있었다. 공익대표와 국회의 교섭단체를 구성하는 정당이 추천하는 정당대표도 대통령이 위촉했다.

위원회는 대통령의 자문기구로서 자문에 대한 답신을 정부가 추진해야 할 정책과제로 건의한다. 자문사안은 고용안정과 노사관계 발전을 위한 노사정 협력방안, 경제위기 극복을 위한 현안문제 해결방안 등이다. 제1기 노사정위원회는 노사정이 각기 추진해야 할 정책과제로서 사회협약을 3자간의 대타협으로서 정부에 건의했다.

제1기 노사정위원회가 2월 6일 결정한 사회협약은 90개 사항에 이르는 내용을 담고 있다. 사회협약의 핵심은 노동기본권 신장과 노동시장의 유연성을 교환하는 데 있었다. 사회협약 제76항에는 해고조치 이전에 기업은 "해고를 회피하기 위한 노력을 다하도록 한다"와 "60일 전에 근로자 대표에게 해고회피방법 및 선정기준에 대해 통보하고 성실히 협의"해야 한다는 사전협의조항이 명시되었다. 또 제44항에는 "……성실한 협의를 통해 연장근로시간 단축, 근로시간 조정, 배치전환, 재훈련 실시, 휴직, 휴가 등의 해고회피 노력을 다한다"라고 되어 있다.

정리해고의 법제화를 놓고 노동계가 그 필요성을 납득하고 동의해준 것이 아니라 정리해고 도입에 동의하는 조건으로 정리해고의 법조문에 노동계의 의견을 반영했고, 그 결과 정리해고의 요건이 복잡하게 정의되었다. 실제로는 정리해고의 법제화에도 불구하고 구조조정을 추진해야 하는 기업들이 복잡한 정리해고보다는 고비용의 명예퇴직을 활용하는 현상을 초래하고 말았다.

노사정위원회가 2월 6일 낳은 사회협약은 노사 간 평화협정을 결여하고 있었다. 민주노총 대의원회의는 사회협약 추인안을 부결시켰다. 정부 측 정책과제 역시 국회입법을 거쳐야 하나 야당의 거부감이 강력했다. 사용자단체 역시 세계적으로 초고율 수준인 상속 및 증여세 제도를 우회하거나 한국적 정경관계에 필요한 비자금을 마련하는 과정에서 많은 약점을 안게 되어 기업지배와 경영에 필요한 독립성과 권위를 유지하기 어려웠다. 애초 노동조합 중앙조직의 지도력이 부실한 노동계, 그리고 견제와 균형을 원리로 하는 대통령제 정부의 입법능력 한계를 고려할 때 서유럽 노사관계에서 작동하는 사회적 합의기구가 작동할 만한 조건이 충족되어 있지 않았다.

노사정위원회 제1기는 2.6사회협약을 남겼지만 그 실행을 놓고 이견이 커져서 민주노총이 위원회를 탈퇴하고 정부는 기업 구조조정을 계획대로 추진해버렸다. 노사정위원회는 지금까지 형태상 존속하지만 기능하지 않는 미해결의 난제로 남아 있다.

사회적 합의제도는 북유럽 국가들에서 시행되는 코포라티즘 제도로 알려져 있다. 코포라티즘은 국가와 사회가 하나의 몸으로 상생한다는 개념에 입각한 질서와 체제를 일컫는다. 시민사회의 조직화와 정부조직의 합의적 운영을 전제로 작동 가능성이 열리는 시스템이다.

한국의 경우 국가주도적 근대화의 역사적 전통으로 인해 국가의 역할이 크고 시민사회의 능력은 상대적으로 취약하다. 민주화 이후 특히 김영삼과 김대중 행정부 하에 권력분산과 공기업 민영화를 과격하게 추진했지만, 그러한 과정은 자유주의 질서를 지향하고 있어서 코포라티즘과는 거리가 있다. 시민사회 내에 수많은 신흥단체들이 난립하며 국회와 행정부에 접근하여 집단이익을 획득하기 위해 경쟁하는 구도를 형성하고 있어서 시민사회가 기능별로 조직된 전국적 중앙기구를 통해 이익을 대표하는 구도와는 거리가 멀다.

2월 6일 사회협약에도 불구하고 노동시장의 불안정은 심화되어갔다. 노조 조직률도 저조하여 양대 노총이 전체 임금근로자의 10%에 불과한 노동조합 근로자의 이익을 대변하다 보니 나머지 비노조 근로자와 신규 진입 구직자의 이익이 방치되어버렸다. 고용보호가 정규직 근로자들에게 국한됨에 따라 비정규직 채용이 확대되어갔다.

외환위기 이후 기업들의 구조조정이 계속되면서 노동을 비정규직으로 채용하고 기업 내부 업무 중 상당 부분을 외주로 충당하는 개혁이 계속되었다. 대기업 노동조합의 강력한 협상력으로 만들어지는 이익은 대기업에 집중된 정규직 노동자들에게 할당되고 외주업체와 거기에 근무하는 비정규직 근로자는 발주 대기업과의 이윤분배 경쟁에서 일방적 양보자 또는 열패자(loser)의 지위를 벗어나지 못하는 것이다.

네덜란드, 덴마크, 스웨덴 등의 북유럽 국가들과 독일에서는 노동조합 전국조직과 사회민주주의 정당들이 주도하여 노사 간의 평화와 노동자의 경영참여를 교환하는 합의제도가 운영되고 있다. 노동자 대표의 경영참여는 노동자들의 기업실적에 대한 책임성을 부여하고 노사 간에 체결하는 평화협정은 자본가들의 투자를 촉진하여 기업의 경쟁력과 경제성장으로 이어진다.

스웨덴의 생산직 노동자 중앙노조인 LO와 전국적 수준의 고용주단체인 SAF는 1938년에 잘츠요바덴 협약을 체결했다. 이 협약은 노사 간 분쟁사항에 대한 LO와 SAF의 조정권한을 대폭 강화시킴으로써 분쟁에 대해 노사 자율로 해결한다는 내용을 담고 있었다.[7] 네덜란드의 노사대표는 1982년 바세나르에서 협약을 체결하여 노동조합은 임금억제에 협력하고, 기업은 고용확보에 노력함과 동시에 노동시간 단축을 실시하며, 정부는 재정지출의 억제에 노력하고 감시자의 역할을 수행해서 사회보장개혁과 고용개혁에도 착수하기로 합의했다. 덴마크의 노사와 정부는 1987년 「의도선언」에 합의했다. 이 선언은 덴마크의 임금인상은 덴마크 경제의 주요 경쟁자로 여겨지는 국가들과 비교하여 상대적으로 낮은 수준에서 유지해야 한다는 내용을 담고 있었다.

북유럽과 독일의 사회민주주의 정당들은 전국적 차원에서의 노사 간 협상을 통해 노동계급의 이익을 국가이익과 조화시키도록 정치적 지도력을 발휘함으로써 집권능력을 과시하게 된다. 그러나 노동자들이 기업경영에 참여한다고 해서 기업소유권에 변화가 일어나지는 않기 때문에 국가경제의 자본주의적 성격 자체에 대한 변혁이라고 볼 수 없다.

노동조합 조직의 전국적 중앙집권화가 이뤄지지 않은 한국에서는 노사 간 평화협정을 체결할 능력을 가진 노동조직이 존재하지 않는다. 노동계급을 대변하는 사회민주주의 정당의 정치적 능력 역시 노조의 저발전수준을 넘지 못하고 있다. 한국에서는 북유럽과 독일에서처럼 사회민주주의가 노동계급의 지지와 조직화를 기반으로 의회주의 정부를 구성할 만한 조건이 갖춰지지 않은 것이 현실이다.

김대중 대통령은 노사정위원회 제도를 도입해서 기업 구조조정에 대한 정당성을 노사 간 합의로 뒷받침하고 싶어 했지만, 조직의 전국화와 권위의 중앙집중화가 미흡한 한국의 노동계 현실조건을 고려하지 않

---

7)   신정완, 『임금노동자기금 논쟁과 스웨덴 사회민주주의』, 여강, 2000: 113-115.

은 실험에 불과했다. 그 이후 역대 정부가 노사정위원회를 통해 노사합의를 끌어내는 시늉을 되풀이하는 동안 노동시장의 경직성은 악화되어 갔고, 비정규직 노동자들이 증가하면서 노동조합 운영상의 비리도 심화되어갔다. 기업들은 공장 자동화와 해외이전으로 국내 노동시장의 경직성에 대응해나갔다. 대자본에 소속한 집단과 그렇지 못한 집단 사이에 양극화가 일어나면서 사회적 갈등이 증폭되어 계급전쟁 동조세력들이 준동할 수 있는 환경이 조성되어가고 있다. 김대중 대통령은 1997년 김영삼 정부가 추진한 노동법 개혁과 기아자동차 부실정리에 대한 노동조합의 저항에 가담한 후 외환위기가 발생하자 여야 정권교체에 성공했다.

그는 IMF의 지원이 확정된 직후 취임해서 IMF와의 협의하에 경제정책을 입안하게 되면서 자기 손으로 노동법을 개정해야 할 입장을 맞게 되었다. 그에게 노사정위원회는 노동법 개정에 대한 자신의 정치적 책임을 면하기 위한 방편으로 작용했다. 김대중 행정부는 노사정위원회를 통해 노동조합의 정치적 활동을 보장하고(1998. 4), 교원노조를 허용했으며(1999. 1), 공무원 직장협의회 결성도 허용했다(1999. 1).

4.
국제협력

　김영삼 대통령은 취임사에서 동맹보다 '민족'을 앞세웠는데, 이런 연설문이 나온 배경에는 반공을 권력연장의 수단으로 이용하는 독재권력이 없어지면 남북한 관계도 민족문제로 해결할 수 있다는 민주주의 만능론이 작용하고 있었다. 그는 국제관계에서도 민주적으로 선출된 대통령으로서의 자신감을 가지고 일본 하시모토 류타로 총리의 독도영유권 주장에 대해 "버르장머리를 고쳐놓겠다"는 식의 비외교적 언사를 사용하기도 했다.

　그러나 장기미결수 이인모 노인의 북송은 북한당국의 체제선전에 악용되었고, 북한의 NPT 탈퇴선언에 대해 외교적 해결만을 고집하다가 이듬해 미국과 북한 간에 제네바 합의가 성립되자 한국은 협상에서 제외된 채 경수로 건설비용만 대는 상황에 처했다. 1996년 OECD에 가입하면서 선진국 클럽에 가입하게 되었다고 자랑했지만, 그 과정에서 금융을 개방하자 국제투기자본의 공격을 받고 이듬해 국가적 외환위기를 맞고 말았다.

정치적 민주주의가 모든 것을 해결해준다는 믿음을 자유주의적 낙관론이라고 부를 수 있겠다. 독재권력으로부터 언론·출판·결사의 자유와 선거의 권리를 되찾으면 다른 모든 문제는 갈등 당사자들이 자발적으로 해결의 길을 찾는다는 믿음이다. 김영삼 대통령이 임기 말에 맞은 외환위기는 그의 이런 낙관론과 국정운영 현실 사이의 괴리가 얼마나 컸는가를 깨닫게 해주는 일대 재앙이었다.

한국은 1997년의 경제적 재앙을 맞고도 정치적 민주주의를 유지할 수 있었다. 이때 한국은 근대적 산업을 갖추고 있었기 때문에 국제정치적으로 취약국가의 처지에서 벗어나 있었다.[8] 국민은 1987년 헌법질서에 대한 신뢰를 갖고 경제적 위기를 견뎌내는 인내와 의지를 보여주었다.

김정일이 이끄는 조선민주주의인민공화국은 남한에 민선 대통령이 선출되건 말건 상관없이 국제정치 무대에서 자국의 생존을 도모하기 위해 핵과 미사일 개발을 계속했다. 미국의 클린턴 행정부 역시 제네바 합의를 주도하면서 비용은 한국과 일본에게 떠넘기는 등 자국이익을 위해 움직였다.

김영삼은 소련이 이미 해체된 이후 취임한 첫 한국 대통령이었다. 미국은 주적이 없어진 당시 상황에서 북핵문제를 다루면서 한국과의 동맹관계를 크게 감안할 필요성을 느끼지 않았다. 미국은 냉전시대 소련과의 경쟁을 위해 서방진영을 관리하는 역할을 했지만, 냉전이 종식된 이후에는 그럴 필요성을 별로 느끼지 않았다. 미국은 경쟁자가 없는 세계유일의 초강대국으로서 세계질서를 어떻게 끌고갈 것인가에 대해 스

---

8) 취약국가의 개념에 대해서는 이택선의 2012년 학위논문을 참조.

스로 판단하고 행동하면 되었다.

　김영삼 대통령은 민주화라는 한국 정치질서의 변화와 별개로 국제질서의 변화에 따로 적응해야 한다는 의식이 부족했다. 우루과이라운드 협상 타결이 임박한 1992년 대통령선거에 여당후보로 나선 입장에서 쌀시장 개방을 막겠다고 연설했다가 대통령 취임 후 농민들의 거센 항의에 몰렸다.

　1996년에는 OECD에 가입할 마음에 성급하게 금융개방에 나섰다가 국제투기자본의 통화공격에 노출되었다. 앞 장에서 설명한 바와 같이 1971년 미국의 닉슨 대통령이 달러의 금태환 중지를 선언한 후 브레튼우즈 체제도 국가의 통제와 자유무역 사이의 균형을 유지하는 기능을 상실해갔다. 시간이 갈수록 더 많은 나라에서 자본의 국제이동에 대한 규제가 풀리면서 민간의 국제자본들이 기하급수적으로 규모를 키워갔다. 국제사회에 단기적 이익을 노리고 대규모로 움직이는 투기자본이 맹활약하면서 국가의 통화제도를 위협하게 되었는데, 한국 정부가 금융을 개방하면서 투기자본의 표적이 되어 외환위기에 빠지고 말았다. 한국은 국제사회에서 비국가 행위자들의 공격에 희생된 것이다.

　김영삼 정부는 외환위기를 막기 위해 1997년 봄 노동법을 개혁하고 기아자동차의 부실문제를 해결하려고 노력했으나, 노동조합이 저항하고 김대중의 새정치국민회의가 개입하여 좌절되었다. 민주적으로 선출된 김영삼 대통령이 국가적 위기를 방지하고자 노동조합과 야당의 협조를 구했으나 끝내 좌절하고 말았다. 정치적 민주주의만으로 해결하지 못하는 문제가 국내외적으로 많이 있다는 현실을 드러내주는 사건들이었다.

　김영삼 대통령의 자유민주연합 정부 하에서 보수세력은 자유민주주의를 자신들의 이념으로 내세우기 시작했다. 박정희 대통령이 군사정변 당사자로서의 입장 때문에 권력의 정당성으로 민주주의를 내세우지 못한 문제가 발생한 이래 처음으로 그 문제를 해결하는 지도자로서 김영삼 대통령의 역할이 있었던 것이다.

그런데 김영삼 대통령의 민주주의관은 자유주의적 낙관론이라는 약점을 가지고 있었다. 정치적 민주주의를 보완하는 경제적 민주주의 전통과 국제협력에 대한 끊임없는 노력을 통해 국제질서의 변화에 적응해나가는 또 다른 전통도 간과했다. 그런 낙관론이 키운 비극의 씨앗이 임기 말 외환위기라는 재앙을 초래하고 말았다.

김대중 대통령도 김영삼 대통령과 마찬가지로 반독재투쟁을 통해 정치적 경력을 쌓아온 자유주의적 성향을 가졌지만, 그는 야당시절부터 연방제통일안을 준비하고 재야에서 평화와 민족통일운동을 조직하는 민중주의자들에게 정치진출의 문을 열어주었다. 1980년대 대학사회에서 주사파로 활동한 인물들이 김대중의 민주당을 매개로 민중주의의 세력화를 주도하게 되었다.

김대중 정부가 IMF와 경제정책을 공동결정하게 되면서 이승만 대통령 시대에 CEB를 운영하며 미국 정부 원조기관과 경제정책을 공동결정한 경험에 필적할 만큼 국제협력이 정부운영의 중심적 사안으로 떠오르게 되었다. 다만 이승만 대통령의 자유당 정부가 국제협력을 통해 국가자본을 건설하는 과제에 집중한 것과는 반대로 김대중 대통령의 민주당 정부는 국가자본을 민영화하는 데 힘을 쏟았다.

김대중 대통령은 외환위기 극복과정에서 재벌, 금융, 공공부문, 노동에 대한 포괄적 구조조정을 추진하는 한편, 냉전세력 청산을 추진했다. 냉전세력이 반공을 내세우고 독재권력에 협력한 사람들이라고 인식되면서 냉전세력 청산은 야당시절의 김대중을 용공으로 지칭하며 탄압했던 구여당 정치인뿐 아니라 공안기관 종사자들까지 포함하는 인사개혁으로 이어졌다.

공안기관의 관료들이 냉전청산의 대상으로 몰리자, 주사파를 포함하여 과거 반국가단체 연루자로 실형을 선고받았던 인사들의 정치적 활동 범위가 넓어져서 민중주의자들이 정치적 세력을 형성할 수 있게 되었다. 민중주의자들은 대한민국 건국의 지도자들을 분단세력, 공안세력 또는 친일파로 인식한다. 그들은 국가를 상대로 하는 소송을 제기해서 과거 공안사건으로 받은 재판결과를 뒤집는 판결을 유도해내고 국가로부터 배상금을 받아갔다.

김대중 대통령은 남한 내의 냉전세력을 청산하고 김정일과 한반도 평화정착을 논의하기 위해 2000년 평양을 방문했다. 김정일과 회담 후 발표한 6·15공동선언 이후 금강산 관광이 시작되고 사회 각 분야 종사자들의 평양방문이 이어지면서 김대중 대통령의 냉전청산 정책이 정당하다는 분위기가 조성되었지만, 정작 북한을 통치하는 김정일은 핵과 미사일 개발을 멈추지 않았다.

2001년 미국 대통령에 취임한 조지 부시 대통령은 1994년 제네바 합의를 비판하고 김정일에 대한 불신을 드러냈다. 김대중 대통령과 부시 대통령은 대북정책을 놓고 불화에 빠졌으며, 미국과 북한 간의 관계개선은 이뤄지지 않았다.

김대중 대통령이 냉전청산 작업의 파트너로 여기는 김정일을 부시 대통령은 국민을 굶겨 죽이면서 핵개발에 광분하는 독재자로 인식했다. 김대중 대통령은 한반도에 마지막 냉전의 잔재를 제거함으로써 진정한 평화에 이를 수 있다는 이상주의적 세계관을 설파한 반면, 부시 대통령은 동서냉전이 종식된 이후의 세계에도 악당들이 살아있다는 현실주의적 세계관을 고수했다.

냉전종식이란 1989년 베를린 장벽의 붕괴에 이어 1991년 소련방이 해체된 것을 두고 말한다. 실제로 동독, 폴란드, 체코 등의 동유럽 공산주의 국가들은 서방진영의 지원을 받으며 민주주의와 시장경제를 정착시켜가고 있었지만, 정작 냉전종식을 주도한 고르바초프 소련 대통령의 개혁은 중단되고 말았다.

고르바초프의 소련 해체 후 권력을 잡은 옐친 러시아 대통령은 소련 해체 이후의 신질서를 세우지 못하고 KGB 요원 출신 푸틴에게 권력을 이양한 상태였다. 중국에서도 개방경제를 운영하는 듯한 겉모습에도 불구하고 실제로는 공산당 일당독재가 계속되고 있다. 부시 대통령은 소련은 해체되었지만 살아남은 공산당 간부와 군부 인사들에 의해 자행되는 러시아의 폭력성과 중국공산당의 독재, 그리고 중동에 준동하는 테러리즘에 주목하며 냉전종식 이후 세계에 대해 현실주의자로서의 주의를 기울이고 있었다.

그에 비해 김대중 대통령은 유럽 쪽에서 벌어진 냉전종식을 액면 그대로 받아들이고 이제 평화세력이 전쟁세력을 밀어낼 수 있을 것이라는 막연한 기대 위에 햇볕정책을 추진했다. 두 지도자 사이의 한미정상회담이 끝나고 반년 후 9·11테러가 발생했는데, 중앙아시아와 중동지역에서 활동하는 테러리스트들이 미국 본토를 공격해서 3천 명에 달하는 사망자를 낸 이 사건은 우리가 냉전종식 이후에도 악당들이 준동하는 위험한 세계에 살고 있다는 것을 증명하는 것 같았다.

미국 정부가 9·11테러 이후 아프가니스탄과 이라크에서 전쟁을 벌이고 북한의 김정일이 핵과 미사일 개발을 추진하는 사이에 한국 정부의 이상주의적 대북정책은 설 자리를 잃고 말았다. 민주주의와 시장경제를 신봉하는 민주당의 자유주의자들이 국제협력을 구하는 데 실패하자 민중주의자들이 나서기 시작했다.

민중주의자들은 2002년 동두천의 중학생 효선이, 미선이가 미군 장갑차에 치여 죽은 사건을 부각시켜 대통령선거에 반미감정을 활용했다. 김대중 대통령이 시작한 냉전세력 청산운동이 동맹국 미국을 냉전세력으로 매도하는 분위기로 비화한 것이다. 이때 한국정치의 전면에 등장하는 민중주의자들의 세계관은 사실 화석화된 1920년대의 혁명사상에 다름 아니다.

1920년대의 민중주의를 대표하는 신채호의 글을 한 번 보자. 신채호는 1927년 무정부주의동방연맹에 가담하여 「선언문」을 작성했다. 그의 민중사관은 무정부주의 「선언문」에 즈음하여 무산대중을 역사의 주체로 내세우는 단계에 이른다. 「선언문」은 다음과 같이 처절한 절규로 시작된다.

> "우리의 세계 무산대중! 더욱이 우리 동방 각 식민지 무산대중의 피·가죽·뼈·골을 빨고, 짜고, 씹고, 물고, 깨물어 먹어 온 자본주의의 강도제국 짐승무리는 지금 그 창자가 뚫려지려 한다. 배가 터지려 한다."[9]

동 「선언문」의 상기 내용에는 반자본주의·반국가의 주장이 실려 있는데, 다음 문장에는 반엘리트 의식도 거친 표현으로 드러난다.

---

9) 「선언문」, 안병직 편, 『신채호』, 서울: 한길사, 1989:197.

"군인의 총과 경찰의 칼로 혁명적 민중을 억누르는 동시에 신문 · 서점 · 학교 등을 세우거나 혹 사들이고 혹 감독하여, 저들의 앞잡이인 기자 · 학자 · 문인 · 교수 등을 시키어 그 야수적 약탈, 강도적 착취를 공인하며, 변호하며, 예찬하여, 민중적 혁명을 소멸하려 한다.

이 야수세계, 강도사회에 '정의'니 '진리'니가 다 무슨 방귀이며, '문명'이니 '문화'니가 무슨 똥물이냐."[10]

신채호는 무정부주의자들을 위해 작성한 「선언문」에서 당대의 문명일반에 대한 저항의식을 표출했다. 그가 「선언문」을 작성한 1927년은 제1차 세계대전이 끝나고 제2차 세계대전이 시작되기 전의 전간기(戰間期)에 해당한다. 제1차 세계대전 전승국들은 윌슨의 민족자결론을 도외시한 채 패전국들의 식민지를 분할점령했고, 국제연맹은 그러한 강대국의 식민지배를 정당화시켜주고 있었다.

민중주의자들은 신채호가 활동하던 시기에 통용된 국제정치관을 반미자주화투쟁에 적용했다. 그들의 그런 인식과 행동은 외자를 도입하고 상품을 서방시장에 팔아서 근대화한 대한민국의 국제협력 전통과 정면 배치된다. 그들이 1920년대의 세계관을 유지하려면 1948년부터 대한민국이 건국하고 발전해온 역사를 모두 부정할 수밖에 없다. 그들은 1920년대의 민중주의에 대한 신념을 유지하기 위해 대한민국의 건국 지도자와 발전 지도자 모두를 식민주의와 자본주의의 앞잡이로 매도하고 미국과 일본을 강도제국(强盜諸國)으로 규정해야 했다.

김대중의 민주당 정부시절 정치적으로 급성장한 민중주의자들은

---

10) 상게서.

안보기관의 엘리트들을 북한의 동족을 압박하여 자기들의 권력과 이권을 챙기는 제국주의의 앞잡이들이라고 비난하는 조선노동당의 인식에 동조했다. 자유주의자들이 모든 문제를 대화와 협상으로 해결할 수 있다는 신뢰에 기반을 둔 낙관론을 갖고 있었다면, 민중주의자들은 엘리트와 국가의 권위가 만악의 근원이므로 민중의 힘으로 모든 문제를 해결할 수 있다는 민중 만능론에 빠져 있었다. 자유주의자들이 자유민주주의와 시장경제라는 비인격적 제도를 맹신하며 절차적 정당성에만 신경 쓴다면, 민중주의자들은 자기들도 그 구체적 실체를 알지 못하는 '민중'이라는 관념을 맹목적으로 추종한다.

이에 반해 볼셰비키는 절차적 정당성을 비웃고 민중이라는 관념을 추종하지도 않는다. 그들은 스스로 전위적 위치에 서서 대중을 선동하고 조직하여 계급투쟁의 도가니 속으로 처넣는다. 또한 계급문제에 대해 자유주의적 낙관론이나 관념추종적 태도가 아니라 엄혹한 권력투쟁으로 접근한다. 볼셰비키는 국민 구성원들을 계급적 존재로 파악한다.

볼셰비키는 먼저 반제국주의 선동을 통해 대중이 그 나라의 엘리트들을 불신하고 정부의 권위를 믿지 않도록 유도한다. 나라 안에서 엘리트들과 대중 사이에 불신이 만연해지면 장기투자가 어려워져서 대중생활에 빈곤과 불안정이 깃들게 된다. 볼셰비키는 신뢰가 깨진 사회에 악소문을 퍼뜨려서 사회적 갈등이 계급투쟁으로 비화하도록 선동한다. 무정부주의적 민중주의가 충분히 무르익을 즈음이면 그 사회 내에 사회적 불안을 수습할 수 있는 어떤 권위 있는 인물, 제도, 전통도 사라지고 찾을 수 없게 되기 때문에 자력에 의한 질서회복이 불가능해지고 사람들은 자포자기하게 된다. 그때 볼셰비키 집단이 민중의 전위임을 자처하며 나타나 폭력으로 민중 위에 군림한다.

볼셰비키는 공산당이나 수령 등의 형태를 띨 수 있다. 볼셰비키는 러시아, 중국, 북한에서 다양한 형태의 폭력적 통치형태로 변형을 일으키고 있다. 건국 당시 우리의 경제적 민주주의는 볼셰비키의 침투를 막는 용도를 갖고 있었다. 오늘날에도 볼셰비키의 변형들이 존재한다면 경제적 민주주의의 필요성에 대해서도 재검토해보아야 할 것이다.

다음 장에서는 경제적 민주주의가 정치적 민주주의를 보완하지 않고 그것을 대체했을 때 어떤 결과에 이르게 되는지에 대해 설명하겠다. 볼셰비키가 사회주의 형태의 경제적 민주주의를 내세우며 정치적 민주주의를 파괴한 후 시민사회가 심각하게 훼손된 북한사회는 민주주의의 복원력을 상실한다. 동독에서는 훼손된 채 잔류하던 시민사회에서 개혁운동이 일어나 통일로 이어진다.

VII

볼세비키의
후신(後身)들

중경 전통의 경제적 민주주의에서는 중요산업의 국유화 같은 사회주의적 요소들이 발견된다. 손문은 실제로 코민테른으로부터 국민당 조직의 근대화에 필요한 재정적 · 기술적 지원을 받으면서 중국공산당 당원들을 국민당에 받아들이기도 했다. 조소앙 역시 김구와 함께 1948년의 남북협상에 참여하고 서울로 돌아와서는 사회당을 창당하기도 했으나, 한국전쟁 중 납북됨으로써 전후 반공 분위기의 남한사회에서 그의 사상을 언급하기는 쉽지 않게 되었다.

그러나 계급전쟁을 방지해야 한다는 중경 전통의 건국관과 계급혁명을 추구하는 볼셰비키 전통의 건국관은 상호 간 화해될 수 없이 다른 사상이며, 사상의 실천 결과 역시 완전히 다른 체제로 나타났다. 소련, 북한, 중국대륙에서 일어난 볼셰비키 전통의 계급투쟁은 전체주의 체제로 이어져서 개인의 자유와 평등이 말살되었다. 러시아와 중국은 흐루시초프, 고르바초프나 등소평의 개혁으로 전체주의적 지배에 이완이 온 뒤에도 민주주의로 이행하지 못했다. 그들이 처한 상황은 이미 전체주의적 공포정치로 인해 시민사회 복원에 필요한 씨앗들이 파괴된 후기 전체주의 사회(post-totalitarian society)에 해당하기 때문이다.[1]

이 장에서는 북한과 동독의 경우를 분석하여 볼셰비키 전통의 경제적 민주주의가 계급투쟁으로 시민사회를 파괴하는 과정과 민주주의의 복원력을 상실한다는 결과를 살펴보고자 한다.

---

[1] 후기 전체주의 문제에 대해서는 Juan J. Linz and Alfred Stepan, *Problems of Democratic Transition and Consolidation: Southern Europe, South America, and Post-Communist Europe*, Baltimore and London : Johns Hopkins University Press, 1996 : 42-51 참조.

1.
계급정치의 연원

　　해내외의 한인 지도자들은 1919년 기미독립선언 이후 한성정부, 러시아 영내의 대한국민의회, 상해 임시정부 등을 세운 후 상해 임시정부로 통합하기로 함에 따라 임시헌법을 제정하고 임시의정원과 국무원을 둔 망명정부를 구성했다. 대한민국 임시헌장은 대한민국이 대한제국을 승계하는 국가인 동시에 민주공화국으로 규정함으로써 수천 년 왕국의 전통을 종식시키고 공화정을 새로운 국가의 제도로 채택하게 되었다.

　　상해 임시정부는 연통부와 교통국을 설치하여 국내사회에 지하 연결망을 구축하는 한편 파리 강화회의, 워싱턴 회의와 손문의 광동정부에 대표를 파견하는 외교활동을 벌였다. 그러나 국내의 지하 연결망은 일제의 대대적 검거로 파괴되고 외교활동도 제1차 세계대전 전승국으로 행세한 일제의 방해로 좌절되고 말았다. 상해 임시정부가 3·1운동으로 드러난 독립의 열망을 정치적으로 조직화할 수 있으리라는 기대가 현실의 벽에 부딪쳐 무산되어가자 내부분열이 일어났다.

　　레닌은 한국인 독립운동사회를 볼셰비키가 지도하는 반제국주의 민족해방전선에 끌어들일 목적으로 임시정부 국무총리 이동휘에게 자금을 지원했다. 사회주의계 한인사회에는 이 자금을 누가 관리하느냐는 문제로 내부분열이 일어났고, 임시정부도 국무총리가 코민테른의 자금을 개인적으로 관리하는 것을 문제 삼게 되자 이동휘는 1921년 초 임시정부를 탈퇴했다. 게다가 이승만 대통령이 우리나라를 국제연맹에서 위임통치해줄 것을 미국 대통령에게 청원한 사실을 놓고 비판이 일었다.

임시정부의 미래를 논의하기 위해 1923년 개최된 국민대표대회는 임시정부를 해산하고 새로운 조직을 세우자는 창조파와 임시정부를 개편하여 운동역량을 강화하자는 개조파로 나뉘어 대립하다가 결렬되었다. 임시의정원은 1925년 이승만 대통령의 탄핵을 의결하여 면직시켰다.

당시 의정원 의원으로 활동하던 신채호가 임시정부의 대통령 이승만의 위임통치 청원을 비판하기 위해 내놓은 「성토문」은 다음과 같이 시작한다.

"우리 이천만 형제자매에게 이승만·鄭翰卿 등이 미국에 대하여 위임통치를 청원하고 나라와 민족을 팔아먹는 청원을 제출한 사실을 폭로하여 그 죄를 성토하노라. ……(중략)…… 독립이란 대원칙에서 한걸음 물러서면 합병의 우두머리 이완용이 되거나, 합병론자의 송병준이 되거나, 자치운동의 민원식이 되어, 나라에 재앙을 끼치는 요사스런 무리들이 더불어 일어날 것이니 독립의 방위를 위하여 이승만과 정한경을 성토하지 않을 수 없는 것이다."[2]

---

2) 「성토문」, 안병직 편, 『신채호』, 서울: 한길사, 1989: 201.

신채호의 글에서 읽을 수 있듯이, 탄핵을 주장하는 측은 한국이 국제연맹의 제도인 위임통치를 받게 되면 일본제국의 단독지배가 여러 나라의 공동통치로 변화되기 때문에 자치의 영역을 더 확보할 수 있다는 고려를 도외시했다. 신채호는 아(我)와 비아(非我)의 투쟁으로서의 사관에 갇혀서 국제제도나 국제협력이라는 개념을 배제했다. 신채호와 같은 무장투쟁 지상론자들이 이승만 대통령 탄핵에 앞장섰다.

상해 임시정부가 1925년 대통령을 탄핵한 후 2대 대통령에 취임한 박은식은 대통령제를 폐지하고 만주에서 무장투쟁을 지휘하고 있던 이상룡을 국무령으로 모셔왔다. 이상룡 국무령도 조각에 실패하고 만주로 돌아가자 임시정부 활동은 침체에 빠지게 되었다.

임시정부가 침체에 빠져 있던 1920~1930년대에도 만주의 한인들은 항일 무장투쟁을 계속했다. 1931년 만주국을 세운 일본 육군의 압박으로 만주 독립군들이 와해될 무렵인 1930년대 말에 오면, 임시정부 지도자들이 정당통합운동을 통해 조직을 재건하고 중국 국민당 정부의 지원을 받아 중경시대를 연다. 중경 임시정부는 1940년 지청천, 이범석 등 만주독립군들과 연합하여 광복군을 창설하고 1942년에 김원봉의 조선의용대를 흡수했다.

1940년 중경으로 이주한 임시정부는 한국독립당이 주도하는 가운데 중도노선의 김규식을 부주석으로 영입하고 김원봉, 김성숙 등 사회주의계의 독립운동가들이 임시의정원뿐 아니라 국무원에도 참여하는 연립정부 형식을 취하게 되었다. 계급투쟁보다는 민족독립을 우선한다는 명분하에 성립된 일종의 좌우협력 정부였다.

중경 임시정부에 가담하지 않은 해외 독립운동가들로서 한인화북조선독립동맹과 조선의용군은 연안에서 중국공산당과 협력했고, 중국

공산당 계열의 동북항일연군에 가담하여 1930년대 후반기에 항일무장투쟁을 벌인 지도자들 중 김일성, 최용건 등은 1940년 소련 경내로 피난해서 소련군 88특별여단에 편성되었다. 해외 항일투쟁은 이렇게 중국 계급정치의 맥락과 관련을 맺으며 양분되었다.

손문은 1924년 레닌의 지원과 함께 중국공산당 당원들을 국민당에 받아들였는데, 손문 사후 국민당 지도자가 된 장개석은 1927년 북벌에 성공한 후 공산당을 탄압하기 시작했다. 중국공산당은 모택동의 지도 아래 대장정을 거쳐 연안에 은거한 후 1936년 장학량의 서안사변 기회를 빌려 제2차 국공합작을 성립시킨다.

모택동은 국공합작을 통해 장개석으로 하여금 항일전쟁으로 힘을 소모하게 만드는 한편 중국공산당이 배후에서 국부군을 공격하고 농촌 계급투쟁을 선동하며 지지세력을 확장했다. 중국공산당과 협력하던 화북조선독립동맹과 조선의용군, 소련 88특별여단에 편성된 구동북항일연군의 한인들도 계급투쟁 우선의 사회주의 혁명을 추구하며 국제공산당과의 연계하에 활동했다.

국민당은 경제적 민주주의로 정치적 민주주의를 보완하자는 삼민주의 노선을 걸었고, 공산당은 프롤레타리아 독재로써 정치적 민주주의를 폐기하자는 볼셰비키 노선을 걸었다. 중경 임시정부가 1941년 11월 발표한 건국강령은 삼균제도를 채택하고 있다. 손문의 삼민주의나 조소앙의 삼균주의는 모두 계급투쟁을 예방하는 방식으로 민주주의 국가를 건설하겠다는 건국전략을 담고 있다.

이상 살펴본 바와 같이 계급투쟁론에 기반을 둔 건국노선을 걷는 항일운동가들과 계급투쟁을 반대하는 건국을 계획했던 항일운동가들 사이의 노선행적이 분명히 구분되었던 만큼 한국정치를 뒤흔드는 계급정치의 계보는 1940년대로까지 거슬러 올라간다. 중국의 계급정치에 연루되며 노선을 분화한 항일투사들은 일제 패망 후 미군과 소련군에 의해 분할점령된 한반도로 귀환해서 또 다른 계급정치 상황에 처하게 된다.

2.
조선노동당의 국가

    김일성은 소련점령군의 후원하에 서울의 박헌영과 북한 내 토착그룹 간 타협을 주선하여 1945년 10월 조선공산당 북부조선분국을 설치하고 12월 제3차 확대집행위원회에서 책임비서에 취임한다. 그해 말 모스크바 외상회의가 한반도 신탁통치를 결정한 사실이 알려지자, 공산당 북조선분국 책임비서 김일성, 전평북조선총국 위원장 현창형, 평남농민위원장 이관엽, 여성동맹위원장 박정애, 민주청년동맹위원장 박수영, 조선독립동맹 대표 김두봉이 연명으로 신탁통치를 지지하기 위해 「조선에 관한 모스크바삼국외상회의 결정에 대한 북조선 각 정당·사회단체의 공동성명서」를 발표했는데, 당시 북한에서 가장 많은 지지자들을 거느린 민주당의 조만식은 신탁통치에 반대하다가 연금되었다.

    1946년 2월 8일에는 김일성을 위원장으로 하는 북조선임시인민위원회가 수립되어 3월에서 8월 사이에 토지개혁, 농업현물세제, 중요산업국유화 등을 단행했다. 조선공산당 북부조선분국은 토지개혁이 진행된 4월경부터 '북조선공산당'이라는 명칭을 쓰기 시작한다. "토지개혁

후 불과 4개월 사이에 당세는 10배 이상으로 확대"되었다.[3] 서동만은 그의 저작에서 "토지개혁을 통하여 북조선 전 지역에서 공산당의 권위가 확립되었음을 말해 준다"[4]고 평하고 있다.

7월 개최된 각 정당·사회단체대표회의 결과 북조선민주주의민족통일전선위원회가 결성되어 김일성이 위원장에 취임하고, 8월에는 북조선공산당과 조선신민당이 합당하여 북조선노동당을 창립했다. 양당 합당은 신민당의 김두봉이 김일성에게 서신으로 합당을 제기하는 형식을 취했는데, 그 이전에 "김일성과 박헌영은 비밀리에 소련을 방문하여 스탈린과 직접 면담하는 자리에서 스탈린의 합당 '제안'에 동의한" 사실이 있다는 것이 서동만의 설명이다.[5]

11월 3일에는 민주주의민족통일전선의 공동후보 추천방식으로 도·시·군 인민위원회 선거가 실시되었다. 공동입후보자에 대한 찬부만 묻도록 흑백함에 투표하는 방식이 적용되었다. 도·시·군 인민위원회 대회에서 선출된 북조선인민회의 대의원 237명이 1947년 2월 북조선인민회의를 열어 김일성을 북조선인민위원회 위원장에 선출함으로써 사실상의 정부가 수립되었다. 1947년의 인민위원회와 북조선인민회의 선출방식은 1948년 최고인민회의와 조선민주주의인민공화국 설립과정에서 다시 되풀이된다.

북조선노동당은 1945년 10월 조선공산당 북부분국으로 출발한 후 조만식의 민주당을 제외한 정당과 사회단체들을 민주주의민족통일전선으로 엮은 다음 연안파 공산주의자들의 신민당과 합당하여 북조선노동

---

3) 서동만, 『북조선사회주의체제 성립사 1945-1961』, 서울: 도서출판 선인, 2011: 165.

4) 상게서, 166.

5) 상게서, 171.

당으로 변신하고 다시 박헌영을 끌어들여 조선노동당으로 발전하는 과정을 밟았다. 민주주의민족통일전선은 또 인민위원회나 인민회의 대의원 선거과정에서도 공동입후보자를 추천하여 흑백함에 투표하도록 막후 조종했다. 민주주의민족통일전선의 추천이 대의민주주의제도에서의 복수정당제를 대체하는 이 현상을 어떻게 이해해야 할까?

통일전선전략은 공산당이 정치적 민주주의를 말살시키는 수단이었다. 시민사회 활동을 통해 민의가 형성되고, 복수의 정당이 유권자의 선택을 받기 위해 노력하는 과정에서 민의가 정부정책에 반영될 수 있다고 보는 것이 정치적 다원주의 사상이다. 그런데 민주주의민족통일전선은 시민사회와 정당활동에 개입해서 조만식의 민주당을 경쟁에서 제외시키고 공동후보를 추천해서 선거경쟁을 제한해버린다. 이것은 의회주의나 정치적 다원주의는 타도되어야 할 부르주아 민주주의 제도에 불과한 것이라고 보는 레닌의 가르침에 따르는 행동이다.

마르크스-레닌주의 이론에 따르면 공산당이 혁명의 전위조직이다. 공산당은 이미 민의를 알고 있고 선거경쟁은 민의를 왜곡시킬 뿐이다. 공산당이 알고 있는 민의란 계급투쟁을 통해 드러나는 것이다.

다원주의가 아니라 통일전선전략이 북한정치를 지배할 수 있도록 만들어주는 배후의 실력자는 물론 소련점령군사령부였다. 통일전선전략은 공산당이 국가를 건설하는 전략이다. 공산당은 이렇게 건설되는 국가를 프롤레타리아 독재의 수단으로 이용한다. 그런데 북한의 경우 소련점령군사령부가 통일전선전략의 수행을 지도감독했다. 결국 볼셰비키 제국(帝國)에 의한 북한지역 식민화 과정에 다름이 아니다.

북조선노동당의 창당으로 북한에서 복수의 정당 간 경쟁체제는 끝이 나고, 인민위원회와 조선민주주의인민공화국이 설립되면서 공산당이 국가를 수단으로 부리는 인민민주주의 지배체제가 북한지역을 장악하게 되었다. 북조선노동당은 1949년 남조선노동당을 흡수하여 조선노동당으로 개칭한 다음 해에 남침전쟁을 일으킨다. 휴전 후 김일성은 전쟁 책임을 박헌영에게 뒤집어씌워 권력을 더욱 공고히 장악한 다음 농업 집단화를 추진하여 1958년까지 사회주의 건설을 마무리 짓는다. 북한의 사회주의 건설과정은 소련의 볼셰비키가 "토지는 경작농민에게"를 구호로 혁명을 일으키고 내전에 승리한 다음 농업 집단화로 국가사회주의 건설을 마무리했던 수순을 재현한 것이다.

북한은 1958년 사회주의 건설을 완성한 후 1970년대부터 수령제를 도입하기 시작해서 1994년과 2011년 두 차례에 걸쳐 부자세습을 실현했다. 수령제는 조선민주주의인민공화국 헌법과 조선노동당 규약에 명기되었다. 이렇게 하여 조선민주주의인민공화국은 공화주의 전통에서 벗어나서 사실상 조선수령국으로 변질되었다.

조선수령국은 중요사업과 토지를 국유화하는 국가 사회주의와 공산당의 민주적 중앙집중제를 부인하는 수령제를 결합하는 변형을 일으켰다. 수령제의 채택은 조선노동당 내의 민주적 중앙집중제를 무력화시킴으로써 권력이양 과정에서 흐루시초프의 개혁과 같은 것이 나타나지 못하게 하는 조치였다.

1970년대부터 중국과 동유럽 및 소련 공산체제가 자본주의 사회와의 접촉을 통해 변화를 꾀했던 것과 반대로 북한은 수령제를 통해 전체주의 체제를 영구화시키고 있다. 전체주의 체제의 영구화는 극단적인 인권유린의 일상화로 이어졌다.

3.
전체주의

유엔 조사위원회 2014년 북한인권보고서는 북한에서 자행되고 있
는 인권유린이 국가권력의 일시적 남용이 아니라 북한 정치체제의 고유
한 속성 때문에 일어난다고 결론 내리며 북한을 전체주의 국가로 특징
지웠다. 동 보고서는 전체주의 국가가 소규모 집단에 대한 권위주의적
통치에 머물지 않고 국민 삶의 모든 측면을 지배하려 하고 그들에게 테
러를 가한다고 개념 규정한다. 보고서의 결론 부분을 다음에 인용한다.

80. 조직적이고 광범위하며 중대한 인권침해가 북한의 정부, 기관
및 당국자들에 의해 이뤄졌고 현재도 이뤄지고 있다. 조사위원회가
조사한 인권침해 사례들은 많은 경우 반인도범죄를 구성한다. 이는
단순히 국가의 월권 수준이 아니라 정치체제의 필수요소로서, 북한이
주장하는 이상(ideals)과는 너무나도 동떨어져 있다. 북한에서 벌어지
는 인권침해의 심각성과 규모 그리고 본질은 현대사회의 어떤 국가에
서도 찾아볼 수 없다. 20세기의 정치학자들은 이러한 종류의 정치조

직을 전체주의국가라고 분류했다. 이러한 국가는 소수의 권력 집단이 권위주의적인 지배를 하는 것에 만족하지 않고 주민생활의 모든 부문을 장악하며 정권에 대한 공포심을 주입시킨다.

81. 북한은 전체주의국가의 많은 특성을 보인다. 한 개인이 이끄는 일당 통치는 현 최고지도자가 "김일성주의-김정일주의"라고 일컫는 정교한 지도이념에 기반을 두고 있다. 북한당국은 유년시절부터 사상을 주입시키고, 공식이념에 의심을 품는 모든 정치적·종교적 의견을 억압하며, 주민의 이동 및 타 국민과는 물론 북한 주민끼리도 소통을 통제함으로써 주민에게 이러한 지도이념을 내재화시킨다. 성별과 '성분'에 따른 차별을 통해 정치체제에 대한 도전을 만들 가능성이 거의 없는 엄격한 사회구조가 유지된다.

82. 식량접근에 대한 북한 당국의 독점은 주민의 정치적 충성심을 강요하기 위한 중요 수단으로 활용되어왔다. 식량은 현 정치체제의 생존에 유용한 사람들에게 우선적으로 분배된다. 북한 주민의 당국에 대한 전적인 식량의존은 최근 세계역사상 최악의 기근사례 중 하나로 이어졌다. 북한 당국자들은 최근 들어서야 시장이 더 이상 완전히 통제될 수 없다는 사실을 가까스로 받아들이게 되었다. 그러나 북한은 식량권을 실현하는 완전한 개혁이 아닌, 주민의 굶주림을 불필요하게 야기할 수밖에 없는 비효율적 경제 생산방식 및 자원의 차별적 분배 체계를 유지하고 있다.

83. 북한 정치체제의 핵심은 감시, 강압, 공포, 처벌을 전략적으로

사용하여 어떠한 반대의견도 표현하지 못하게 만드는 거대한 정치ㆍ안보 기구이다. 공개처형과 정치범수용소로의 강제실종은 북한 주민이 정권에 복종하도록 공포심을 주는 최종 수단이다. 북한 당국의 폭력은 당국 주도의 외국인 납치 및 강제실종으로 외부에 드러나게 되었다. 이러한 국제적 강제실종은 그 강도와 규모와 본질에 있어서 유례가 없는 것이다.

84. 오늘날 북한은 정치적, 경제적 그리고 기술적 면에 있어서 급변하는 세계정세 속에 있다. 이러한 변화는 북한 내부의 점진적인 사회적 변화를 위한 기회를 제공한다. 이에 대응하여 북한 당국자들은 해외로부터 유입되는 "체제 전복적인" 악영향을 단속하기 위해 심각한 인권침해를 행하고 있다. 이러한 외부로부터의 영향은 한국 및 기타 외국의 드라마나 영화, 단파 라디오 방송 및 이동전화로 대표된다. 같은 이유로 북한 당국은 주민이 탈북하여 자신의 인권을 행사하는 것을 막기 위해 폭력과 처벌을 조직적으로 사용한다. 중국으로부터 강제송환된 사람들은 대개 고문, 자의적 구금, 즉결처형, 강제낙태 및 기타 여러 형태의 성폭력으로 고통 받는다.

85. 조사위원회가 기록한 북한의 오랜, 그리고 현재도 이뤄지고 있는 조직적이며 광범위한 인권침해 사례들은 국제법상의 반인도범죄를 증명하기 위해 필요한 높은 기준에 부합한다. 북한의 인권침해 가해자들은 아무런 처벌을 받지 않고 있다. 북한은 인권침해 가해자들을 기소하여 재판할 국제적 의무를 이행하려 하지 않는다. 왜냐하면 그 가해자들은 북한 당국의 정책에 따라 행동하는 것이기 때문이다.

86. 북한이 유엔 회원국으로서 인류의 양심에 충격을 주는 범죄를 포함하는 정책을 수십 년간 추구해왔다는 사실은 국제공동체의 대응이 부적절하지 않았는지 의문을 제기한다. 북한 당국이 자국 주민을 보호하는 데 명백하게 실패한 만큼 국제사회는 반인도범죄로부터 북한의 주민을 보호할 책임이 있음을 인정해야 한다. 특히 이러한 책임은 아직까지 미해결된 6·25전쟁의 유산, 그리고 한반도 분단에 있어 국제사회, 특히 강대국들이 한 역할에 비춰볼 때 반드시 받아들여져야 한다. 이러한 불행한 유산은 돌파구를 찾기 어려운 북한의 인권상황을 설명할 뿐만 아니라 효과적인 대응책이 왜 지금 절실한지를 알려준다.[6]

바비오는 "전체주의 국가는 시민사회를 완전히 흡수해서 공공여론이라는 것이 사라지는 극단적 상태에 이를 수 있다"고 경고했는데, 북한체제는 이런 극단적 상태에 거의 도달했다고 볼 수 있다. 국가로부터 독립된 시민사회가 사라지고 나서 북한주민은 인권유린을 당하고도 공공여론에 호소하거나 종교기구나 사회단체에게 보호나 구제를 요청할 수 없는 처지에 빠지고 말았다. 바비오는 국가의 규제 밖에 존재하는 모든 사회적 관계의 영역을 시민사회라고 규정했다.[7]

개인에게 거주이전, 직업선택, 표현, 종교, 결사의 자유가 없다면 시민사회 형성도 불가능해진다. 기본적 인권 없이는 시민사회 형성이

---

6) 2014 유엔 인권이사회 북한인권조사위원회보고서 통일연구원 번역본. 각 단락 앞의 번호를 포함하여 인용함.

7) Norberto Bobbio, *Democracy and Dictatorship*, Minneapolis: University of Minnesota Press, 1989: 22, 26.

불가능하고 시민사회 없이는 개인의 인권보호가 어려워지는 등 인권과 시민사회는 상호의존관계에 있는데, 전체주의 정치체제는 다른 정치체제와 달리 국가 밖에서 일어나는 독자적 사회활동, 즉 시민사회 활동을 말살해버리기 때문에 극단적 인권유린을 초래하는 특성을 갖고 있다.

후안 린츠와 알프레드 스테판은 그들의 1996년 책에서 다음과 같이 주장한다.

> "1980년대 초에 이르면 분명히 전체주의적이거나 그런 레짐을 창출하려던 많은 나라들이 상당 기간 동안 쇠퇴기를 맞는다. 많은 소련식 레짐들이 1953년 스탈린 사망 후 변하기 시작해서 그들이 더 이상 전체주의 모델에 맞지 않게 된다."[8]

흐루시초프가 스탈린의 무자비한 숙청과 개인숭배를 비판하면서 소련을 비롯한 동유럽 공산주의 국가들은 전형적 전체주의 국가로부터 벗어나게 되는데, 후안 린츠와 알프레드 스테판은 스탈린 이후의 체제 특성을 '후기 전체주의(Post-Totalitarianism)'라고 부른다. 후기 전체주의 국가들에서는 사회적 · 경제적 · 제도적 다원성이 일정 한도 내에서 허용되면서 고르바초프와 같이 개혁적 생각을 키우는 사람들도 나타날 수 있게 된다.

김일성은 스탈린이 저지른 무자비한 숙청과 개인숭배를 비판하는 흐루시초프의 개혁노선을 배척하고 자주노선을 천명했다. 김일성

---

8) Juan J. Linz and Alfred Stepan, *Problems of Democratic Transition and Consolidation: Southern Europe, South America, and Post-Communist Europe*, Baltimore and London : The Johns Hopkins University Press, 1996 : 40–41.

은 1956년 8월 종파사건 숙청을 시작으로 자기에게 경쟁이 될 수 있는 모든 파벌을 제거한 뒤 1970년대에 들어와서는 수령으로 등극한다. 북한의 수령제 사회주의를 후안 린츠와 알프레드 스테판은 '술탄주의 (Sultanism)' 체제로 분류하고 있다.

후안 린츠와 알프레드 스테판은 술탄주의 체제의 특성을 이렇게 열거한다.

> "사적 영역과 공적 영역이 뒤섞인다. 가족권력과 왕조적 승계의 경향을 강하게 띤다. 국가적 경력과 통치자에 대한 개인적 봉사 사이의 구별이 없다. 비인격적인 이데올로기가 없고, 경제적 성공이 통치자와의 사적 관계에 달려 있다. 무엇보다 통치자는 더 큰 비인격적 목적이나 견제 없이 자의적 판단에 따라 행동한다. …… 술탄주의 하에서는 법의 지배가 없고, 유사반대집단도 설 자리가 없으며, 민주적 온건파와 협상할 수 있는 체제 내 온건파가 설 자리도 없고, 술탄의 의지의 폭압적 행사에 따르지 않는 경제사회나 시민사회가 존재할 수 없다."[9]

린츠와 스테판은 김일성의 북한을 아이티의 두발리에, 도미니카공화국의 트루히요, 중앙아프리카공화국의 보사카, 필리핀의 마르코스, 이란의 샤, 루마니아의 차우세스쿠와 함께 술탄주의 체제로 분류했다. 김일성은 북한에 스탈린식 국가를 건설하다가 스탈린 사망 후 수령제 국가로 변질시켰는데, 이 수령제 국가는 린츠와 스테판이 말하는 술탄

---

9) 상게서, 52-53.

주의 체제의 특성을 갖고 있다고 볼 수 있다.

'술탄주의'라는 말을 사회과학 용어로 사용한 사람은 막스 베버(Max Weber)였다. 그는 국가들이 보여주는 통치형태를 분류하기 위해 여러 가지 개념을 소개했는데, 그중 국왕이 관료조직을 수단으로 삼아 중앙집권적 권력을 사유화하는 통치형태를 설명하기 위해 '가산주의(patrimonialism)' 또는 '술탄주의'라는 용어를 사용했다.

가산주의(家産主義) 또는 가산제는 세습왕조(dynasty)가 관료제를 활용하여 중앙집권적 국가를 통치하는 방식으로서 농경시대 동아시아 대륙에 널리 분포한 통치양식이다. 가산제 국가들 중에서도 오스만 제국에서 독특하게 나타난 술탄주의는 베버를 비롯한 서유럽 지식인들에게 특별한 관심의 대상이 되었다. 왜냐하면 오스만 왕조가 유럽대륙의 정복지에서 징발해간 기독교도 소년들을 교육시켜 노예관료로 사용했기 때문이다.

14세기부터 18세기까지 술탄은 '데브시르메(devshirme, '모으다' 또는 '모집하다'라는 뜻)'라 불리는 이 제도를 통해 제국 접경지역의 기독교도 사회에서 여덟 살짜리 소년들을 징발했다.

> 데브시르메 충원 절차는 엄격한 규제를 받았다. 소년들은 집합하고 등록하고 이스탄불까지 행진하고 할례한 다음 각자의 운명을 결정할 선택을 받았다. 소년 대다수는 친위군인 예니체리가 되기 위해 수년 동안 훈련을 받았다. 맘루크 노예병사를 본뜬 듯한 예니체리는 발칸의 기독교도들 중에서 충원했다. 술탄의 가문과 통치기구에서 봉직할 인재로 발탁된 더 적은 수의 소년들은 궁전 안으로 사라졌다. 거기서 그들은 환관 후견인들의 감독을 받았고, 남들 앞에서 침묵을 지켜

야 했고, 이슬람의 가르침과 법, 오스만의 언어, 통치 엘리트층의 기예와 무예를 교육받았다. 그중 두각을 나타낸 일부는 술탄의 최고위 신하(지방장관, 외교관, 각료)가 되거나 제국의 최고위직 행정관인 재상까지 되었다. ……(중략)…… 위대한 각료나 고문은 모두 술탄의 피조물이었고, 술탄에 의해 해고되거나 대체될 수 있었다. 술레이만 1세는 각기 다른 재상을 8명 두었다. 그처럼 강력한 이들을 처형하는 것은 왕족의 형제 살해만큼이나 흔한 관행이었다.[10]

외부의 기독교 사회에서 충원된 노예 신분의 군인과 관료들은 제국 신민과 연결되지 않은 고립된 집단이기 때문에 술탄에 대한 충성을 통해서만 집단으로서의 정체성을 유지할 수 있었다. 술탄은 노예관리들에게 절대적 충성을 요구하며 통치조직이 지방귀족들과 연계될 위험성도 예방했다.

그뿐만 아니라 술탄들은 기독교도 노예여인들을 첩으로 거느리며 후계자들을 생산했는데, 술탄이 죽으면 계승권을 가진 아들들이 국가권력을 차지하기 위해 예하(隸下)의 군대와 동맹을 동원하여 서로 싸웠다. 국가권력의 계승은 형제 살해를 통해 이뤄졌다.

술탄은 노예관리들을 활용하여 무한정의 권력을 추구할 수 있었다. 20세기에도 관료조직을 운영하는 관리들에게 통치자 개인에 대한 무한정의 충성을 요구하는 술탄주의를 발견할 수 있는데, 그중 학계에 잘 보고된 사례로서 도미니카공화국의 라파엘 트루히요(Rafael Leonidas Trujillo)의 독재가 있다. 이 장에서는 비교정치학자 하워드 위아르다(Howard J. Wiarda)

---

10) Jane Burbank and Frederick Cooper, *Empires in World History*, 이재만 옮김, 『세계제국사』, 책과함께, 2011: 210–211.

가 1968년에 출간한 『Dictatorship and Development: The Methods of Control in Trujillo's Dominican Republic』이라는 책의 내용을 토대로 트루히요의 술타니즘을 소개한다.

트루히요는 1930년 도미니카공화국에 전개된 혁명상황에서 군부 실력자로 선거테러를 자행해서 경쟁자들을 제거하고 8월 16일 대통령에 취임했다. 취임 18일 후 강력한 허리케인이 수도 산토도밍고(Santo Domingo)를 폐허로 만들자 의회가 헌법적 권한들을 유보하고 대통령에게 사실상 독재적 권한을 부여했다. 트루히요는 천연재해에 대응하기 위한 이 비상대권을 활용하여 잔존 야당세력을 제거하고 31년간에 걸친 장기독재를 이어갔다.

트루히요는 군사지도자로서의 배경을 업고 대통령직에 오른 후 병력을 대폭 강화했다. 그는 근대적 군대의 창설자로서 그 군대를 철저하게 자기의 사적 관리하에 두었다. 그는 재선 대통령을 지내고 나서 꼭두각시 대통령을 세워서 4년 동안 대리통치를 했는데, 이때도 군대에 대한 인사권을 행사했다.

트루히요는 군 지휘관들을 끊임없이 감시하고 몇 달에 한 번씩 인사이동시켰다. 이는 군대 내에 트루히요 외에는 누구도 직책과 권한에 따른 권위와 지도력을 쌓을 수 없게 만드는 것이었다.

이런 불규칙한 인사이동이 군의 전투력을 떨어뜨리는 것은 불을 보듯 뻔한 일이었지만, 트루히요에게 있어 군대는 처음부터 국내통제용 수단이었지 국방을 위한 존재가 아니었다. 군대는 트루히요 정권 초기 8년 동안 구타, 살인, 강제추방 등의 방법으로 야당세력을 제거했다.

트루히요의 공포정치는 초기 군사독재에서 흔히 나타나는 단순한 야당탄압과 제거로부터 전체주의 체제에서 볼 수 있는 전면적 테러와 세뇌를 통해 사회를 통제하는 단계로 발전해갔다. 제2차 세계대전이 끝나면서 히틀러와 스탈린이 개발한 전체주의적 통치술이 세상에 알려지자 트루히요도 그 새로운 통치술을 배울 수 있게 되었다. 그는 모든 불온사상이나 표현을 위험한 것으로 규정하고 비밀경찰과 첩보조직을 활용하여 위험한 행동을 저지른 자들을 색출하여 훈계하고 세뇌하는 기법을 활용함으로써 노골적인 폭력행사가 눈에 덜 띄게 만들었다. 비밀경찰과 첩보조직에 종사한 인원은 1950년대에 5,000명 수준으로 불어나 수적으로 경찰병력을 웃돌게 되었다. 택시기사, 호텔 바, 카지노, 식당 종업원들도 정보원으로 활용되었다.

교육과 세뇌로 교정되지 않는 사람들은 육체적 고문을 받고 무력화되거나 처형되었다. 트루히요 정권이 종식된 후 이뤄진 실태조사에 따르면 정치범들 중에는 손발톱이 뽑히고, 거세되거나 산채로 화형에 처해진 경우도 있었다고 한다.

군부에 대한 사적 통제를 이용해 정부를 인수한 트루히요는 재산을 챙기기 시작했다. 정부와 국가경제를 사유화하는 데는 그의 친족들이 동원되었다. 국가조직은 트루히요의 농업적·산업적·상업적 기업활동을 위한 지원에 동원되었다. 트루히요는 도미니카공화국 최대의 지주요, 가장 큰 상점주였으며, 유일한 주요 산업가였다. 나라 안에서 이윤을 내는 조직은 모두 트루히요 소유이거나 그에게 공물을 바치는 자의 소유였다.

트루히요의 연설은 제2차 세계대전 종전 이후부터 그의 통치사상을 전달하려고 노력하기 시작했다. 이렇게 원론적으로 표출되기 시작한 생각들이 1950년대에 오면 그의 정치사상으로 종합되어 지도자를 신격화하는 선전에 이용되었다. 트루히요의 정치철학이라는 것은 공산주의나 국가사회주의 이데올로기 수준에는 못 미치지만 나름대로 통치에 활용되었다. 하워드 위아르다의 평가를 인용하면 다음과 같다.

> "그가 교육체제, 언론, 그리고 지적 활동에 행사한 통제와 도미니카공화국 로만 가톨릭교회와 형성한 상호지원적 관계를 유지한 상황에서 트루히요의 정치철학은 통제수단으로서 상당한 역할을 했다."[11]

트루히요의 통치는 나치당이나 볼셰비키의 점령이나 혁명수출이 없는 도미니카공화국에서도 지배자에 의해 전체주의적 통치술이 채용될 수 있다는 것을 보여준다. 트루히요는 군과 관료조직에서 일하는 공직자들을 감시와 불규칙한 인사이동으로 자기의 사적 권력에 충성하도록 노예화했다. 오스만 제국의 술탄이 노예관리들을 부리던 원리가 20세기 도미니카공화국에 적용되었다. 노예관리들은 감시와 공포에 짓눌려 주민과 연대할 엄두를 내지 못한다.

인구 350만의 섬나라 독재자 트루히요는 결국 미국 내 여론악화와 함께 외부로부터 오는 압력이 증가하자 내부적 반대세력이 형성되면서 1961년 암살당했다. 트루히요의 죽음과 함께 그가 휘두르던 무한권력도 붕괴했다. 도미니카공화국은 새로운 정치질서를 건설해야 했지만, 재건을 위한 사회제도적 기반이 없었다. 트루히요의 전체주의적 통치로 인해 중산층의 연대의식도, 법의 지배도, 선거제도도, 교회의 권위도, 절차적 정당성에 대한 합의도 모두 사라지거나 약화된 뒤였다. 도미니카공화국은 트루히요 사망 이후 정치적 혼란을 거듭하다가 1965년에

---

11) Howard J. Wiarda, *Dictatorship and Development: The Methods of Control in Trujillo's Dominican Republic*, Gainesville: University of Florida Press, 1968 : 123.

피비린내 나는 혁명과 내전에 빠져들고 말았다.

도미니카공화국을 멸망시킨 근대적 술타니즘은 북한에서 수령제로 부활했다. 1956년 종파사건을 일으켜 노동당을 사유화한 김일성이 아들 김정일을 시켜서 수령으로 등극했을 때 온 나라를 사유화한 트루히요의 통치술을 참고했을 것이다.

김일성이 스탈린주의 통치에서 술타니즘으로 이행해가는 것을 보고 배운 것이 루마니아의 차우세스쿠였다. 루마니아는 오스만 제국의 통치를 받았던 발칸 반도에 위치했다. 루마니아의 경우도 관리들이 국가기관에서 독자적인 경력을 쌓는 것이 불가능했다. 최고위 노멘클라투라마저 임명, 처우, 학대, 전보, 파면이 가신에 준하는 방법으로 이뤄졌다. 김정은이 북한 장성들을 승진시켰다가 강등시키기를 반복하다가 처형장으로 보내는 행태가 여기에 해당한다고 볼 수 있다. 구조적으로 최고통치자 자신을 대체할 인물이 성장할 수 없게 만드는 것이다.

루마니아는 동유럽 공산주의 국가 가운데 1989~1991년 냉전종식 기간 중 가장 늦게 체제변동에 합류했으며, 체제변동 과정에서 시위군중에 대한 무력진압이 발생해서 가장 많은 희생자를 내고 이행 후 체제가 가장 오랫동안 안정화되지 않는 나라로 남았다. 루마니아는 시민사회의 건설이 평화적 체제이행의 관건적 요소라는 사실을 반증하고 있다. 루마니아 사례는 우리가 북한의 체제이행 가능성에 못지않게 평화적 이행을 걱정해야 하는 이유를 제공해주고 있다.

북한은 루마니아와 마찬가지로 스탈린식 전체주의 국가로 건설되다가 술탄주의로 변형된 경우로, 평화적 체제이행이 가장 어려운 경우에 속한다. 김일성은 처음 스탈린주의 노선으로 건설하다가 수령제 채택과 함께 술탄주의 노선을 가미했다. 김일성-김정일-김정은으로 3대세습을 이어가는 동안 북한체제에서는 스탈린주의보다 술탄주의 요소가 더욱 강화되어가고 있다. 김정은에 와서는 군부인사를 무질서하게 하고 고위관리들을 수시로 처형하는 등 관리들에 대한 노예화 정책을 펴는 것을 볼 때 술탄주의적 통치행태를 매우 인상적으로 보여주고 있다. 오스만 제국에서는 술탄이 죽으면 그의 아들들이 각자의 지지세력을 동원하여 살육전을 벌였다. 이 형제살육전에서 승리한 자가 차기 술탄으로 등극했다. 김정남이 쿠알라룸푸르공항에서 독살 당한 것도 수령 승계과정에서 벌어진 형제 살해로, 조선수령국에서 일어나는 술타니즘 현상으로 볼 수 있다.

북한주민은 1940년대 소련군 점령하에서 민주주의통일전선에게 정치적 다원주의를 파괴당하고 1950년대 사회주의 건설단계에서 노동당에게 사유재산권을 빼앗겼다. 당-국가는 자율성을 가진 시민사회를 용납하지 않았고, 북한주민은 자율적 연대의식을 상실하게 되었다. 조선노동당이 1970년대 수령제를 도입하여 민주적 중앙집중제를 폐기했으나 연대의식을 상실한 노동당원이나 북한주민은 아무도 저항할 수 없었다.

수령과 조선노동당은 북한주민을 핵심계층, 동요계층, 적대계층으로 나누는 성분제를 적용해서 관리한다. 거주, 진학, 취업, 승진 등에서 계층별로 차별대우가 제도화되어 있다. 북한의 전체주의화 과정을 보면 사유재산권, 시민사회, 다원주의 없이는 경제적 민주주의를 논할 여지가 없다는 인과관계를 이해할 수 있다. 경제적 민주주의가 정치적 민주주의를 대체한 다음에는 전 인민의 노예화가 초래된다.

김일성은 1956년 종파사건 이후 볼셰비키 노선으로부터 이탈하여 주체사상을 구축하게 되는데, 주체사상 중 무정부주의와 민중주의가 강조된 변종을 남한사회에 퍼뜨렸다. 김일성이 수출한 민중적 투쟁사관은

5·18민주화운동 이후 한국의 대학가에 흡수되었다. 그렇게 형성된 한국 내 주사파들은 통일전선전략을 가지고 한국 민주주의의 다원주의 질서 속에 침투한다. 계급혁명론자들은 다양한 사회집단과 정부부처 속에 침입해 들어간 후 미군 축출과 정부 전복을 위한 행동에 나선다.

자유주의 정치인들이 민주화 국면에서 정부와 국가의 권위에 대한 비판에 앞장서온 터였으므로 민중주의가 큰 무리 없이 당시 사회 분위기 속으로 침투할 수 있었다. 다원주의 질서 속에 사는 대중은 다양한 정보를 접하면서 체제 내의 권위주의 잔재에 불만을 표출하지만, 그들의 불만표출이 통일전선전략을 구사하는 세력에게 이용당한다는 사실을 파악하기 어렵다.

민중적 투쟁사관을 남한사회에 수출한 김일성 일가가 건설한 북한사회는 성분제도에 의한 차별과 불평등이 극단적으로 고착화되어 있다. 민중적 투쟁사관을 만든 신채호가 살아있었으면 김일성을 불구대천의 원수로 여길 수밖에 없는 상황이다. 지하에서 암약하는 통일전선 조직가들은 북한사회의 실상을 숨기고 민주주의를 내세우며 불만에 찬 대중에게 다가간다.

건국 당시 경제적 민주주의는 정치적 민주주의를 보완하여 계급분열을 막고 국민적 단결을 이끌어내는 역할을 했다. 경제적 민주주의에는 건국 지도자들의 공화주의적 영도력이 담겨 있었다. 민주화 이후의 한국사회가 공화주의적 단결을 유지하기 위해서는 계급전쟁세력의 통일전선전략을 경계해야 한다. 계급전쟁세력은 건국 당시 볼셰비즘의 성격에 수령주의적 포악성을 가미하여 변신해 있다는 현 실태를 파악하고 대처해야 계급전쟁을 방지하자는 건국정신을 계승할 수 있을 것이다.

4.
동독의 경우

　　대부분 동유럽 공산주의 국가들은 스탈린 사망 후 등장한 흐루시
초프의 개혁정치 영향으로 전체주의 체제의 이완을 겪었다. 서유럽 경
제가 1960년대까지 고도성장하면서 동서유럽 사이에 생활수준의 격
차가 벌어진 현실을 소련과 동유럽 공산당 지도자들도 인정하게 되었
다. 자본주의 국가들과의 경제협력과 기술교류가 필요했던 소련과 동유
럽 공산주의 진영에서는 서유럽 국가들에게 유럽안보협력회의(European
Conference on Security and Cooperation)의 개최를 요청해왔다. 그에 대한 대응조
건으로 유럽공동체 국가들이 인권원칙의 인정을 강경하게 요구하자, 소
련과 동유럽 국가들은 내정불간섭과 주권불가침 원칙으로 인권원칙을
유명무실화할 수 있다고 보고 헬싱키 선언에 제6원칙 내정불간섭과 주
권의 상호존중과 함께 제7원칙에 인권보장을 포함하는 데 동의했다. 헬
싱키 선언이 성립된 이후 서유럽 정부들도 인권규범의 철저한 이행을
강조하지 않았고, 미국 정부도 인권원칙에 대한 애초의 무관심을 그대
로 이어갔다. 헬싱키 선언에 합의할 당시의 지도자들은 누구도 선언에

담긴 인권규범이 동구권 사회에 그렇게 큰 영향을 미치게 될 줄 예상치
못했다.

유럽안보협력회의 결과 헬싱키 선언에 포함된 인권규범은 소련과
동유럽 공산진영 내에 시민운동을 자극했다.[12] 공산진영 내의 인권운동
과 시민사회 활성화는 소련과 동유럽의 국가-사회관계에 변화를 일으
켰다. 폴란드에서는 자유노조운동이 솔리대리티(solidarity)로 발전하고 헝
가리에서는 정치사회에서 다원주의 현상이 일어났지만, 동독의 경우는
서독에 대한 경쟁의식이 강한 사회주의 통일당 지도자들의 완고한 통치
기조가 더 오래 유지되었다.

동독의 공산당 지배가 완고했다고 해서 시민사회가 완전히 말살된
것은 아니었다. 교회가 존재해서 냉전 시기에도 서독교회와 교류하여
동서독 간 시민사회 교류에 창구역할을 해왔다. 교회를 중심으로 평화
운동이 조직되었고, 소수의 반체제 인사들도 존재했다.

고르바초프 소련공산당 서기장이 개혁정치를 이끄는 동안 헝가리
정치의 자유화는 돌이킬 수 없는 수준에 도달하여 1989년 초 오스트리
아와의 국경선을 개방하기에 이르렀다. 동독주민이 헝가리를 통해 서
독으로 탈출하는 사태가 일어나는 한편, 라이프치히의 성 니콜라이 교
회에서 매주 월요일 개최하던 평화기도회가 10월 대중시위로 발화하게
되었다.

동독 사회주의 통일당의 호네커 서기장은 그해 6월 3~4일 중국
인민군이 베이징 천안문 광장에 모인 시위군중을 무력해산시킨 사례를
자국에서 재현할 생각이었다. 그러나 사회주의 통일당 정치국은 10월

---

12) Daniel C. Thomas, *The Helsinki Effect: International Norms, Human Rights, and the Demise of Communism*, Princeton and Oxford: Princeton University Press, 2001.

9일 라이프치히 성 니콜라이 교회 앞에 모인 군중에 대한 발포명령을 내리지 않았고 시위는 평화적으로 끝났다. 동독 사회주의 통일당 내에 강경파와 온건파가 이견을 보인 가운데 고르바초프의 영향하에 당내 지도부 교체를 겪으며 무력진압이 방지된 것이다.[13] 라이프치히 집회 참가자들도 촛불을 들고 평화적 질서를 유지해서 우발적 유혈사태를 예방하는 데 기여했다.

고르바초프는 당시 동독에 주둔하고 있던 40만 소련군을 시위진압에 동원하지 않았다. 이에 대해 토마스는 "고르바초프 소련공산당 서기장과 그가 지명한 당 고위인사들은 흐루시초프 개혁의 영향을 받으며 자란 세대로서 반체제 인사들의 명분인 인권규범에 공감했고 유럽문명에 대한 소속감을 갖고 있었기 때문에 국가이익을 재규정할 수 있었다"고 설명한다.[14]

라이프치히의 10월 집회를 기점으로 동독의 대중이 두려움에서 벗어나게 되어 시위가 전국적으로 확산되더니 11월 9일 베를린 장벽이 열리기에 이르렀다. 베를린 장벽 붕괴 자체는 어떤 계획이나 상부의 결정이 아니라 현장의 걷잡을 수 없는 혼란으로 야기된 일이었지만, 장벽 붕괴는 국경선 변동을 예고하는 사건이었으므로 동서독 정부는 물론이고 유럽지역 국가들과 미국 및 소련 모두의 이익이 문제 되기 시작했다.

원래 동독개혁의 선구자들인 반체제 엘리트들과 고르바초프는 자본주의에 대항하여 사회주의를 개혁하자는 노선을 공유하고 있었다. 동독의 집권자들이나 저항 엘리트들은 동독 자체의 정체성을 지키자는

---

13) Mary Elise Sarotte, *The Struggle to Create Post-Cold War Europe*, Princeton and Oxford : Princeton University Press, 1989 : 16–22.

14) Daniel Thomas, ibid., 224–231.

데는 협력하게 되었다. 서독총리 콜이 처음 내놓은 수습책도 국가연합(confederation) 통일안이었다. 주변국들과 동서독 주민 모두가 동의할 수 있는 안으로 동서독이 각각의 정부를 가진 국가연합을 결성하자는 것이었다.[15] 이후 동독 내 대중운동이 급속히 동독 내 자유총선을 통한 의회 구성과 공산체제 배척으로 기울면서 국가연합안은 정치적 실효성을 잃게 되었다.

동서독이 하나의 주권국가로 통합되는 것이 돌이킬 수 없는 추세로 드러나자, 부시 미국 대통령은 통일독일이 나토에 소속되어야 한다는 입장을 내세웠고, 고르바초프 소련공산당 서기장은 나토와 바르샤바조약기구를 모두 해체하고 전 유럽을 아우르는 안보체제를 재구축하자고 주장했다. 부시는 '자유로운 하나의 유럽(A Europe whole and free)'이라는 개념을 내세우고 통일독일을 나토에 소속시켜 미군의 유럽 잔류를 보장받으려는 것이었고, 고르바초프는 '유럽인의 공동주택(a common European home)'이라는 개념으로 유럽안보체제를 건설해서 미군을 유럽에서 내보내자는 심산이었다. 부시는 동독의 변화를 자유주의 국제질서의 확장으로 해결하려는 것이었다면, 고르바초프는 자유주의 국제질서와 개혁된 사회주의 사이의 공존공생을 꿈꿨다.

미소 간의 전략적 경쟁은 소련 내부의 체제불안으로 고르바초프 대통령의 정치적 입지가 흔들리면서 부시의 뜻대로 통일독일이 나토에 소속되는 것으로 결말을 보았다. 그런데 고르바초프의 실각과 소련의

---

15) 콜 총리의 국가연합안은 양독 국민이 가진 문화, 정체성, 언어와 민족성에서의 공통성에 기반을 두어 장기적으로는 궁극적 통일을 염두에 두고 서독이 동독에게 긴급지원을 제공해서 난민유입을 방지한다는 계획을 담고 있으며, 동독이 모든 정치범을 석방한다는 조건을 붙여서 제안했다. Mary Elise Sarotte, *The Struggle to Create Post-Cold War Europe*, 1989 : 72-75.

해체로 러시아 정치가 대격변을 겪는 동안 나토는 동독지역을 넘어 폴란드, 헝가리, 체코, 슬로바키아와 발틱 3국을 흡수하면서 계속 동진하여 러시아인에게 심각한 박탈감을 안겨주었다. 자유주의 국제질서는 러시아 국경선 가까이까지 팽창했고, 푸틴이 이끄는 러시아는 상실감과 박탈감에 젖어 자유주의 국제질서에 대항하게 되었다.

흐루시초프의 개혁을 경험하지 못한 중국공산당 지도자들은 인권규범을 흡수하지 않고 지금까지도 일당독재를 유지하고 있다. 당시 동유럽 공산국가들 중에서도 루마니아 공산당 지도자들은 대중봉기를 무력진압하여 대규모 유혈사태가 발생했다. 루마니아의 차우세스쿠는 흐루시초프의 스탈린 격하운동에 반대하고 북한과 유사한 일인독재체제를 구축해서 시민사회가 자라날 수 있는 싹이 제거된 상태였다. 루마니아 공산당은 선거를 통해 재집권하기도 했다.[16]

동독을 비롯한 구공산권 내의 개혁과정을 보면, 흐루시초프 개혁 이후 공산당 지도자들이 서유럽의 경제적 번영을 보고 자기 체제의 문제점을 인정하고 이를 개선하기 위한 국제협력에 나서는 모습이 보인다. 민주적 중앙집중제 전통이 소련공산당 내 민주주의를 제한적이나마 복원시키는 기능을 발휘한 것이다. 중국공산당도 모택동 사후 민주적 중앙집중제 전통을 되살려 개혁정치를 시작한 바 있다.

공산당이 파괴한 정치적 민주주의의 대용품으로 공산당 내에 남겨 놓은 민주적 중앙집중제도 일정한 한도 내에서나마 자유화에 기여하는 모습을 확인할 수 있다. 고르바초프와 그의 정치적 동료들이 젊은 시절

---

16) Juan J. Linz and Alfred Stepan, *Problems of Democratic Transition and Consolidation: Southern Europe, South America, and Post-Communist Europe*, Blatimore and London : The Johns Hopkins University Press, 1996 : 344-365.

흐루시초프의 개혁을 겪으며 인권가치를 받아들였고, 등소평이 중국경제를 개방한 것이 그러한 사례다. 수령제를 채택하여 당내 민주적 중앙집중제를 폐기하고 전체주의 체제를 영속시키는 북한과 대비해볼 수 있다.

독일의 통일이 임박한 시점에서 소련의 고르바초프와 미국의 부시 대통령은 통일이 국제질서에 미칠 영향에 대해 현실주의적인 계산을 하고 있었다. 독일통일에 따른 국제전략적 구도는 부시 대통령의 뜻대로 NATO의 동진(東進)으로 귀결되었다. 소련 내의 개혁정치가들은 냉전의 종식과정을 촉발시켰지만, 결과적으로 소련의 국제정치적 위상을 상실할 위기에 몰렸다. 동독의 경우도 시민사회 내의 개혁운동이 국가의 붕괴로 귀결되었다.

냉전 종식의 경험은 러시아, 중국, 북한 지도자들에게 정치적 민주주의보다는 국가생존이 더 중요하다고 생각하게 만든다. 동서냉전은 끝났지만, 독재권력이 지배하는 나라들이 유라시아 대륙에서 여전히 현실주의적인 생존경쟁을 벌이고 있다.

볼셰비키는 건국과정에서 경제적 민주주의를 위해 정치적 민주주의를 희생시켜버리고 전체주의 체제를 구축했지만, 당내 민주적 중앙집중제의 요소라도 남겨져 있던 소련과 중국에서는 제한적이나마 개방을 위한 시도가 일어났다. 동독을 비롯한 동유럽 공산주의 국가들에서도 서구와의 접촉과정에서 시민사회 내에 인권운동이 일어났다. 그러나 북한에서는 수령제가 조선노동당을 지배하게 되면서 민주적 중앙집중제마저 기능을 멈췄다.

공산당 내 민주적 중앙집중제가 남아서 제한된 체제개방을 시도한 소련이나 중국도 정치적 민주주의 복원에는 성공하지 못했다. 동독은 서독체제 속으로 흡수되고, 폴란드 · 헝가리 · 체코는 유럽연합의 지원을 받아서 정치적 민주주의를 복원하고 있다. 정치적 민주주의를 파괴하고 전체주의를 겪은 사회가 자력으로 민주주의를 복원하기는 어렵다고 판단된다. 경제적 민주주의가 정치적 민주주의를 대체하지 않고 보완해야 공화국을 지킬 수 있다는 역사적 반면교사다.

VIII

자유주의
전통의
신경향

1.
사회적 양극화 문제

더불어민주당은 2016년 총선과 2017년 대통령 선거에서 '경제민주화'를 대표공약으로 내세워 승리했다. 문재인 대통령은 6·10민주항쟁 30주년 기념사에서 "경제에서의 민주주의"에 도전할 생각을 밝히며, "소득과 부의 극심한 불평등이 우리의 민주주의를 위협하고 있습니다"라고 말했다. 소득과 부의 불평등이라는 것은 상대적 개념이지만, 여러 지표를 보건대 "극심한"이라는 표현은 과장된 것으로 판단된다.

소득불평등은 산업화 초기단계에 악화되었다가 성숙단계에 들어가면 개선되는 것이 일반적 현상이지만, 우리나라는 산업화 초기단계에서도 소득불평등 악화를 최소화한 경우다. 소득불평등이 높을수록 높은 수치로 나타나는 지니계수로 표시할 때 앞의 〈표 5-10〉에서 보듯이 1965년 0.3439, 1970년 0.3322, 1976년 0.3908, 1982년 0.3572를 기록했다. 이 수치를 세계은행 통계에 따라 다른 개발도상국 지니계수와 비교해보면, 브라질의 경우 1982년 0.584, 2014년 0.515이고 중국의 경우 2008년 0.428, 2012년 0.422, 인도의 경우 2011년 0.352, 멕시코의 경우 1984년 0.49, 1989년 0.543, 2014년 0.482다.

수치가 높을수록 높은 불평등도를 표시하는 〈표 5-10〉의 가처분소득 기반 지니계수의 변화추이를 보면, 우리나라 지니계수는 1990년부터 1997년까지 0.26 이하를 기록하다가 외환위기를 겪은 1998~1999년에 0.285를 상회했고, 그 이후 0.266과 0.277 사이를 기록하다가 2005~2006년에 다시 0.28을 상회했고, 2007년부터 2009년까지는 0.29를 상회하는 최악을 기록했다가 계속 개선되어 2015년에는 0.269까지 떨어진다.

〈표 5-10〉의 시장소득과 가처분소득으로 산출한 지니계수들 사이의 차이를 계산하여 수치 변화를 그림으로 나타내면 〈그림 8-1〉과 같다. 시장소득에서 드러나는 소득불평등을 완화시키기 위한 1990년부터 2015년까지 25년간 정부의 개입 정도를 나타내는 아래 그래프는 전체적으로 정부의 개입이 커져가는 추세를 보여주고 있다.

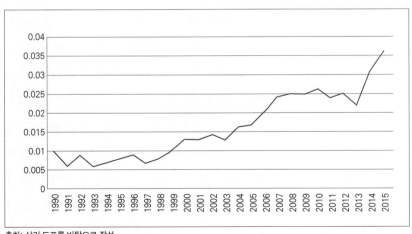

출처: 상기 도표를 바탕으로 작성

〈그림 8-1〉 소득재분배를 위해 시장에 개입한 정부의 실적(1990~2015)

(도시 2인 이상)

연도	시장소득	처분가능소득	차이
1990	0.266	0.256	0.01
1991	0.256	0.25	0.006
1992	0.254	0.245	0.009
1993	0.256	0.25	0.006
1994	0.255	0.248	0.007
1995	0.259	0.251	0.008
1996	0.266	0.257	0.009
1997	0.264	0.257	0.007
1998	0.293	0.285	0.008
1999	0.298	0.288	0.01
2000	0.279	0.266	0.013
2001	0.29	0.277	0.013
2002	0.293	0.279	0.014
2003	0.283	0.27	0.013
2004	0.293	0.277	0.016
2005	0.298	0.281	0.017
2006	0.305	0.285	0.02
2007	0.316	0.292	0.024
2008	0.319	0.294	0.025
2009	0.32	0.295	0.025
2010	0.315	0.289	0.026
2011	0.313	0.289	0.024
2012	0.31	0.285	0.025
2013	0.302	0.28	0.022
2014	0.308	0.277	0.031
2015	0.305	0.269	0.036

출처: 통계청 자료

OECD 통계에 따르면 한국의 2013년 지니계수는 0.302로서 평균을 약간 상회하는 정도의 양호한 실적을 보이고 있다. 우리보다 낮은 지수를 기록하는 나라들로는 덴마크, 스웨덴, 네덜란드, 오스트리아, 체코, 룩셈부르크, 핀란드, 노르웨이, 스위스, 벨기에, 프랑스, 독일, 헝가리, 캐나다, 아일랜드, 호주가 있었다. 계층분위별 소득분배를 측정하는 다른 지수들도 지니계수와 같은 추세를 나타내고 있고 앞의 〈그림 8-1〉에서 보듯이 소득재분배를 위한 정부의 역할도 장기적으로 증가하고 있다. "소득과 부의 불평등"이 우리의 민주주의를 위협할 정도로 극심한 상태도 아닐뿐더러 역대 정부들은 소득분배 개선을 위한 노력을 하고 있다.

유엔개발기구가 발표하는 「인간개발보고서(Human Development Report)」에 따르면 한국의 2014년 인간개발지수(Human Development Index)는 0.898을 기록해서 세계 17위에 올라 있다. 인간개발지수는 기대수명, 교육기간, 소득수준 3가지 요소를 종합 측정하여 1에 가까울수록 높은 인간개발 수준을 나타낸다. 한국의 경우 교육기간에서 다른 나라보다 높은 점수를 획득하여 종합성적을 끌어올리고 있다.

한국인은 이렇게 양호한 지니계수와 인간개발지수에도 불구하고 행복을 누리지 못하고 있다는 언론보도들이 많이 나와 있다. OECD 국가비교에서 한국은 국민행복지수 최하위권(「연합뉴스」 2014. 2. 10), 아동의 삶의 만족도(「한겨레」 2014. 11. 4), 출산율(「연합뉴스」 2014. 6. 16), 평균 수면시간(「국민일보」 2014. 11. 5), 성인의 학습의지(「세계일보」 2014. 8. 20)에서는 꼴찌를 기록하고 있다.

한국인의 인간개발지수를 끌어올린 항목이 교육기간이었다. 문제는 교육기간이 다른 나라보다 길다는 것이 개인에게 지식욕을 채워주기도 하지만, 그 긴 교육기간 동안 본인이 겪는 고통과 가족들이 떠안는 경제적 부담에 대한 보상심리를 불러일으켜 사회적 불만을 키울 수도 있다는 점이다. 민주화 기간 동안 대학설립 허가도 양산되어 대학진학률이 높아진 결과 교육기간을 연장시켜놓았지만, 노동인력의 고학력화와 함께 대학졸업자들의 취업난도 악화되어 청년실업 문제를 복잡하게 만들고 있다.

노동시장에서는 보수(報酬)와 직업안정성 양면에서 대기업과 중소기업, 정규직과 비정규직 사이에 큰 차별이 구조화되어 있다. 국제자본의 이동성이 높은 신자유주의 국면에서 노동시장이 구조적 변동을 겪는 것은 우리나라만이 아니다. 개방경제를 운영하는 OECD 국가들이 공통적으로 겪는 문제이지만, 한국인이 유난히 행복감을 느끼지 못하게 만든 것은 무엇일까? 정치경제학적 측면에서 볼 때, 국제질서의 변동에 대한 한국 정부와 사회의 적응력(適應力)이 선진국 수준에 미치지 못하기 때문이라고 할 수 있다.

첫째, 김영삼 대통령은 1996년 OECD에 가입할 당시 금융개방이 몰고올 위험성을 간과하고 임기 내에 선진국 클럽에 가입한다는 기분에 들떠 있었다. 한국은 국제투기자본의 공격을 받고 이듬해에 외환위기에 빠졌다. 둘째, 김대중 대통령은 냉전 종식으로 더 이상 국가 간의 생존경쟁 문제에 연연할 필요가 없다는 이상주의적 낙관론에 기대어 한반도 평화체제 구축을 추진했다. 북한은 핵무기를 개발하고 미국은 대북불신을 풀지 않았고, 한국만 대북정책을 두고 국내적 분열을 겪게 되었다. 셋째, 노무현과 박근혜 두 대통령도 한반도 평화번영정책이다 신뢰프로세스다 말만 바꾸어서 비현실적 정책을 펴서 김대중 대통령의 실패를 되풀이했다. 이는 동아시아 대륙에 포진하고 있는 독재자들의 험악한 각축전을 염두에 두지 않은 무모함이라 하지 않을 수 없다.

대북정책으로 국내적 분열이 심해지자 국제자본의 이동에 대응하기 위한 노사 간 협력이 어렵게 되었다. 노동계는 반미자주화통일운동 세력에 가담하여 열린우리당 정부가 추진하는 한미 자유무역협정이나 새누리당이 추진하는 노동시장 유연화를 위한 노동법 개정에 저항했다.

김대중 대통령이 취임 일성으로 선언한 민주주의와 시장경제는 오늘날 보수주의 정파에서 자유민주주의 질서의 기본원리로 삼는 바가 되어 있다. 그런데 지금의 시장경제는 애덤 스미스가 활동하던 시대의 경쟁적 시장이 아니라 거대자본이 지배하는 독과점시장으로 변신한 상태다. 수많은 소기업들이 완전경쟁시장을 형성하던 시절의 시장경제는 개인의 자유와 평등을 촉진했지만, 소수의 대자본이 지배하는 산업자본주의 시대의 시장에서는 위계질서적 서열이 강조되어 개인을 불평등 질서 속에 구속하는 경향을 보인다. 산업자본주의 단계의 시장경제는 그 비민주적 성격이 적절히 조절되지 않으면 정치적 민주주의마저 위태롭게 할 수 있다.

전후 브레튼우즈 체제가 작동하는 동안은 국가가 자본의 국제이동을 규제하면서 노동자의 권익을 보호할 수 있었다. 각 국가별로 경제적 민주주의로서 정치적 민주주의를 보완할 수 있었던 것이다.

하지만 닉슨 미국 대통령의 1971년 달러화 금태환 포기 선언 이후 자본의 국제적 이동이 자유화되면서 국가에 의한 노동권익 보호가 어려워졌다. 자본이 노동비용이 상승하는 자국을 떠나 저임금 국가로 이동하면, 자국의 고용이 축소되기 때문이다.

서유럽 국가들은 자본 통제력 상실로 인한 정책능력 저하를 유럽연합 가맹국 정부 간 협력을 통해 보강한다. 미국, 일본은 나름대로 국제자본을 붙들어둘 수 있을 만큼 큰 시장규모와 기술수준을 갖추고 있다.

한국 정부는 지역주의 블록경제의 보호막 밖에 따로 떨어져 있는 약점을 극복하기 위해 수많은 나라와 자유무역협정을 체결해나갔는데, 노동자·농민단체들은 자유무역협정을 민중의 희생 위에 재벌과 자본의 이익을 추구하는 행위라고 비난했다. 역대 정부들은 자유무역협정의 효과로 성장이 일어나면 사회적 갈등이 자동적으로 해소될 것이라는 낙관론에 젖어 노동계를 중도노선으로 끌어들이지 않은 상태에서 자유무역을 확대했다. 한국 정부는 자유무역협정 때 약속한 대로 소득 재분배 정책을 계속 실시했지만 노동계는 중도노선으로 돌아오지 않았다.

역내 국가 간 협력이나 자체적 규모를 바탕으로 국제자본의 압력에 대한 저항력을 확보한 선진국 정부들은 국내 노동계에서 중도노선의 영향력을 강화시키는 정치력을 발휘한다. 그렇게 확보된 노사 간 신뢰를 바탕으로 독일과 북유럽 정부들은 산업경쟁력과 직업안정을 유지하기 위한 노사합의를 조정해나갔다.

2.
지속 가능한 경제적 민주주의 사례들

　　서방 선진국에서는 21세기에도 지속 가능성이 인정되는 경제적 민주주의 사례들이 나타났다. 그 사례들을 다음에 소개해서 한국의 사회 갈등 해소에 활용할 가능성이 있는지 타진해보겠다. 먼저 몬드라곤과 라 레가에 대해 톰 말레슨(Tom Malleson)이 2014년 출간한 책에 담긴 내용을 중심으로 소개해본다.

　　협동조합은 혼합경제의 한 요소로 선진자본주의 속에 오래 공존해 오면서 미래학자들에게 다원주의적 민주주의에 적합한 대안적 기업형태라는 평가를 받고 있다. 자본주의 경제체제 속에 살아남은 협동조합형태의 기업들 중에는 직업안정성, 임금형평성, 직업환경, 자치 등의 가치를 구현하면서도 종업원들의 자발적 동기부여, 자기규율, 신뢰 등에 기인하여 효율적 경영을 유지하는 경우들이 있다는 것이 보고되고 있다.
　　스페인 북부 바스크 지방의 몬드라곤(Mondragon)과 이탈리아 북부의 라 레가 네트워크(La Lega network)가 조합기업의 대표적 성공사례로 꼽힌다. 이들 조합기업은 민간의 발의와 주도로 큰 기업으로 발전했다는 점에서 우리나라에서는 보기 어려운 경우라 할 것이다.

몬드라곤 협동조합의 설립자는 가톨릭 신부 호세 아리즈멘디아리에타(Jose Maria Arizmendiarrieta)로, 1956년 스페인 북부의 바스크에서 직업훈련학교 졸업생 다섯 명으로 시작했다. 다섯 명은 친구들과 지인들로부터 염출한 돈으로 파산한 공장을 사서 난로를 생산하는 협동조합을 시작했다.

몇 년이 지나지 않아 난로에 대한 시장수요가 증가해서 협동조합의 규모를 확장하려 했으나, 지역의 은행들은 협동조합의 장기 지속 가능성에 회의적이고 종업원 소유제도에 대해 적대적이었기 때문에 신용거래상의 애로를 겪었다. 이런 애로를 타개하기 위해 1959년 소수의 협동조합들이 제휴하여 신용협동조합 카하 라보랄(Caja Laboral)을 설립했다. 신용협동조합은 가맹 기업들이 가진 자원과 지역주민의 저축을 공동출자하여 가맹기업들의 발전을 지원했다.

카하 라보랄은 또 하나의 협동조합으로서 종업원과 가맹 협동조합의 대표들에 의해 경영되었다. 카하 라보랄은 시장 평균보다 낮은 이자율로 대출해주는 한편, 새로 설립되는 협동조합과 경영난에 빠진 협동조합에게 경제적·경영적 자문을 제공했다. 몬드라곤은 신용협동조합의 재정적 지원에 힘입어 2017년 현재 261개 기업과 조합에 7만 4,335명의 종업원과 15개의 기술센터를 거느린 기업그룹으로 성장했다. 또한 제조업, 건설업, 금융업, 소매유통업, 그리고 지식분야 연구개발 등 다양한 사업영역을 포괄하고 있다.

몬드라곤이 가지고 있던 협동조합 운영지침 10가지는 다음과 같다. ① 열린 입사 – 누구도 성, 인종 등의 이유로 입사를 거부당하지 않는다. ② 민주적 조직 – 1 회원 1 투표. ③ 노동주권 – 회원들이 조합을 통제하고 잉여를 분배한다. ④ 자본의 도구적 성격 – 조합은 투자자본에 대해 정당하고 제한된 보상을 지급하지만 자본을 소유한다고 해서 회원 자격을 넘어서는 지배권을 행사할 수 없다. ⑤ 경영참여 – 회원들의 경영참여에 필요한 기술개발에 노력한다. ⑥ 보수연대(報酬連帶) – 보수체계에 있어 최고와 최소 사이의 차이를 제한한다. ⑦ 상호협력 – 협동조합들 사이의 협력. ⑧ 사회적 변혁. ⑨ 보편성 – 모든 근로자와의 연대를 강조한다. ⑩ 교육 – 협동가치와 기술적 능력개발 교육을 실시한다.[1]

새로 가입하는 회원은 상당금액의 투자비를 내서 개인별 내적 자본계정(personal internal capital account)을 갖게 된다. 가입비는 회원들로 하여금 공동소유자로서의 주인의식을 갖게 하는 동시에 내적 재정자원을 제공하는 기능을 한다. 회원권은 판매할 수 없다. 매년 조합기업은 이윤의 일정 부분을 회원 각자의 계정에 할당하며, 각 계정은 이자도 수령한다. 근로자 회원들은 언제든 이자를 인출할 수 있지만, 퇴직하기 전까지는 원금을 인출할 수 없다. 회원들의 계정에 축적되는 원금은 조합기업의 사내 재정자원으로서의 역할을 한다.

조합은 법률규정에 따라 잉여의 10%를 자선사업과 비영리단체에 지원하고, 45%를 기업의 집단적 유보기금에, 그리고 나머지 45%를 개인 자본계정에 할당한다. 개인 자본계정과 집단유보기금 할당금을 합치면 이윤의 90%가 조합재정을 위한 사내기금으로 남는 셈이다.

각 조합의 최고 권위를 행사하는 총회는 매년 개최되어 지배 이사회를 선출한다. 지배 이사회는 총회가 개최되지 않는 기간 동안 최고의

---

1) Tom Malleson, *After Occupy: Economic Democracy for the 21st Century*, Oxford : Oxford University Press, 2014 참조.

지배기구로서 총회 의결사항을 관장하고 고위급 경영을 감시한다. 지배이사회는 최고경영인을 임명하고 최고경영인이 지명하는 고위 경영인들에 대한 승인권을 행사한다. 최고경영인과 고위 경영인들은 경영 이사회를 구성하여 조합의 일상업무를 책임진다. 여러 부서에 산재한 회원들이 선출하는 사회적 이사회를 따로 두어 건강보험, 안전 등의 인사문제를 다룬다. 사회적 이사회는 근로자들에게 교육·토론과 정책결정을 지도하는 등의 역할을 수행한다. 그 외에 조합은 회계감사를 수행하는 감사위원회를 두고 있다.

몬드라곤은 1987년 이래 개별 조합들의 대표들로 구성되는 협동조합 의회를 소집하여 가맹조합들 전체의 공통 관심사안들을 토의한다. 각 개별 조합들은 독립적으로 운영되지만, 더 큰 네트워크 속에서 재정적·사업적·기술적·교육적·사회적 지원을 얻는다.

몬드라곤은 1980년대와 1990년대에 걸쳐 글로벌화 압력에 대처하는 과정에서 큰 변화를 겪게 된다. 가맹 조합들은 중국에서 수입되는 저가상품과의 시장경쟁에서 살아남기 위해서는 글로벌화에 대처해야 한다고 믿게 되었다.

몬드라곤은 협동조합 그룹이라는 명칭을 몬드라곤 협동조합회사로 바꾸고 지역별 조직구조를 금융그룹, 소매그룹, 산업그룹, 지식그룹으로 재편하여 가맹조합들 간 기능적 협동과 시너지, 그리고 규모의 경제를 추구하게 되었다. 양적 성장은 비조합원 근로자들, 협동조합이 아닌 산하기업과 제휴기업들의 증가를 동반했다. 슈퍼마켓을 운영하는 에로스키 조합이 바스크 지역 밖으로 팽창하다가 프랑스로 진출하는 등 몬드라곤 그룹의 다국적기업화가 진행되었다. 바스크 지역 밖이나 해외로 진출한 몬드라곤의 자회사들은 자본주의 기업형태로 운영되며 근로자들은 조합원들이 아니다.

2014년 몬드라곤은 그룹에 속한 조합기업들 중 가전제품 생산기업인 파고전자(Fagor Electrodomesticos)가 파산하는 사태를 맞았다. 2007년부터 시작된 스페인의 주택거품 붕괴사태로 건설회사들이 문을 닫게 되자 파고의 가전제품도 판로를 잃고 재정난에 빠졌다. 몬드라곤은 위기에 처한 파고를 지원하기 위해 7억 유로에 달하는 융자를 제공한 끝에 회생 가능성이 없다는 결론에 도달했다. 마지막으로 몬드라곤은 5,600명의 종업원 중 600명을 파고그룹 소속 다른 기업들에 재배치하고 나머지 사람들에게는 조기은퇴연금이나 실업보험 혜택을 주었다.[2] 실업률이 27%에 달했던 당시 스페인 사정을 감안한다면 실직 조합원들에 대한 몬드라곤의 보호행동은 대단한 혜택으로 인식될 만한 것이었다.[3]

몬드라곤에서는 2014년 현재 기준으로 최상위직의 임금이 최하위직의 6.5배를 넘지 못하도록 규정되어 있다. 협동조합 기업들은 종업원들 사이에 임금격차가 크지 않도록 하고 있고, 매출감소에 따른 위기가 닥치면 조합원-근로자들이 자발적으로 임금삭감을 결의하곤 한다.

라 레가는 이탈리아에 존재하는 방대한 사회주의적 정치운동의 산물이다. 이탈리아에는 일찍부터 협동조합 운동이 일어나서 여러 가지 네트워크를 형성하고 있었는데, 그중 하나로 1886년에 형성된 이탈리아 협동조합연합은 7만 4,000명의 회원을 거느린 248개 협동조합으로 구성되어 있었다. 248개 회원 협동조합들 중 38%는 근로자조합, 44%

---

2)   Vincent Navarro, "The Case of Mondragon," *Counter Punch*, April 30, 2014.

3)   "Trouble in workers' paradise," *The Economist*, November 9, 2013.

는 소비조합이었다. 이탈리아 협동조합연합은 1893년 협동조합전국연맹으로 개명하여 '라 레가'로 불리게 되었다.[4]

협동조합은 1947년 이탈리아 헌법에 따라 국가적 진흥 대상으로 인정받았다. 국제협력연합의 원칙을 반영하는 협동조합의 구조를 갖추는 것이 법적으로 의무화되었다. 협동조합은 법률규정에 따라 1인 1표제로 지배되며, 총회가 지배 이사회를 선출하고 지배 이사회가 경영진을 임명하고 감독한다. 입사는 모두에게 공개되어야 하며, 회원의 지분은 매각할 수 없다. 근로자가 자기 기업에 투자할 수 있는 금액과 화이트칼라 노동자 비율에 한도를 둔다. 회원의 투자금에 지급하는 이자율은 5%로 제한한다. 협동조합은 이윤의 20%를 사내 유보금으로, 20%를 임금보충금으로 분배하고 나머지를 사회적 활동이나 재투자에 사용해야 한다.

조합이 해산할 때는 자산을 조합원들에게 나눠줄 수 없고, 공공기금으로 봉납된다. 국가는 협동조합에게 세금우대와 공공사업 계약에 대한 우선권을 주어 지원한다.

라 레가의 구조는 가맹 협동조합들이 선출하는 대표로 구성되는 전국대회에서 4년마다 결정된다. 라 레가의 주요 기능은 가맹 조합들에게 일반적 지도, 지원과 단결력을 제공하는 데 있다. 라 레가는 국가적 지원을 획득하기 위한 로비를 벌이고, 법률적·사업적·회계적 서비스를 제공하고, 연구와 정보개발을 제공하고, 새로운 협동조합의 개발에 재정적 지원을 한다.

라 레가는 핀협동조합(Fincooper)이라는 금융 컨소시엄을 중심으로

---

4) Tom Malleson, *After Occupy: Economic Democracy for the 21st Century*, Oxford : Oxford University Press, 2014.

자체적인 금융기관을 운영한다. 핀협동조합은 가맹조합들에게 시장금리보다 저가의 금융을 제공하며, 라 레가의 전략적으로 중요한 기업에 투자하여 지분을 확보한다. 핀협동조합은 가맹조합들에게 가입비를 징수하고 저축을 유도해서 기금을 마련한다. 국가는 핀협동조합 저축자들에게 이자소득에 대한 세금을 감면해준다.

라 레가 협동조합들은 건설, 농업, 소매, 주택, 출장음식, 교통, 건강, 도자기, 기계, 고무생산, 가구, 하이테크 장비 등의 분야에서 선도기업으로서의 역할을 하고 있다. 2006년 현재 라 레가는 1만 5,200개 회원사에 750만 조합원이 41만 4천 명의 종업원을 고용하는 큰 경제집단을 형성한다.

제레미 리프킨은 2014년 발행한 『제로 한계비용사회』라는 저술에서 협동조합의 성공사례들을 열거하면서 자본주의 이후 사회에 생존 가능한 기업형태일 수 있다는 견해를 덧붙였다. 그 사례들을 여기에 소개한다.

미국의 루스벨트 대통령은 대공황을 극복하기 위한 대책으로 국영전력회사를 운영하는 테네시 밸리 사업청(Tennessee Valley Authority)을 설립해서 테네시, 켄터키, 버지니아, 노스캐롤라이나, 조지아, 앨러배마, 미시시피 등 여러 주에 걸쳐 있는 낙후지역에 전력을 공급하기 위한 댐을 건설했다. 생산된 전력을 넓은 지역에 퍼져 사는 농촌주민에게 공급하는 전력망(電力網)을 구축하는 문제를 해결하기 위해 농촌전력화 사업청(Rural Electric Administration)이라는 또 다른 국영회사를 설립했다. REA는 지역농민들로 하여금 전력 협동조합을 결성해서 전력망을 스스로 건설하도록 지원하기로 하고 장기저리 자금과 기술적 · 법적 지원사업을 펼쳤다. 농촌지역에 결성된 협동조합들은 비영리, 자치공동체로서 조합원들로부터 민주적으로 선출된 이사회에 의해 운영되었다.

이렇게 하여 REA는 민간기업들이 산출한 건설비보다 40% 낮은 마일당 750달러에 농촌 송전망을 완성할 수 있었다. 농민들이 시간을 내어 송전선 건설에 참여하는 방법으로 비용을 절약하여 협동조합에서 빌리는 대출금을 줄이기도 했다. 농촌 전력화는 1942년 40%, 1946년 50%를 거쳐 1950년에는 100%를 달성했다. 농촌 전력화는 농촌학교의 교육환경을 근대화하고 농업설비 전력화를 통해 농업생산성을 개선했으며, 제너럴일렉트릭이나 웨스팅하우스가 생산하는 가전제품을 판매하기 위한 농촌시장을 여는 역할을 했다. 말하자면 한국의 새마을운동과 비슷한 일이 미국 농촌 전력화를 위한 협동조합 운동으로 전개되었다.

많은 협동조합들은 이미 자본주의 경제체제의 한 부분으로 우리 곁에 다가와 다양한 형태로 존재한다. 미국과 독일의 경우 4명 중 1명이 협동조합에 가입하고 있고, 캐나다의 경우 10명 중 4명, 일본의 경우 세 가족 중 한 가족이 가입되어 있다고 한다. 조합원 숫자는 중국과 인도에 4억 명, 프랑스에 3천 2백만 명으로 추산된다.[5]

제레미 리프킨은 대공황 시대 미국 농촌 전력화에 기여했던 협동조합이 사물(事物)인터넷의 발달로 새로운 부흥의 계기를 맞게 될 것으로 보았다.

"새로운 경제적 인프라와 패러다임에 따라 한계비용이 제로에 가

---

5)   Jeremy Rifkin, *The Zero Marginal Cost Society: The Internet of Things, The Collaborative Commons, and the Eclipse of Capitalism*, 2015: 213.

까워진다고 전망한다면, 이윤을 창출할 수 있을 만큼 충분한 한계비용에 의존하여 생존하는 사기업들의 생존 가능성은 감소하게 된다. 협동조합이 곧 다가올 한계비용 제로사회에서 작동 가능한 유일한 비즈니스 모델이다."[6]

벨기에의 협동조합 에코파워는 2013년 현재 4만 3천 명의 조합원을 거느리고 벨기에 플라망어 지역 주택의 1.2%에 풍력과 수력을 이용한 재생가능 에너지를 공급하고 있다. 독일은 공급전력의 23%를 대부분 지역 협동조합이 생산하는 재생가능 에너지로 충당하고 있다. 주민 4천 명이 사는 덴마크의 섬 삼소(Samsø)는 외부로부터의 수입에 의존하던 전력을 섬에 세운 풍력발전으로 대체하는 데 성공했다. 민간기업들이 풍력발전기 설치에 반대하는 주민의 저항에 부딪치곤 하는 데 비해 삼소의 경우 주민이 공동소유권을 행사하는 협동조합이 건설주체로 나서서 민주적 의사결정 절차를 준수함으로써 주민반대 문제를 해소했다.

몬드라곤과 라 레가의 경우는 회사 설립에 필요한 자본금 전액을 노동자들이 출자한 노동자협동조합이다. 출자한 노동자는 협동조합의 조합원이 되어 노동자인 동시에 회사의 소유주가 된다. 협동조합회사는 노동과 자본의 갈등으로부터 자유로운 구조를 갖고 있다는 장점이 있지만, 조합원 출자에 의존하는 만큼 짧은 시간에 대규모 투자를 유치하기에는 적합하지 않다. 몬드라곤과 라 레가는 협동조합이 가진 이런 약점을 극복하고 대규모 그룹으로 성장하여 시장에서 경쟁력을 발휘하고 있

---

6) 상게서, 214.

는 극소수의 기업 사례에 해당한다.

협동조합은 농촌 전력화 사업, 대안 에너지 개발 등 투자수익률을 보장할 수 없지만 꼭 필요한 편의시설 건설과 운영에 적합한 대안적 경영을 제공해왔다. 제레미 리프킨의 이론처럼 우리가 지금 생활필수품들이 한계비용 제로에 가까운 가격에 공급되는 사회로 접근해가고 있다면, 멀지 않은 미래에 가격이 없는 물건과 서비스들을 교환하며 살아가기 위해 기업보다는 협동조합에 의존하게 될지도 모르겠다.

지금까지 살펴본 협동조합들은 한국의 다원주의 질서에도 도입할 수 있는 경제적 민주주의 요소라고 볼 수 있다. 협동조합 제도를 활용하는 데는 높은 노조조직률이나 중앙집권화된 노사협상제도 없이도 가능하기 때문이다. 우리와 달리 노동운동의 역사와 노조의 역량이 성숙한 북유럽에서는 또 다른 경제적 민주주의가 실험되고 있다.

스웨덴에서는 '마이드너 계획(Meidner Plan)'이라 불리는 점진적 민주화 계획(Incremental Democratization Plan)이 시도되고 있다. 기업들이 매년 이윤의 20%를 임금노동자기금(wage-earner funds)으로 전환시키는데, 이 기금은 1인 1표제 원칙에 따라 기업 근로자들이 집단적으로 관리한다. 근로자들은 기금을 바탕으로 기업운영에 영향력을 행사할 수 있지만, 사적 이익을 얻기 위해 매각할 수는 없다. 정부는 기금에 면세혜택을 부여한다.

기금은 기업에 출자되므로 기업의 현금이 유출되지 않으며 투자기금을 감소시키지 않는다. 시간이 흐름에 따라 기업운영에 대한 근로자들의 영향력은 점진적으로 커져간다. 근로자들의 기금은 35년 안에 기업지분의 과반을 차지하게 된다.

실제로는 근로자들이 그들의 소유지분이 과반에 이르기 전 어느 시점에 기업운영을 좌지우지할 수 있는 영향력에 도달하게 된다. 이때 근로자들은 기업을 사들여서 협동조합으로 운영하는 문제를 고려할 수 있다. 마이드너 계획은 점진적이고 비폭력적 방법으로 전체 경제를 협동조합이 지배하는 경제로 변혁시킬 수 있다는 내용을 담고 있다.

산업노조연맹(LO)은 1976년 총회에서 마이드너 계획을 만장일치로 채택하여 사민당에게 실천을 요구했다. 산업노조연맹은 1898년 27개 노조단체를 통합하여 발족한 조직으로서 고용주연맹과 전국 차원의 단체협상을 벌인다. 1938년에 타결된 잘츠요바덴 협정이 바로 이 중앙집권적 단체협상의 산물이다.

스웨덴 정부는 1932년 이래 사회민주당이 장기집권해왔지만, 역대 사민당 정부는 야당과의 협상을 거치지 않고는 정책을 집행할 수 없었다. 사민당은 산업노조연맹이 마이드너 계획을 채택한 1976년 선거에 패배하여 44년 만에 처음 부르주아 정부에게 권력을 이양했고 1982년에 가서야 재집권하게 된다. 사민당 정부는 재집권 다음 해인 1983년에 임금노동자기금을 법제화하지만, 그 내용은 애초 마이드너 플랜이 대폭 수정된 형태였다.

법제화된 임금노동자기금제도에는 기업이윤에 대한 20% 과세 이외에 임금에 대한 과세가 포함되었다. 기업에게는 지분의 이전이 강제되지 않았으므로 임금노동자기금은 시장거래에 의존해야 한다. 법제화된 임금노동자기금제도는 기업의 초과이윤에 대해 7년에 한해 과세할 수 있게 했고, 소유지분에 기반을 둔 투표권 행사에도 상한선을 두었다. 또 임금노동자기금은 지역별로 분할하여 다섯 개의 기금으로 독자운영하게 했다. 부르주아 노선의 정당들이 제기하는 비판에 따라 기업소유권의 급진적 변동과 기금의 중앙집권적 운영에 따르는 다원주의 가치의 훼손을 방지하려는 장치들이 도입된 것이다.

마이드너 플랜은 자본주의적 기업소유제도를 비자본주의적 형태로 변혁하는 내용을 담고 있었지만, 실제 정치적 타협을 거쳐 시행된 스웨덴의 임금노동자기금은 그러한 힘을 행사할 수 없었다. 단지 다섯 개로 분할된 각 기금이 소유한 기업지분에 따라 주주총회에 참여할 수 있었고, 기금들이 지역 노동조합들에게 주주총회 참석을 권장하여 노동조합의 경영참여가 실현되었을 뿐이다. 노동조합의 경영참여는 일반적으로 산업민주주의 영역으로 분류된다. 좁은 의미에서의 경제적 민주주의가 기업에 대한 근로자들의 소유권 참여와 분배를 요구한다는 점에서 단순한 경영참여를 말하는 산업민주주의와 구분된다고 한다면 스웨덴의 임금노동자기금은 경제적 민주주의에 미치지 못하는 성과에 머물렀다고 평가할 수 있다.[7]

미국은 한국과 마찬가지로 노동조합 조직률이 낮고 사회민주주의 정치가 발달하지 못한 대신 자유주의 전통이 강력하다. 미국 연방의회는 노동조합의 부패를 막고 조합 내부의 민주주의를 지키기 위해 노동-경영 보고와 공개법(Labor-Management Reporting and Disclosure Act), 통칭 랜드럼-그리핀법(Landrum-Griffin Act)을 마련하고, 종업원지주계획을 도입하는 입법활동을 벌였다.

미국의회는 노동조합 간부들이 조직폭력배들과 연결되어 노조원들 위에 군림하며 비리를 저지르는 문제를 조사했다. 의회의 조사결과를 바탕으로 1959년 노동조합 내부 사안들이 정직하고 민주적 절차에

---

7)   Jonas Pontusson and Sarosh Kuruvilla, Swedish Wage-Earner Funds : An Experiment in Economic Democracy ILR Review.

따라 결정되고 집행되도록 정부가 감독하는 랜드럼-그리핀법을 통과시켰다. 이 법에 따라 미국의 노동조합들은 재정과 회계처리, 노조와 사용자 간의 자금이동을 의무적으로 노동부에 보고해야 한다.

미국에서 시작된 종업원지주계획(Emloyee Stock Ownership Plan)은 주로 저금리 융자, 법인세 낮추기, 현금흐름 개선, 종업원 연금계획, 주식시장 확보 등의 이유로 기업들이 도입하는 제도로서 기업경영에 영향을 미치는 경우는 드물다. 1978년에 3천 개 기업이 종업원지주계획을 도입했는데, 그중 90개 기업만이 소유지분의 대부분을 종업원에게 귀속한 것으로 볼 수 있었다. 게다가 종업원지주계획에 따라 종업원이 소유하는 기업들의 경우에도 절세정책에 따라 고액연봉자들에게 대부분의 주식을 분배해주었으므로 주식소유권은 경영자들에게 집중되었다. 하지만 종업원들이 획득한 투표권 있는 주식 대부분을 신탁하여 하나의 덩어리로 뭉친 뒤 1인 1표제를 적용하게 되면 종업원지주계획이 자치기업(自治企業)으로의 변혁을 일으킬 수 있다. 1980년에 래스 포장회사가 이런 방법으로 재조직되었다.[8] 미국의회는 세법에 기업의 ESOP에 세금감면 해택을 제공하도록 규정했다.

---

8) Robert Dahl, *A Preface to Economic Democracy, Berkeley*: University of California Press, 1985 : 93, footnote 3.

3.
한국에 대한 적용 가능성

한국의 경우는 스웨덴처럼 노동조합과 사민당 전통이 강한 것도 아니고 미국처럼 자유주의 전통이 강한 것도 아니다. 그 대신 한국은 건국 이래 계급전쟁으로부터 공화국을 수호하기 위한 경제적 민주주의 전통이 있다. 한국의 건국 당시 경제적 민주주의 전통 중 국가자본 축적은 김대중 정부에 의해 단절되었고, 경자유전은 지금까지 보전되어 도시민이 귀촌할 수 있는 여지를 제공해주고 있다. 국제협력의 전통은 국제질서 변화에 적응하지 못하고 혼란에 빠졌다.

건국 당시의 경제적 민주주의는 시민사회 내의 평등주의 또는 균등주의로도 남았다. 외환위기 이후 소득불평등 정도가 심해졌지만, 역대 정부들의 재분배 노력으로 극심하게 악화되지는 않도록 막고 있다. 그럼에도 불구하고 한국인의 행복지수는 OECD 최하위를 기록할 만큼 낮게 나오고 계급투쟁을 선동하는 사회단체들이 활성화되어 있다. 경제적·사회적 민주주의로써 정치적 민주주의를 보완하여 공화국을 살려낸 건국 초의 시도가 다시 필요한 상황일지도 모른다. 과연 어떤 형태의 경제적 · 사회적 민주주의가 오늘의 상황에 적합할까?

　　민주화 이후의 정치경제적 상황에서 다원주의적 민주주의에 합당한 혼합경제 요소를 찾는다면 협동조합이 잘 어울릴 것으로 예상된다. 협동조합은 특히 4차 산업혁명이나 한계비용 제로로 가는 사회에서 효용성이 발휘될 것이라는 것이 밥 슈왑이나 제레미 리프킨의 전망이다. 필자는 자본주의 이후 사회에서도 다원주의적 민주주의 속에서 개인의 자유와 평등을 보전하기 위한 방편으로 적절한 혼합경제를 유지하며 미래를 대비하는 것이 사려 깊은 행동일 것으로 생각한다. 협동조합 활성화를 민간이 주도하는 것이 바람직하지만, 계급투쟁 선동이 난무하는 우리나라 시민사회에 그럴만한 역량을 기대할 수 있을지는 의문시된다.

　　한국의 일부 대기업 노사 간 임금협상이 동종업종 내 비합리적 수익격차를 낳고 있는 문제, 노사 간 단체협약에 정규직 대물림 조항을 포함하는 문제, 노조간부의 부패문제 등은 미국의 랜드럼-그리핀법 같은 정부개입의 필요성을 제기하고 있다. 다만 미국과 같이 자유주의 전통이 강하지 못한 한국에서 국회가 그런 입법을 할 능력이 있을지 회의적이다.

　　마이드너 계획의 경우는 스웨덴과 같이 노동조합이 잘 조직화하고 사민주의 정치전통이 강한 나라에서 실험할 수 있는 제도이므로 한국에는 현실적으로 조건이 맞지 않는다.

　　종업원지주계획의 경우는 한국기업에도 스톡옵션제도로 많이 운영되고 있다. 종업원지주계획은 벤처기업 활성화에 기여하고, 벤처기업의 활성화는 직장인들에게 대기업 관료조직의 위계질서적 압박에서 탈출할 기회를 열어줄 수 있다. 종업원지주계획이 개인의 자유와 독립성을 증진시켜주는 이런 효과는 경제적 민주주의가 추구하는 가치에 부합한다.

국회가 노동조합 개혁을 주도할 능력이 없고 시민사회가 협동조합 운동을 활성화할 수 없다면, 유능한 정부의 개입이 문제를 해결할 수 있을까? 한국은 부르주아 민주주의를 겪은 사회들에 비해 취약한 시민사회를 갖고 있다. 대한노총을 대표하여 제헌의원을 지낸 전진한은 건국 당시 시민사회를 이렇게 분석했다.

> 우리에게는 「부루조아」는 있으나 「부루조아지」는 아직 構成되지 않았다는 것이다. 資本家가 한 개 階級勢力을 構成하려면 그 國內 産業을 支配할 수 있는 經濟的 實力과 이 實力에 의하여 多數의 中産階級(小부루조아지)과 「인테리」層을 自陣營內(자진영내)에 包攝(포섭) 支配하지 않으면 않된다.
> 우리나라 現實에 있어서는 中産階級은 急速한 沒落過程(몰락과정)을 밟고 있고 그들이 依存(의존)할 만한 大財閥(대재벌)이 存在하지 않다. 特히 「인테리」層을 包攝(포섭)할 만한 經濟的 施設을 가지지 못했음으로 資本家의 惠澤을 거의 받지 못하는 「인테리」層은 全般的으로 反資本主義的 態勢를 取하고 있다.[9]

우리나라는 이렇게 부르주아지의 헤게모니가 형성되지 않은 상태에서 균등주의적 헌법을 채택하여 건국했고, 국가주도적으로 자본을 축적해서 근대화를 이뤘다. 박정희의 유신정부 하에서 재벌들이 성장했지

---

9) 전진한, "건국이념", 상게서, 137.

만, 그들은 국가의 강력한 통제에 눌려 국가자본의 연장(延長)처럼 행동했다. 우리 사회는 부르주아 계급이 시민사회를 이끌어서 자율적 질서를 유지하는 부르주아 민주주의 단계를 거치지 않았다.

아직도 우리나라 시민단체들 대부분은 재정적 독립성을 갖추지 못한 채 국가나 지방정부의 예산지원을 따내기 위한 경쟁에 매달리고 있다. 시민단체들이 자기들의 명분이나 이익을 정부에 요구하는 것이 아니고, 정부의 예산을 따내기 위해 경쟁하는 과정에서 관료들의 이해를 대변하는 활동을 하게 된다. 이렇게 시민사회가 자율질서를 유지할 역량이 모자라는 사회일수록 국가의 역할에 대한 기대가 높아질 수밖에 없다.

국가의 역할이 관료주의적으로 확대될 경우 행정부 관리들과 의회 상임위 그리고 시민단체들 사이에 이권독점 집단이 형성될 수 있다. 이렇게 되면 시민사회의 역량은 더욱 저하되어 사회적 불신과 갈등을 키우게 된다.

시민사회의 역량부족을 메우기 위한 국가의 개입이 불가피하다고 하더라도 국가와 시민사회가 제로섬 게임(zero-sum game)에 빠지지 않고 양자가 상호 발전하는 방식으로 국가개입이 이뤄지도록 해야 할 것이다. 자유를 지키기 위한 시민정신과 공화국에 대한 애국심을 고취시키는 정신적(spiritual) 지도력을 가진 사람이 국가를 운영할 수 있다면 문제를 해결할 수 있을 것이다.

결론

경제적
민주주의의
한국적 경로

1.
중경 전통의 경제적 민주주의 재고찰

경제적 민주주의는 넓은 의미로 볼 때, 모두가 경제적 자유를 누릴 수 있도록 보장하는 적극적 의미의 자유를 말한다. 좁은 의미의 경제적 민주주의는 개인에게 경제적 자유, 독립과 자치(self-government)가 실현되는 상태를 말한다.

모두에게 경제적 자유를 누리도록 보장하는 방법으로 사회적 민주주의, 산업적 민주주의, 그리고 좁은 의미의 경제적 민주주의 조치들이 동원되어온 것을 지금까지의 역사적 고찰을 통해 살펴볼 수 있었다.

비스마르크가 19세기 말에 도입해서 서방 선진국가들로 퍼져나간 사회복지 프로그램들은 노동자들에게 경제적 안전망을 제공하는 사회적 민주주의에 해당한다. 사회적 민주주의는 경제적 재화의 재분배를 수반한다는 의미에서 넓은 의미의 경제적 민주주의에 포함될 수 있다.

사회민주주의 전통이 강한 북유럽과 독일에서는 노동자들이 경영에 참여하는 공동결정(co-determination)을 제도로서 운영하는데, 이는 '산업적(産業的) 민주주의'라고 불린다. 산업민주주의는 노동자들에게 경영정보를 공유하고 정책결정에 영향을 미칠 수 있는 통로를 개설한다는 점에서 좁은 의미의 경제적 민주주의에 근접한다.

좁은 의미의 경제적 민주주의는 근로현장의 정책결정에 1인 1표의 민주주의 원칙이 적용되어 근로자들의 자치가 실현되는 상태를 말한다. 협동조합이 이런 근로현장에서 자치를 실현하는 생산조직이라 할 수 있는데, 대부분의 협동조합은 개인이 경제적 자유를 누릴 수 있을 만큼 충분한 경제적 자원을 창출해내지 못한다. 이런 의미에서 볼 때 좁은 의미의 경제적 민주주의도 넓은 의미의 경제적 민주주의에 한 부분집합을 넘지 못한다.

한편 19세기 이래 다양한 부류의 사회주의자들은 자본의 국공영(國公營)을 추구해왔다. 그들이 국공영 기업제도를 도입하는 목적은 계획경제 도입을 통해 경제적 합리성을 실현하자는 것과 대자본의 지배적 힘으로부터 개인의 자유를 지키자는 것의 두 가지로 제시된다. 이 중 전자는 경제적 합리성을 구현하는 결과 생산성이 향상되어 사회복지에 사용할 수 있는 재원을 확보한다는 점에서 경제적 민주주의와 연결된다. 후자는 대자본의 지배로부터 개인의 경제적 자유를 보호한다는 의미에서 경제적 민주주의 취지에 부합한다.

유진오는 경제적·사회적 민주주의를 우리나라 헌법제정의 기본원리라고 설명했다. 제헌헌법 제86조의 경자유전(耕者有田) 원리는 좁은 의미의 경제적 민주주의를 반영하고 있다. 제5조 "대한민국은 정치, 경제, 사회, 문화의 모든 영역에 있어서 각인의 자유, 평등과 창의를 존중하고 보장하며 공공복리의 향상을 위하여 이를 보호하고 조정하는 의무를 진다"고 하여 사회적 민주주의를 반영하고 있다.

제헌헌법은 또 제87조에서 중요한 산업들의 국공영을 규정해서 사회주의적 요소를 도입하고 있다. 또 제헌헌법 제84조는 경제질서를 규정하면서 "균형있는 국민경제의 발전을 기함"이라는 또 다른 원칙을 규정하고 있는데, 이것은 국가에 근대경제 건설을 위한 역할을 주문하는 것이다. 근대경제의 건설 없이는 공화국의 경제적 자립이 불가능하고, 경제적 자립 없이는 공화국의 자유와 독립이 제한받을 수밖에 없다. 공화국의 자유와 독립이 제한받는 것은 곧 시민의 자유와 독립성이 제한받는 것이므로 국민경제의 발전은 경제적 민주주의에 부합하는 가치다.

우리 역사에서 국공영 기업이라는 사회주의적 요소와 근대경제의 건설이라는 중경 전통의 개념은 기간산업과 대규모 국책사업에서의 국가자본 축적으로 구체화되었다. 또한 한국은 독립자영농과 국가자본 축적을 동시에 추구하는 방법으로 외국자본을 활용했다. 외국자본을 활용한다는 것은 국제협력을 통해 가능해진다. 그래서 국제협력도 경제적 민주주의의 실천적 과제로 포함되는 것이 한국적 사례의 특징으로 나타난다.

한국의 경제적 민주주의는 유진오의 설명처럼 건국헌법의 제정원리로 사용되었지만, 그 개념적 연원은 손문의 삼민주의와 조소앙의 삼균주의로 거슬러 올라갈 수 있다. 물론 경제적 민주주의의 사상적 본류는 19세기 영국의 자유주의, 마르크스주의, 페이비어니즘 등에서 찾아야 하겠지만, 한국의 경우는 손문과 조소앙에서 유래된 경제적 민주주의 사상이 건국강령에 집약되어 제헌헌법에 영향을 주게 된다.

중경 임시정부가 선포한 건국강령은 해방 후 미군정 하의 복잡한 정국에서 활동하는 지도자들에게 제시된 건국개념들 중 하나로서 제시된 것이고, 여러 부류의 지도자들이 제기하는 개념들과 경합하고 절충

되는 과정을 겪었다. 반탁운동을 통해 결집된 건국세력은 임시정부의 정통성을 명분으로 헌법을 제정하면서 경제적 민주주의를 포함하게 되었다. 그것은 건국강령의 내용과 일치하지는 않지만 그 특징적 모습들이 전승되었다.

임시정부와 한민당계 지도자들이 반탁운동을 주도해서 건국에 이르게 되었다. 두 세력을 묶어준 것은 계급전쟁을 방지하여 공화국을 세워야 한다는 목표의식이었다. 임시정부 인사들 중에서도 급진적 민족주의를 내세우고 김일성의 제의에 따라 남북협상에 참여한 지도자들 중에는 건국과정에서 이탈한 경우도 있었다. 한국에서 경제적 민주주의는 그를 통해 계급전쟁을 방지하는 것이 공화국을 건설하기 위한 전략으로 채택되었다는 특징을 갖는다.

제헌헌법 제84조는 국가에 국민 모두의 기본적 수요를 충족하고 국민경제를 발전시킬 것을 주문했다. 이승만 정부가 단행한 농지개혁은 농가의 85%에 달하던 소작농가에게 농지를 분배해서 절대빈곤을 완화하는 데 중요한 기여를 했다.

귀속기업체를 활용한 국가자본 축적이 한국전쟁으로 무산된 후, 이승만 정부는 한미동맹 체결 결과 제공되는 원조물자로 소비물자를 공급하는 한편 사기업과 공기업을 함께 육성했다. 정부는 귀속기업체 불하를 통해 사기업 활동을 자극하는 한편 기간산업 부문에서는 국가자본을 건설했다.

국공영기업들은 기간산업 부문의 공급을 담당하여 국민경제 발전을 뒷받침하고 국민생활에 필요한 기본적 수요의 충족에 기여했다. 공기업들은 전기, 에너지, 철도 등 기간산업 부문의 사영화를 방지하여 사유 대자본에 의한 시장독점의 폐해를 예방하고 구직자들에게 대안적 직업기회를 제공했다.

　박정희 행정부는 이승만 행정부가 남겨놓은 국가자본을 바탕으로 국가주도의 산업화를 추진했다. 박정희의 공화당 정부는 처음 경공업에서 시작하여 포항제철을 건설하여 국영으로 운영하고 거기서 생산된 철강을 활용하기 위한 중화학공업화를 추진해서 소비재뿐 아니라 중간재와 자본재 모두 생산할 수 있는 국민경제 건설을 완성했다. 중화학산업은 군수산업을 겸함으로써 한국은 자주국방의 역량도 갖추게 되었다.

　국가주도의 산업화는 시장경제를 계획경제로 대체하는 것이 아니라 국가가 시장경제의 원리를 발전적으로 선도한다는 태도로 시장에 개입하는 것이었다. 국가주도 산업화에서는 사기업들이 중요한 역할을 하면서도 정부의 통제를 받고 정부기업들과 공존했다.

　중화학공업화 과정에서 재벌들이 육성되었다. 재벌기업들은 법률상 사기업이었지만, 국가권력의 통합성을 유지한 박정희의 유신정부에게는 국가자본의 연장에 불과했다. 박정희 정부는 기업의 공개를 촉진하고 상속 및 증여세를 강화하여 기업의 사회화를 시도했다.

　박정희 행정부는 도시에서 산업자본의 축적을 촉진하는 한편으로 농업지원 정책을 펴서 농지개혁으로 창출된 자작적 소농체제를 보존했다. 도시의 산업자본주의와 농촌의 소상품생산양식이 공존한 것은 시장개입적 국가정책에 기인한 결과이며, 농촌 가족농의 생산성 개선은 산업화 초기단계에서 일반적으로 일어나는 소득분배 악화를 방지하는 효과를 냈다.

　박정희 대통령은 1970년대 초 도시산업의 잉여를 농업에 투자하면서 농촌사회에 새마을운동을 불러일으켰다. 박정희 대통령은 새마을운동의 이념적 기반을 자조정신(the spirit of self-help)에서 찾았다. 정부가 농촌마을에 철근과 시멘트를 제공하여 마을환경 개선사업을 지원하고 곡물수매가격 인상으로 농가소득을 개선시켜주는 조건에 마을길을 넓히고 전력망을 농촌에까지 끌어들이는 농촌주민의 자조적 노력이 더해져서 농촌의 근대화가 실현되었다. 도시에 형성된 농산물시장을 상대로 하는 상업적 농업이 발달하고 도시산업이 생산한 가전제품들을 위한 농촌 소비시장이 열렸다. 농촌의 근대화는 도시와 농촌 사이의 개발격차로 인한 이중경제(double economy)의 벽을 무너뜨려서 국민경제의 근대화가 완성되었다.

박정희 행정부는 산업자본을 건설하기 위해 국제차관자금에 크게 의존했는데, 그러한 국제자본의 협력을 가능하게 한 기본적 조건은 한미동맹이었다. 이승만, 박정희 두 대통령의 정부 모두 국제자본의 협력을 이용해 국가자본을 축적함으로써 농민과 노동자 착취를 최소화할 수 있었다.

이승만, 박정희 두 대통령 하에 시작되고 완성된 산업화는 국가자본의 축적, 경자유전의 농업, 국제협력이라는 3가지 특징적 요소를 갖추고 있었다. 그것은 중경 임시정부의 건국강령에서 천명되고 제헌헌법에서 부분적으로 수정된 경제적 민주주의 전통으로부터 나온 특징들이다. 중경 전통의 경제적 민주주의에는 계급전쟁을 방지하고 근대국가를 건설하겠다는 건국 지도자들의 뜻이 담겨 있다.

국가자본의 축적, 경자유전의 농업, 국제협력의 3종 세트를 혼합해서 성취한 한국과 대만의 산업화는 중산층 성장을 낳아 1980년대 말의 민주화와 시민사회 복원으로 이어졌다. 두 나라에서 계급전쟁을 피하는 국가건설이 실현된 것이다.

그러나 박정희 대통령의 치세에는 계엄과 긴급조치가 자주 내려졌다. 국민투표를 통한 유신개헌도 있었다. 정책추진의 수단으로 민주적 설득보다 강압, 정보정치와 국민투표에 의존하는 보나파르티즘(Bonapartism) 성향을 상당히 짙게 나타냈다. 유신시대에 가면 특히 국가가 시민사회로부터 유리된 존재로 인식되는 현상이 더욱 현저해졌다. 시민사회 일각에서는 국가를 민중의 적으로 인식하는 민중주의 운동이 싹터서 반체제운동으로 성장해나갔다. 정치적 보나파르티즘으로 경제적 근대화를 추진한 유신정부 시대에 와서 경제적 민주주의는 정치적 민주주의와 모순관계에 빠졌다. 경제적 민주주의가 경제적 성장과 분배의 성과를 달성해가는 가운데 민중주의 운동도 함께 커가는 이중현상이 벌어졌다. 1980년대 말에 대통령 직선제가 채택되어 민선정부가 구성되었다. 첫 민선정부를 조직한 노태우 대통령은 박정희 정부의 군부에서 경력을 쌓은 연유로 경제적 민주주의 전통을 계승하는 모습을 보였다. 노태우 행정부 하에서는 노동조합 활동이 활성화한데다 주택공급 확대와 기업소유 토지처분을 추진하는 등 수요와 공급 양 측면에서 국민의 기본적 수요를 충족하는 데 노력한 결과 지니계수가 0.3 이하 수준에 머물 만큼 소득분배 불평등을 해소하는 모습을 보였다.

행정부가 아니라 정당활동과 민주화 운동에서 경력을 쌓은 김영삼과 김대중 두 대통령이 조직한 정부에서는 경제자유화가 급속히 진행되었다. 김영삼 정부는 우루과이라운드 협상결과 개설된 세계무역기구의 규정에 따라 농업시장의 자유화를 본격화하지 않을 수 없었을 뿐 아니라 OECD 가입과정에서 금융도 자유화했다.

김대중 대통령은 1997년 외환위기 환경에서 집권한 후 국제통화기금(IMF, International Monetary Fund)의 권위를 활용하여 공기업 민영화를 대대적으로 추진했다. 자유화된 경제질서를 구축하는 조치로서 기업지배구조에서 이사회를 강화하고 기업의 적대적 인수합병을 허용하여 대기업의 외국자본 지분비율이 50%를 상회하는 상태에 이르게 되었다.

　김대중 행정부는 이 같은 개혁조치들을 세계화된 경쟁체제로 효율성을 제고한다는 신자유주의적 명분으로 정당화했다. 김대중 정부는 신자유주의적 구조조정 중에서 노동개혁을 추진하는 수단으로 노사정위원회 제도를 활용했다. 그런데 북유럽처럼 노동조합과 사민당의 능력이 발달하지 않은 한국에 도입된 노사정위원회는 차별적 노동 정책들을 남발하여 노동시장의 경직성과 비정규직의 급증이 동시 발생하는 문제를 낳고 말았다.

　1980년대 말 민주화 이후 등장한 역대 정부들이 단행한 경제적 자유화 조치들로 인해 그 이전까지 유지되던 국가자본과 사기업이 공존하는 혼합경제가 자본주의 시장경제의 순수한 모델에 가깝게 변화되었다. 정부의 정책결정과정에서 건국이념의 한 부분이었던 경제적 민주주의는 누구도 기억하지 않는 과거가 되었고, 신자유주의적으로 개혁된 경제는 비정규직 양산으로 인해 고용 불안정과 빈부격차 확대라는 문제를 낳았다. 그로 인한 사회불안과 불신의 고조가 자본주의 반대와 반미구호를 외치는 계급투쟁 세력을 활성화시키는 문제가 방치되었다.

2.
계급전쟁 위기와 경제적 민주주의

1980년 5·18 광주민주화운동 이후 한국의 대학가에는 주체사상을 신봉하는 학생운동이 퍼져 나갔다. 주체사상으로 무장한 대학생과 지식인들은 민중을 중심으로 하는 민족주의를 실천한다는 개념하에 미군을 적으로 하는 투쟁에 나섰다. 1998~1999년 노사정위원회가 노동조합의 정치활동과 교원들의 노동조합 활동을 허용하면서 주체사상을 신봉하는 반미투쟁세력은 제도화된 시민단체들을 접수하게 된다. 그들은 통일전선전략으로 한국사회의 다원주의 질서를 파괴하고 전복하는 활동에 돌입했다.

직선제 대통령 선거제도에 따라 등장한 문민정부들은 경제적 자유화와 정치적 민주화를 진행하며 북한의 수령과 조선노동당마저 대화와 설득으로 포용할 수 있다는 자유주의적 낙관론에 빠져 계급전쟁의 위험을 간과했다. 경제적 민주주의로서 계급전쟁을 방지함으로써 공화국을 지키고 발전시킬 수 있다고 믿었던 건국 당시의 공화주의 전통을 상실한 민주화는 심각한 위험에 처하게 되었다.

한국의 일부 대기업 노사 간 임금협상이 동종업종 내 비합리적 보수격차를 낳고 있는 문제, 정규직 대물림 조항을 포함하는 문제, 노조간부의 부패문제 등은 노동시장을 경직화하고 구조적 불평등을 재생산하고 있다. 이런 현상은 국가경제의 저성장과 국민의 기본적 수요에 대한 불만족으로 이어지며, 사회적 갈등을 악화시켜 계급전쟁의 위험을 고조시킨다. 건국 초 경제적 민주주의 전통이 되살아나야 할 이유를 제공하고 있다.

노동조합의 부패와 비민주적 운영행태는 미국의 랜드럼-그리핀법 같은 정부개입의 필요성을 제기하고 있다. 다만 미국과 같이 자유주의 전통이 강하지 못한 한국에서는 국회가 그런 입법에 나설 자체적 능력을 갖고 있다고 보기 어렵다. 유능한 지도자가 나서서 시민정신을 불러일으켜 공화주의를 되살리기를 기다리는 수밖에 없을 것이다.

공화주의적 사고로 경제적 민주주의 전통을 되살리려면 다원주의적 민주주의 질서에 적합한 방법으로 신자유주의적 자본의 압력으로부터 개인의 자유와 평등을 보호할 수 있는 혼합경제를 구상해야 할 것이다. 대기업들이 주식을 공개하여 자본의 사회화가 실현된 오늘에 와서 기업 국영화를 통해 혼합경제를 재건한다는 것은 시대착오적 생각이다. 국영기업이 관료주의적 비효율의 온상이 되는 현상도 경계해야 한다.

오늘날 한국사회에서는 재벌기업들이 차지하는 특권적 지위가 사회적 정의를 해친다는 비판이 일고, 일부 집단은 이 갈등을 계급투쟁의 명분으로 활용하기 위한 선동에 나선다. 그런데 재벌들이 성장한 배경에도 경제적 민주주의가 작용하고 있었다.

한국 정부는 대외적 독립성과 자유를 획득하기 위해 중화학공업화를 추진해서 성공했다. 박정희 시대 한국 정부는 중화학공업화를 추진하기 위해 대기업들에게 적극적 참여를 요구했다. 한국 정부는 중화학공업화를 통해 방위산업을 육성함으로써 자주국방의 가치를 실현시켰다.

중화학공업화에 참여했던 대기업들이 재벌기업으로 성장했다. 재벌기업들에는 기업 관료주의와 하청의 망이 형성되어 개인들이 위계질서 속에서 독립성을 상실하는 문제가 발생한다. 대외적 독립성과 자유를 위해 키운 대자본이 민간사회에서 개인의 독립성과 자유를 위협하는 결과를 낳는 현상이다.

외환위기를 계기로 외국자본이 대기업들의 지분(持分)을 크게 잠식한 현실에서도 한국의 재벌기업들은 경제적·군사적으로 한국의 대외적 독립성과 자유에 기여하고 있는 것이 사실이다. 한국 대기업의 국제적 활동력은 한국 젊은이들에게 국제적 사업영역에서 활동할 기회를 제공한다. 그렇다면 재벌기업의 대외적 기능을 살리면서 개인의 자유를 키우는 길을 찾아야 할 것이다.

자본주의 속에 오래 공존해왔고 제로 한계비용(zero marginal cost) 사회에 적합하다고 전망되는 협동조합 형태의 기업이 새로운 혼합경제적 요소로 적합할 것으로 생각된다. 벤처기업의 활성화도 대기업의 관료주의 문화를 견제하는 데 유용할 것이다. 벤처 스타트업이나 협동조합의 기회를 열어두고, 대기업과 상호 보강하는 생태계가 형성될 수 있는지 지켜보아야 할 것이다. 근래 도시민이 경제적 자유를 찾아 귀농귀촌(歸農歸村)하는 경우가 많이 보도되고 있다. 귀농귀촌인(歸農歸村人)들은 농촌에서 살고 일할 장소를 구하는 데 큰 어려움을 겪지 않고 있다. 경자유전의 원칙이 부재지주들의 농촌토지 독점으로 귀촌인의 자유가 제한되는 사태를 방지하고 있다.

우리는 1948년의 민국(民國) 건립으로 조선시대의 신분적 제약이나 식민통치의 강압성으로부터 자유로운 공화국 시민의 지위를 획득했다. 이민족(異民族)의 압제로부터 해방된 민중은 농지개혁으로 소작제도의 구속에서도 벗어나 공화국의 법질서 속에서 자유민이 되었다. 그들은 공화국 질서 속에서 스스로의 노력으로 가정을 꾸리고 자녀들을 교육시키며 정치적 공동체 속에서 시민적 연대를 키울 수 있었다. 공화국 질서 속에서 일제로부터의 해방은 일부 계층집단이 아니라 국민 전체의 자유로 연결되었다.

북한지역에 남은 주민은 일제로부터 해방되자 곧 볼셰비키와 수령에게 자유를 박탈당했다. 볼셰비키는 남한까지 노예화시키기 위해 1950년에 남침했으나 국군과 유엔군이 격퇴했다.

공화국의 시민은 헌법에 따라 공직자들에게 권한을 위임하고, 그들이 집행하는 법질서 안에서 자유를 누린다. 공화국 시민은 과거 농촌의 소작제도와 같이 민간경제 내에서도 자유를 구속하는 정도의 불평등이 재현되는 것을 경계한다.

외환위기 이후 불안정한 저임금 노동시장이 형성되는 문제가 개인의 독립성과 자유를 심각하게 저해할 수 있다. 역대 정부는 소득 재분배에 노력해서 극단적 양극화가 일어나지 않도록 노력하고 있다.

그런데 민주화 이후 정치가들이 자유주의적 낙관론에 안주하는 사이에 계급투쟁을 선동하는 세력들이 영향력을 확산하고 있다. 그들은 민중주의로 무장하고 국가를 민중의 도구로 인식하고 무정부주의적 공격성을 드러낸다. 민중주의자들은 그들의 머릿속에 관념화되어 있는 민중을 맹목적으로 추종한다.

사려 깊은 지도자는 주권자인 국민의 실체를 파악할 방법을 알지 못한다는 한계를 인식하고 계급전쟁이라는 재앙을 막기 위해 노력한다. 계급전쟁이 벌어지면 시민사회가 파괴되어 전체주의 통치를 불러온다는 것이 20세기 역사의 교훈이기 때문이다. 중경 전통의 정치는 앞을 내다보는 지도자가 계급전쟁을 방지하기 위한 예방조치로서 경제적 민주주의를 실천해야 한다고 본다. 경제적 민주주의 조치들이 계급전쟁 예방으로 이어지기 위해서는 노동계를 중도노선으로 유도하는 공화주의적 지도력이 요구된다.

한국 정부가 계급투쟁을 선동하는 세력의 영향력을 제어하고 노동계를 온건화시켜 정책결정과정의 파트너로 동참시키는 능력을 회복하기 위해서는 혼란에 빠진 대외정책을 정리해서 국제협력의 전통을 되살려야 한다. 국제자본의 신자유주의적 압력에 대한 취약성(脆弱性)을 줄이기 위해서는 국내시장규모의 왜소함이나 유럽연합 같은 지역공동체를 결여하고 있는 결함을 보완하기 위한 대외적 노력을 체계적이고 장기적으로 펴나가야 한다.

한국에는 미국, 일본, 서유럽으로 구성된 서방 선진국들과의 국제협력 역사가 있다. 우리는 그들에게 반공의 보루를 제공했고, 그들과의 협력을 통해 기간시설(infrastructure)을 건설하고 산업화했으며, 시민사회 차원의 인권개선을 위한 초국가적 협력도 있었다. 이러한 전통을 되살려서 전후 식민지로부터 선진국 수준에 근접한 개발 성공사례의 국제적 지위가 갖는 가치를 재확인해야 한다.

동아시아 대륙에는 국내적으로 독재적(獨裁的) 또는 전제적(專制的) 지배구조를 가진 강대국들과 북한이 투쟁적 국제정치를 연출하고 있다. 그들로부터 받는 생존적 압박을 이겨내기 위해서는 서방 선진국들과의 공화주의적 국제연대가 필요하다. 공화주의적 국제연대는 평화와 번영의 디딤돌이 될 것이다.

국제협력망의 재건으로 정부의 신자유주의적 취약성을 완화시키고 그렇게 회복된 정치력으로 국내 노동계를 계급투쟁 세력으로부터 분리해내며, 노사협력(勞使協力)의 분위기 속에서 다양한 경제적 민주주의 정책들이 효과를 발휘하면 개인의 자유와 독립성을 보호할 수 있다. 이것이 공화주의적 단결을 회복하는 길이고, 경제적 민주주의는 정치적 민주주의를 보완하는 것이지 대체해서는 안 된다는 온건노선의 전통을 지키는 길이다.

참고문헌

강정구, 『좌절된 사회혁명: 미 군정하의 남한 · 필리핀과 북한연구』 열음사, 1989.

고려대학교박물관(편), 『현민 유진오 제헌헌법 관계자료집』, 서울: 고려대학교출판부, 2009.

권병탁, "농지개혁의 과정과 경제적 기여," 『농업정책연구』 11, 1984.

권용립, 『보수』, 서울: 소화, 2015.

김동식, 『북한 대남전략의 실체』, 기파랑, 2013.

김성보, 『남북한 경제구조의 기원과 전개: 북한 농업체제의 형성을 중심으로』, 서울: 역사비평사, 2000.

김성호, 전경식, 장상환, 박석두, 『농지개혁사 연구』 한국농촌경제연구원, 1989.

김영식, 이영만, "농업부문 개발비와 정부재정지출의 구조," 『농촌경제』 3, 1980.

김일영, "농지개혁을 둘러싼 신화의 해체," 『해방전후사의 재인식 2』, 책세상, 2006.

김재홍, 『박정희 살해사건 비공개진술 전녹음: 운명의 술 시바스』 동아일보사,1994.

김준보, 『농지개혁의 현대적 의의』1987.

김준엽 『장정 2: 나의 광복군 시절』, 1989.

김형아. 『유신과 중화학공업: 박정희의 양날의 선택』, 일조각, 2005.

다다시, 키미야, "한국의 내포적 공업화의 좌절," 석사학위논문, 고려대학교, 1991.

류병서, "농지유동화와 규모확대의 방향," 『농업경제연구』 25, 1983.

박명림, "헌법, 국가의제, 그리고 대통령 리더십: 건국헌법과 전후헌법의 경제조항 비교를 중심으로," 『국제정치논총』 제48집 1호, 2008.

박진도, 『한국자본주의와 농업구조』 한길사, 1994.

박희범, 『한국경제성장론』 아세아문제연구소, 1968.

방기중, "농지개혁의 사상 전통과 농정이념,방기중, 홍성찬(편), 『농지개혁 연구』 연세대학교출판부,

2001.

서동만, 『북한사회주의체제성립사 1945-1961』 선인, 2005.

서희경, 박명림, "민주공화주의와 대한민국 헌법이념의 형성," 『정신문화연구』 2007.

신병식, "한국과 대만의 토지개혁 비교연구," 『한국과 국제정치』 4(2), 1988.

신정완, 『임금노동자기금 논쟁과 스웨덴 사회민주의』, 여강, 2000.

심지연, 『한국현대정당론』 창작과 비평사, 1984.

안병직 (편), 『신채호』, 서울: 한길사, 1980.

오내원, 김은순, "농외소득의 실태와 정책방향" 『농촌경제』 24권, 2호, 2001,

유진오, 『헌법의 기초이론』, 일조각, 단기 4283.

―――, 「헌법해의」, 일조각, 1953.

―――, 『신고 헌법해의』, 일조각, 1959.

윤천주, 『한국정치체계』 서울대학교출판부, 1963.

윤천주, 『우리나라의 선거실태』 서울대학교출판부, 1981.

이대근, 『해방후-1950년대의 경제: 공업화의 사적 배경 연구』, 서울: 삼성경제연구소, 2002.

이정환, "대농의 상대적 감소원인과 새로운 대농층의 형성전망," 『농촌경제』 6, 1983.

이종용, 문공남, "주요농기계의 소유 및 이용실태 분석," 『농촌경제』 3, 1980.

이택선, 취약국가 대한민국의 형성과정(1945-1950), 서울대학교 박사학위논문, 2012.

전진한, 『이렇게 싸웠다』 무역연구원, 1996.

정병준, "한국 농지개혁 재검토: 완료시점, 추진동력, 성격," 『역사비평』 65, 2003.

정영일, "전후 한국농지개혁에 관한 일고찰," 『경제논집』 6(2), 1967.

정종섭 교감. 편. 『한국헌법사문류』, 2002.

정태욱, "손문 평균지권의 자유주의적 기원과 중국 공화혁명에서의 전개과정," 『법철학연구』 제18권 제2호, 2015.

조선은행조사부, 『조선경제연보』, 1948년판.

조소앙, 삼균학회(편), 『소앙선생문집』 (상, 하), 1979년,

최종고 편저, 『대한민국 건국 대통령의 사상록: 우남 이승만』, 청아, 2011.

행정자치부 조직진단센터, 『OECD 국가비교를 통한 정부규모 진단 결과』, 2007.

허정, 『내일을 위한 증언: 허정회고록』 서울: 샘터사, 1979.

홍성유, 『한국경제의 자본축적과정』, 고려대학교출판부, 1964.

홍성찬, "농지개혁 전후의 대지주 동향," 홍성찬(편), 『농지개혁 연구』 연세대학교출판부, 2001.

황묘희, 『중경 대한민국임시정부사』, 서울: 경인문화사, 2002.

황상인, 왕윤종, 이성봉, 『IMF체제하의 한국경제 종합심층보고 II』, 대외경제정책연구원, 1999.

황승흠, "근로자 이익균점권의 탄생 배경과 법적 성격 논쟁," 『노동법 연구』 (36), 2014. 3.

황한식, "한국 농지개혁연구(1)," 『부산대상대논집』 44.

涂子麟, 林金朝(편), 『國父思想』, 臺北: 三民書局, 1996

荊知仁, 『中國立憲史』, 臺北市: 聯經, 1984

崔忠植, 『三均主義與三民主義』, 臺北: 國立編譯館, 1992년

孫文, 『三民主義』, 臺北: 三民書局, 1965

Anderson Kim, and Yujiro Hayami, The Political Economy of Agricultural Protection: East Asia in International Perspective, Sydney: Allen and Unwin, 1986.

Bai, Moo-ki, "The Turing Point in the Korean Economy," The Developing Economics 20, 1982.

Ban, Sung-hwan, Pal-yong Moon, and Dwight H. Perkins. Rural Development. Cambridge: University Press, 1982.

Bobbio, Norberto, Democracy and Dictatorship, Minneapolis: University of Minnesota Press, 1989.

Bullock, Alan, and Maurice Shock (ed.), The Liberal Tradition from Fox to Keynes, Oxford: The Clarendon Press, 1956.

Burbank Jane, and Frederick Cooper, Empires in World History, 2011, 이재만 옮김, 『세계제국사』, 책과함께.

Chinchilla, Norma Stolts, and James Lowell Dietz, "Toward a New Understanding of Development and Underdevelopment," Latin American Perspective 8, no. 3,4, 1981.

Dahl, Robert, A Preface to Economic Democracy, Berkley: University of California Press, 1985.

───, "Workers' Control of Industry and the British Labor Party," The American Political Science Review, Vol. 41, Nor. 5, 1947.

de Janvry, Alain., "The Role of Land Reform in Economic Development: Policies and Politics," American Journal of Agricultural Economics 63, 1981.

Economist, "Trouble in workers' paradise," The Economist, November 9, 2013.

Frieden, Jeffry A., Global Capitalism: Its Fall and Rise in the Twentieth Century, New York and London: W.W. Norton & Company, 2006.

Gordon, David B., Sun Yat-sen: Seeking a Newer China, Boston: Prentice Hall, 2010.

Griffin, Keith. Alternative Strategies For Economic Development, London: Mcmillian, 1989.

Hartz, Louis, The Liberal Tradition in America, Mariner Books, 1955.

IMF, Government Finance Statistics Yearbook, 1980.

Keohane, Robert O., After Hegemony: Cooperation and Discord in the World Political Economy, Princeton: Princeton University Press, 1984.

Kuznets, Paul, Korean Economic Development, London: Praeger, 1994.

Lewis, Arthur, "Economic Development with Unlimited Supplies of Labor," The Manchester School of Economic and Social Studies 22, 1954.

Linz, Juan J. and Alfred Stepan, Problems of Democratic Transition and Consolidation: Southern Europe, South America, and Post-Communist Europe, Baltimore and London: Johns Hopkins University Press, 1996.

Maier, Charles S., "The Politics of Productivity: Foundations of American International Ecomomic Policy after World War II," Peter J. Katzenstein (ed.) Between Power and Plenty: Foreign Economic Policies of Advanced Industrial States, Madison: The University of Wisconsin Press, 1978.

Malleson, Tom, After Occupy: Economic Democracy for the 21st Century, Oxford: Oxford University Press, 2014.

Marx, Karl, and Frederick Engels, The German Ideology, New York: International Publishers, 1947

_____, "Manifesto of the Communist Party," Robert Tucker (ed.), The Marx-Engels Reader, second edition, New York: W.W. Norton and Company, 1978.

_____, The Eighteenth Brumaire of Louis Bonaparte, New York: International Publisher, 1963.

Mitchell C. Clyde, "Land Reform in South Korea," Pacific Affairs 22(2), 1949.

Navarro, Vincent, "The Case of Mondragon," Counter Punch, April 30, 2014.

Pontusson, Jonas, and Sarosh Kuruvilla, "Swedish Wage-Earner Funds: An Experiment in Economic Democracy," ILR Review, vol. 45, no. 4, 1992.

Popkin, Jeremy D., A History of Modern France, Princeton: Prentice Hall, 1994.

Price, Harry Bayard, The Marshall Plan and Its Meaning, Ithaca: Cornell University Press, 1955.

Reschke, Michael, Christian Krell, Jochen Dahm et al. History of Social Democracy, Berlin: Friedrich Ebert Stiftung, 2013.

Rifkin, Jeremy, The Zero Marginal Cost Society: The Internet of Things, The Collaborative Commons, and the Eclipse of Capitalism, 2015.

Ruggie, John, 1982, "International Regimes, Transactions, and Change: Embedded Liberaliam in the Postwar Economic Order," International Organization 36(2).

Sarotte, Mary Elise, 1989: The Struggle to Create Post-Cold War Europe, Princeton and Oxford: Princeton University Press, 2011.

Sassoon, Donald, One Hundred Years of Socialism: the West European Left in the Twentieth Century, New York: The New Press, 1996

Schwartzberg, Steven, "The Soft Peace Boys: Presurrender Planning and Japanese Land Reform," The Journal of American-East Asian Relations 2(2), 1993.

Smith, Adam, The Wealth of Nations, The University of Chicago Press, 1776

Stokes, Henry Scott, "Foe of Seoul Regime Asks Decision by US: Opposition Chief, Facing Possible Arrest, Asks end to Support of the Park Government," New York Times, September 16, 1979.

Stuart L. Campbell, The Second Empire Revisited, New Jersey: Rutgers University Press,

Suh, Tai Suk, Statistics Report on Foreign Assistance and Loans to Korea(1945-75), Korea Development Institute, 1976,

Sun, Yat-sen, The International Development of China, Foreign Language Teaching and Research Press, 2011.

Thomas, Daniel C., The Helsinki Effect: International Norms, Human Rights, and the Demise of Communism, Princeton and Oxford: Princeton University Press, 2001.

US Department of Agriculture, Agricultural Fact Book, 2002.

United Nations Human Rights Council, Reports of the Commission of Inquiry on Human Rights in the Democratic People's Republic of Korea, 2014.

Wiarda, Howard J., Dictatorship and Development: The Methods of Control in Trujillo's Dominican Republic, Gainesville: University of Florida Press, 1968.

Woo, Jung-En, Race to the Swift: State and Finance in Korean Industrialization, New York: Columbia University Press, 1991.

용어 찾아보기

인명 찾아보기